청주학 이야기

지역과의 아름다운 동행

김양식 지음

도서출판 해남

지역과의 아름다운 동행 **청주학 이야기**

초판1쇄 인쇄 2017년 7월 24일
초판1쇄 발행 2017년 7월 31일

지은이 김양식
발행인 노현철
발행처 도서출판 해남

출판등록 1995. 5. 10 제 1-1885호
주 소 서울특별시 서대문구 충정로 38-12(충정로 3가) 우리타워 6F
전 화 739-4822 **팩스** 720-4823
이 메 일 haenamin30@naver.com
홈페이지 www.hpub.co.kr

ISBN 978-89-6238-109-2 03300

“지역의 관점에서

우리의 삶과 결

되돌아보기

생각하기

즐기기

만들기

그것이 청주학이다”

책을 펴내며

만약 당신이 우주가 되고자 한다면 당신의 마을을 노래하라. 이는 문학에서 진리이고, 음악에서 진리이다. 그리고 도시에서도 역시 진리가 된다. 당신은 당신의 마을을 알아야만 하고 사랑해야만 한다.

이 말은 브라질 끝자락에 위치한 세계적인 생태도시 쿠리치바(Curitiba) 시장을 역임한 하이메 레르네르(Jaime Lerner)가 한 말이다. 그는 저예산 저세금으로 마을과 도시를 가꾸어 쿠리치바를 '꿈의 도시'로 만든 인물이다. 그것이 가능하였던 것은 지역에 대한 사랑과 주민에 대한 믿음이다. 그리고 주민이 꿈꾸는 행복을 지역에서 실현하고자 한 철학적 실천에 있었다.

누구나 특정 지역을 삶의 터전으로 살아가고 있다. 지역은 원하든 원하지 않든 삶의 환경을 제공하고 의식을 규정하며, 이웃과 함께 삶을 영위해야 한다. 지역은 하루아침에 형성된 것이 아니다. 시 · 공간이 압축된 장소이다. 고유한 문화를 가지고 있으며 여러 주체 · 집단의 관계와 의지가 뒤섞여 있는 복합 공간이다. 그러므로 사회적 존재인 인간은 지역과 함께 동행하였을 때, 의미 있는 장소에 있을 때, 보다 아름답고 행복한 삶을 영위할 수 있다.

인간은 문화유전자 자체가 이웃과 함께 살아갈 때 더 행복해지도록 진화해 왔다. 반대로 이웃과의 단절, 장소에서의 소외는 삶의 고통으로 이어지고 고독해질 수밖에 없다. 행복의 최대 적이다. 그렇다면 이웃과 좋은 관계를 맺고 삶의 현장인 장소 · 지역과 소통할 때, 개개인의 행복은 증진되고 지역도 보다 살기 좋은 곳이 될 것이다. 너와 나 그리고 우리 모두가 행복한 지역 만들기, 그것이 지역학이 궁극적으로 추구하는 목적이다.

캐나다의 세계적인 인문지리학자인 에드워드 렐프(Edward Relph)는 그의 명저『장소와 장소 상실』에서, 인간답게 사는 것은 의미 있는 장소가 가득한 세상에서 사는 것이라고 하였다. 내가 사는 지역의 장소와 공간을 알고 소통하며 그 가치를 재발견하는 일은 자기 삶을 아름답고 의미 있게 하는 일이다. 반대로 지역과 장소를 상실한 이기적인 삶은 소외되고 각박한 인생이 된다.

지역과의 행복한 동행, 그것을 위해 태어난 것이 지역학이다. 지역학은 지역과 그곳을 터전으로 살아가는 사람들의 가치를 추구하며, 기본적으로 지역민의 인식 체계를 근간으로 한다. 지역주민은 자신이 살고 있는 장소와 지역에 대한 생각과 꿈을 가지고 있다. 그런 의미에서 지역학은 지역 중심, 주민 주체의 철학이자 인문학이라 할 수 있다. 지역학이 꿈꾸는 것 역시 주민이 지역과의 아름다운 동행을 통해 행복한 지역을 만들어 가는 데 있다.

특히 미래 사회는 지역이 소멸하는 것이 아니라, 지역의 중요성이 더욱 부각될 전망이다. 『사이언스』의 저자로 유명한 이스라엘 히브리대 유발 하라리(Yuval N. Harari) 교수는 사회적 동물인 인간의 행복을 위해 지난 100년간 붕괴된 지역 커뮤니티를 회복해야 한다고 하였다. 로봇과 함께 살아가야 하는 개인 중심의 미래 사회는 인간의 고독을 치유하고 친밀한 인간관계를 회복하기 위해 지역공동체를 강화해야 한다. 바로 지역학이 그런 미래 사회의 수요에 응답하고 필요한 역할을 할 것이다.

이것은 청주학도 마찬가지이다. 청주 시민이 자신의 삶과 문화를 지역의 관점에서 되돌아보고, 사색하고, 즐기고, 의미 있는 장소로 만들어 가는 것, 그것이 청주학이다. 청주학은 시민들이 지역에서 행복을 찾는 길라잡이 역할을 해야 하며, 지역을 문화예술로 디자인하도록 디딤돌을 놓아야 한다. 지역이 곧 세계가 되도록 해야 한다. 그를 통해 청주라는 지역에서 행복을 꿈꾸고, 청주에서 사는 것이 자랑스러우며, 청주에서 세상과 소통할 수 있어야 한다. 그것이 청주학이 꿈꾸는 세상이다.

이 책은 크게 2부로 구성하였다.

제1부에서는 이론적인 측면에서 최근 지역학의 새로운 동향을 살펴보고, 실제 그것을 청주학에 어떻게 적용하고 실천에 옮길 것인지 답을 찾아볼 것이다. 그것은 청주학만의 문제가 아니다. 다른 지역학에도 그대로 적용될 수 있는 보편적 담론이다.

제2부에서는 지역학과 청주의 만남, 즉 청주학 관점에서 청주 지역

이야기를 할까 한다. 모두 8편의 청주학 이야기를 꺼내 놓을 것이다. 특히 지역이 왜 중요한지, 지역 공간이 어떻게 탄생하는지, 지역의 가치가 무엇인지, 지역의 역사문화 자원을 어떤 방향으로 활용할 것인지, 지역에서 오랜 시간에 걸쳐 형성된 장소를 어떻게 기억하고 기념해야 하는지 등에 주안점을 두었다.

이들 청주학 이야기는 사실 지역학 일반으로 확대하여도 무방하다. 차이가 있다면, 각 지역마다 지역성과 정체성이 다르고 지역 시민사회의 커뮤니티 역시 다른 성격을 지니고 있다는 점이다. 이 책이 청주학, 더 나아가 지역학의 학술 기반을 더 튼튼히 하는 데 도움이 되기를 바라며, '보다 좋은 지역 만들기는 언제나 주민들의 머릿속에서 나온다'라는 믿음으로 책을 꾸미고자 하였다.

끝으로 이 책이 나오기까지 도움을 주신 모든 분들께 감사드린다. 그동안 지역 자료와 현장 조사 과정에서 많은 지역주민들의 도움이 있었다. 일일이 호명할 수 없지만, 그분들께 고마움을 전하고 싶다. 특히 이 책의 출판을 선뜻 응해 준 도서출판 해남 노현철 대표께 30년의 우정을 생각하며 진심으로 고마움을 표하고 싶다. 그리고 흔쾌히 사진을 제공해 준 송봉화 선생님과 이상철 대표께도 감사드린다. 이 책이 청주에게 주는 작은 선물이 되었으면 좋겠다.

2017년 7월

일경재에서 삼가 씀

차례

제2부 | 청주학 이야기

3 '청주'라는 공간의 탄생

4 세종대왕의 초정 행차, 그 깊은 이야기

5 인문학의 보고, 옥화구곡을 걷다

6 이인좌 난의 기억과 지역의식

제 1 부

지역학과 청주학

지역학의 새로운 패러다임과 청주학

청주학 어떻게 할 것인가

지역과의 아름다운 동행,

그것을 위해 태어난 것이 지역학이다.

지역학이 꿈꾸는 세계는 주민이 지역과의 자유로운 소통과 공감을 통해

행복한 지역공동체를 만들어 가는 데 있다.

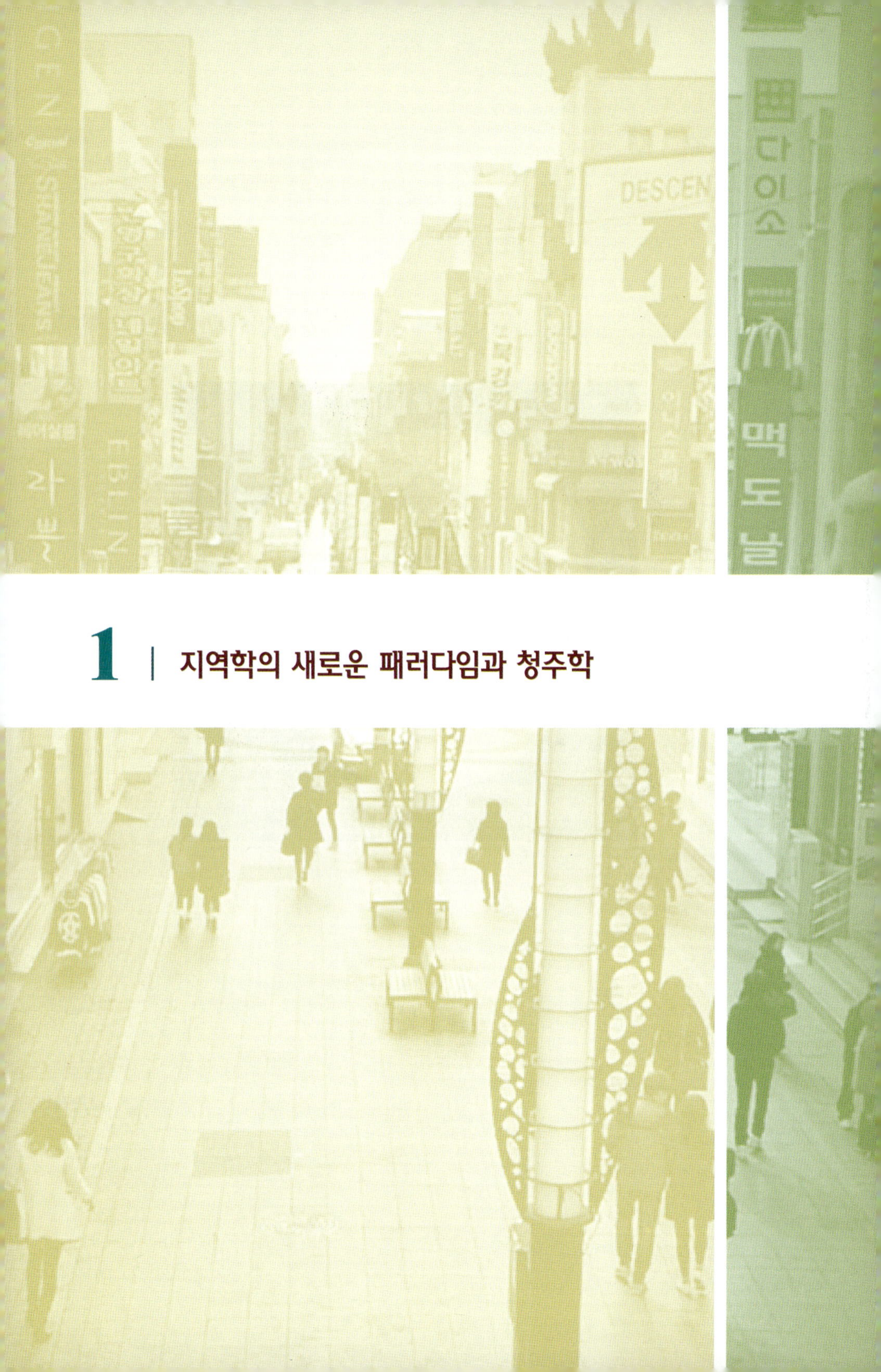

1 | 지역학의 새로운 패러다임과 청주학

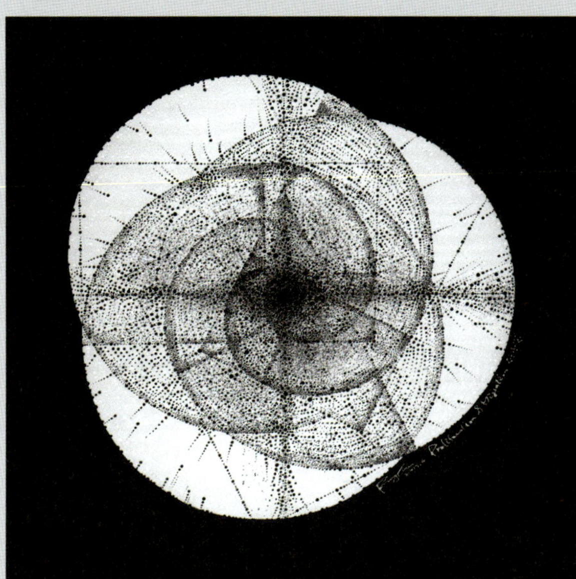

그것은
머무름이 아니고
항시 움직임과 변화가 있다.
부정확한 움직임과 변화 속에
정확한 불변의 법칙이 있다.

그것은
보이지 않는
빛 · 시간 · 공간의
움직임이기도 하다.

- 그림/글 풍순애 -

지역학의 새로운 패러다임과 청주학

시대 배경

지구촌 시대 더 중요해진 '지역'

오늘날 현대 사회는 20세기 산업사회와는 질적으로 다른 시대로 전환되었다. 이를 두고 사람들은 포스트모더니즘 시대, 지식정보사회, 후기산업사회, 문화의 시대, 세계화의 시대 등으로 부르고 있다. 최근에는 4차 혁명에 따른 놀라운 사회 변화가 지구촌 차원에서 전개되고 있다.

그러한 변화의 특징 가운데 뚜렷한 점은 국가 대신 지역이 부상한 점이다. 세계자본주의체제가 국가를 해체하면서 그 하위 개념이었던 지역이 직접 세계와 소통하고 교류하기 때문이다. **종래 국가 아래에서 폐쇄적인 환경에 놓여 있던 지역은 무한의 개방적인 존재로 전환되었고, 수동적인 위치에 있던 지역은 능동적인 주체로 부각**되었다. 이는 곧 지역이 전통적인 폐쇄성에서 벗어나 세계와 소통하는 주체로 자리 잡아 나가는 일련의 과정이지만, 또 한편으로 거침없이 밀려드는 세계화의 물결 앞에 본연의 지역성이 소멸될 위기에 놓이게 된 것이다.

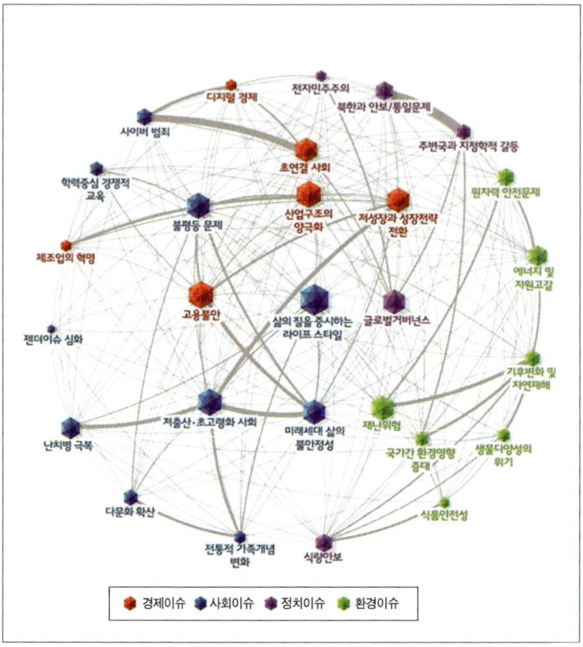

미래 사회 구조와 이슈(미래창조과학부 미래준비위원회, 『미래이슈 분석 보고서』, 2015)

한마디로 21세기는 초국가적인 거대 자본과 정보가 전 지구 단위로 활동하면서 시 · 공간이 압축된 지식정보사회로 급격히 재편되고 있다. 세계 자본에 의해 형성된 문화는 전통적인 지역문화를 급격히 해체하고 획일화하고 있다. 이러한 흐름은 우리 사회가 지구 차원의 초연결사회로 진화하는 만큼 더욱 가속화될 것이다.

세계문화는 점점 보편화되고 그 중심부에서 형성된 문화권력은 독점력을 강화하면서 세계의 각 지역 구석구석까지 문화 소비시장으로 만들어 가고 있다. 그것은 현실이며 피해 갈 수 없는 운명이다. 한 국가, 특정 지역의 고유 문화가 급격히 소멸하거나 지배당하는 극단의 문화전쟁 시대를 맞이하고 있다.

더욱이 세계화를 가속화시키는 신자유주의와 초국가적 거대 자본은 20세기를 움직인 민족주의와 국민국가를 해체시키면서 지역을 세계

속으로 빨아들이고 있다. 지역은 더 이상 국민국가에 종속된 공간이 아니다. **지역은 세계와 조응하는 상대적 · 자율적 개념으로 부각됨에 따라, 세계화에 주체적으로 맞서 대응하는 대안 공간이 되었다. 따라서 '지역'을 재발견하고 새로운 지역공동체를 창출하기 위한 새로운 인식과 활발한 논의가 다른 어느 때보다 필요한 시기이다. 이것이 진정한 지방분권, 지방자치시대로 가는 것으로, 지역학이 학문적 토대**가 되어야 한다.

지구촌 시대 대안 담론으로 대두된 글로컬리즘

세계화가 초래한 지구촌 시대에 지역을 바라보는 시각은 크게 두 가지이다. 하나는 세계화의 진전에 따라 전통적인 지역이 해체되고 소멸된다는 시각이다. 또 하나는 세계화 과정에서 오히려 지역의 에네르기와 구심력이 강화되면서 지역성이 보다 뚜렷하게 나타날 것으로 바라보는 시각이다.

전자는 신자유주의를 바탕으로 선진국의 초국가적 자본이 주도하는 세계화를 비판적 시각에서 바라보는 관점이다. 그에 따르면 세계화로 지역이 해체될 뿐 아니라, 국가 간 · 지역 간 · 계층 간 불평등이 심화되며 문화의 다양성도 존중되지 않는다. 반면에 후자는 지역이 나름대로의 고유성과 정체성을 바탕으로 세계화에 주체적으로 대응하는 것으로 본다. 이는 내발전적인 주체적 관점이라 할 수 있다.

어느 시각이 올바른가? 무엇이 올바른지 속단할 수 없지만, 분명한

글로컬리즘 개념도

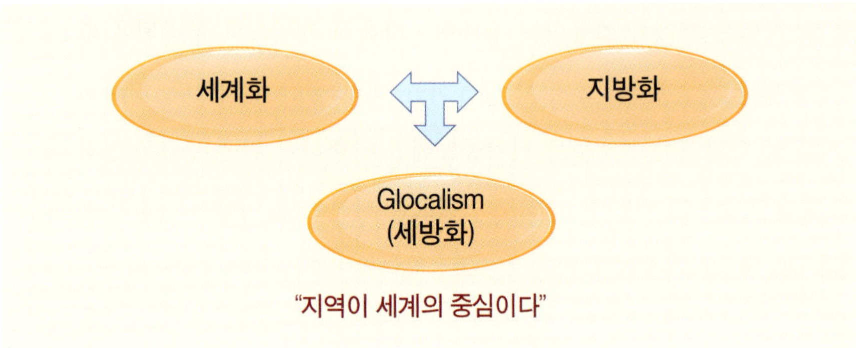

사실은 세계성과 지역성이 상호 양 방향으로 진행되고 있다는 사실과, 지역주민의 입장에서 볼 때 지역의 주체적 생존과 경쟁력 강화가 필요하다는 점이다. 이는 세계적으로 밀어닥치는 자본의 물결에 맞선 지역주민의 실천적 요구이기도 하다.

이제는 세계가 하나가 되는 지구촌 시대 초연결사회를 피할 수 없는 현실이다. 지역이 곧 세계이고 세계가 지역 안에 있다. 기존의 로컬리즘(localism), 지역주의로는 세계화에 대응할 수 없다. **어떤 형태로든 세계와 지역을 하나로 묶어 사고하는 담론이 필요하며, 그 대안으로 나타난 것이 바로 지역과 세계와의 조화로운 관계맺기인 글로컬리즘(glocalism, 世方化)이라 할 수 있다.**

20세기가 내셔널리즘(nationalism)과 글로벌리즘(globalism)의 대립 구도 속에서 발전해 왔다면, 21세기는 글로벌리즘과 로컬리즘의 대립을 넘어 상생의 길을 모색하는 글로컬리즘의 시대이다. 이와 같은 글로컬리즘의 대두로, 오늘날 세계는 정치, 경제, 사회, 문화 등에서 20세기와는 다른 총체적인 패러다임의 전환이 이루어지고 있다.

글로컬리즘, 즉 '세방화'(世方化)**는 주체적으로 세계화를 수용하면서 지역 중심의 가치 체계와 이념을 정립하고 지역 가치를 찾아내 세계적 수준으로 창조적인 접근을 꾀하는 것**이다. 이러한 글로컬리즘 담론은 이미 학계는 물론 문화계의 예술 창작과 시민사회운동으로까지 확산되는 추세이다. 그에 따라 지역(region), 공간(space), 장소(place), 로컬리티(locality), 정체성(identity) 등이 지역을 이해하는 주요한 키워드로 등장하였다.

또한 글로컬리즘은 지역을 해체하는 세계화 원심력에 대한 대항력으로 지역의 구심력을 필요로 하였고, 그것은 지역정체성 담론으로 나타났다. 지역정체성은 국가와 중앙의 종속성에서 벗어나 자기만의 개성을 찾고 지역의 자율성을 높이고 지역공동체를 형성하기 위한 필수조건이다. 더 나아가 지방화 · 분권화의 기초로서 지역혁신의 토대이자 지역경쟁력을 높일 수 있는 기반이다. 더욱이 지역정체성은 지역 고유의 문화를 창조하고 지역주민의 삶의 질과 안정감을 향상시키는 밑바탕이 된다.

글로컬리즘에 입각한 지역 시민사회의 성숙, 지역 조합과 사회적 기업과 같은 지역공동체 경제의 활성화, 지역정체성 담론은 지역 문제를 새롭게 성찰하도록 자극하고 있으며, 지역을 재발견하려는 다양한 움직임으로 나타났다. 그것은 **지역이 주체가 되어 자율적이고 능동적으로 세계화로 나아가는 것이다. 그것은 곧 지역의 정체성과 고유성에 바**

탕을 둔 **'아래로부터의 세계화'**라 할 수 있다.[1]

지방자치제 시행에 따른 지역 관심 고조

세계화에 따른 지역의 위기는 20세기 한국 근대화 과정에서 제기된 산업화·도시화의 문제점으로 더욱 증폭되었다. 해방 이후 한국의 근대화는 국가 주도로 이루어졌다. 국가 주도의 근대화는 서울 등 특정 지역 중심의 발전을 초래하여 지역 불균형이 심화되고 소외된 지역의 장기적인 저발전을 초래하였다.

국가 주도의 산업화와 도시화로 인해 전통사회는 붕괴되었다. 오랜 세월을 거치면서 형성된 지역도 급격히 해체되는 위기를 맞고 있다. 지역 고유의 장소성과 개별성은 사라지고 획일화되면서 지역민의 삶의 질이 저하되었다. 전통의 상실로 인해 지역문화와 인문정신 기반을 위축시키는 부작용도 낳았다. 그것은 곧 지역정체성의 해체로 이어져 세계화에 따른 지역 위기를 가중시키고 있다.

지역성 없는 도시는 특색 없는 건축물이 들어서고 획일화된 아파트 단지로 뒤덮였다. 어느 지역을 가나 비슷한 모습뿐이다. 지역다움은 급격히 사라지고 문화의 다양성도 찾아보기 힘들다. 지역의 문화유산은 단지 보존의 대상으로 전락되어, 지역성과 장소성을 찾아보기가 쉽지 않다. 죽은 기억의 유산으로 남아 있을 뿐이다. 특색 없는 도시, 지역다

1 최재헌, 「세계화시대의 지역과 지역정체성에 대한 개념적 이해」, 『한국도시지리학회지』 제8권 제2호, 2005, 3쪽.

움이 사라진 지역, 전통이 사라지고 아이의 울음소리가 끊긴 농촌, 그것이 양적 경제 발전이 가져다준 20세기 한국의 지역 모습이었다.

이런 상황에서 1990년대에 들어와 본격 추진된 지방자치제는 해체된 지역을 복원하고, 잃어버린 장소를 되살리고, 단절된 전통을 복원하여 지속 가능한 지역을 만들어야 하는 과제를 떠안게 되었다. 그 과정에서 지방정부는 국가의 경계를 자유롭게 넘나드는 세계화와 이미 위기를 맞고 있는 지역화를 조화롭고 슬기롭게 해결해야만 하였다. 그 해결책은 지역성을 찾고 되살려 세계화에 주체적으로 대응하는 것이었다.

그를 위해서는 국가 중심의 개발지상주의로 사라진 지역을 재발견해야만 하였다. 지역의 장소와 공간을 재해석할 필요성이 있었을 뿐 아니라, 지역 내 산재해 있는 여러 장소의 아이콘을 찾아내고 자원화해야만 하였다. 더욱이 지역의 재발견과 그를 통한 지역정체성 구현은 지역 경쟁력을 강화하고, 지역 구성원들로 하여금 자신들의 삶터와 일상생활에 대한 소속감과 존재론적 행복감을 주는 만큼 매우 중요하다. 이런 시대적 요구는 자연히 지역에 대한 관심으로 모아지고, 지역의 역사, 문화유산, 자연환경, 특산물 등을 새롭게 찾아내 자원화하려는 움직임으로 나타났다.

그에 따라 각 자치단체는 내부 혁신에 필요한 자원을 발굴하고 그것을 활용해야만 하는 과제에 직면하였다. **자치단체는 자신들의 정체성을 확보하고 이미지를 제고하여 경쟁력을 높일 수 있는 전략이 요구되었다. 지역 주민의 삶의 질을 높이고 문화적으로 통합할 수 있는 논리 개**

발도 필요하였다. 그런 필요성과 수요에 따라 나타난 것이 지역학이다. 일부 자치단체는 자기 지역의 정체성을 확립할 목적으로 학문적 지원을 아끼지 않은 결과 지역학이 활성화될 수 있는 기반이 조성되었다.

지방정부가 주도하는 지역학은 1993년 서울학을 시작으로 활발하게 추진되어, 1999년에 충북학연구소가 설립되었다. 현재 지방정부가 설립한 지역학연구소는 10개가 설립, 운영 중에 있다. 이런 현상은 확산 추세에 있다. 최근에는 기초자치단체까지 확대되고 있다. 2016년도에 청주시의 지원으로 청주대학교에 청주학연구원이 설립된 것도 그와 같은 추세를 반영한 것이다.

지역학의 새로운 동향

지역학의 어제와 오늘

지역은 일정한 경계와 경계 내 동질적인 특징을 가진 곳을 말한다. 경계는 보통 산줄기나 강줄기와 같은 자연지리적 요소로 구분되거나, 정치 · 행정 · 언어 · 문화 등과 같은 인문적 요소로 나뉜다. 지역은 그와 같은 요소들이 서로 연관된 유기체이다. 지역은 일정한 공간에서 오랜 시간 살아온 사람들의 삶과 문화가 축적된 결과물이다. 지역은 주어진 자연환경에서 살아가는 사람들이 하나둘 구축한 건축물 · 도로 등과 같은 인공환경이 중첩되어 있고, 지역민의 생활양식과 의식세계가 반영된 문화환경이 더해진 복합적이고 누층적이며 다원적인 유기생명체와도

지역을 구성하는 4차원 구조

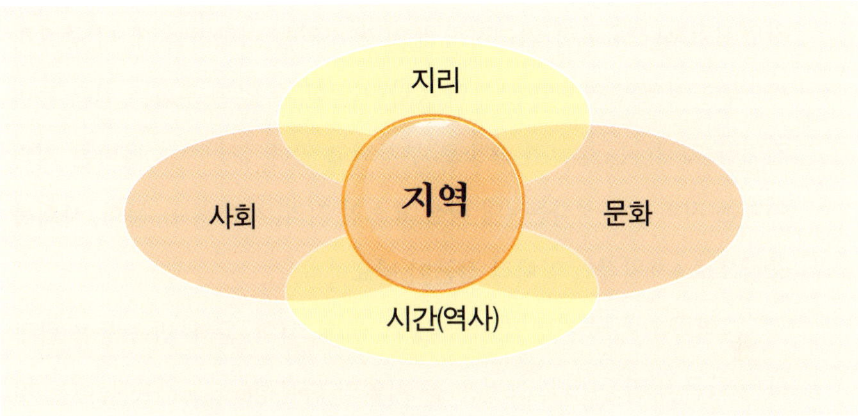

같다.

이와 같은 지역을 바라보는 관점은 다양하다. 1950년대까지는 자연과 인문 현상의 이해에 초점을 맞추었으나, 최근에는 지역을 형성하는 사회를 주목하고 지역성, 장소성, 지역정체성, 지역의식, 지역사회, 지역문화 등이 중요한 키워드로 등장하였다. 지역을 구성하고 있는 요소에 대한 관심은 자연히 그것이 형성된 역사적 과정을 주목하게 되고, 지역 이해에 있어서 '시간' 이란 요소가 부각될 수밖에 없다.[2] 과거-현재-미래로 이어지는 시간은 그 자체 역사이며, 역사의 산물로 나타나는 것이 지역문화이다.

따라서 지역을 구성하는 4대 요소는 자연환경 요소로 지리, 인문사

2 하병주, 「지역학의 정체성과 패러다임 모색」, 『지중해지역연구』 제9권 제1호, 2007, 259~260쪽.

회환경 요소로 역사 · 사회 · 문화를 들 수 있다. 지리는 기후를 포함한 자연지리보다 오히려 인문지리 분야가 지역을 이해하는 데 더 중요하다. 특히 지역의 역사와 사회의 총합이라 할 수 있는 문화는 최근 들어 지역을 이해하는 중요한 요소로 부각되고 있다. 그러므로 **올바른 지역 이해는 지역을 구성하는 4대 핵심 요소인 지리, 시간(역사), 문화, 사회를 중심으로 4차원적인 입체적 접근이 필요**하다.

지역학은 특정 지역의 지리, 정치, 경제, 사회, 문화, 민속 등을 탐구하는 학문적 활동이다. 그것은 곧 지역의 학문성(disciplnity)을 높이는 것이라 할 수 있다. 그 때문에 지역학은 과학적인 학문 분야로 분류되지 않아 'Region Science' 라는 영문 표기 대신, 일반적으로 'Region Studies' 라 한다.

그러나 최근 지역학은 지역이 주체가 되며, 지역 간 · 장소 간 상호 소통이 이루어지는 개념이 강하다. 이러한 개념은 지구촌 시대에 더욱 강화되고 있다. 그런 의미에서 지역학은 'Region Studies' 보다, 'Local Studies' (Localitology)이다.

오늘날 지역학은 세계화와 맞물려 더욱 필요한 분야가 되었으며, 여러 학문 분야에서 다양한 형태로 진전되고 있다. 특히 최근의 지역학은 몇 가지 새로운 경향이 나타나고 있다.

첫째, 전통적인 지역 개념은 폐쇄적이고 수동적이며 지역 내부에 국한된 인간–환경 관계에만 주목하였으나, 새로운 지역 개념은 사회적 행위에 의해 지속적으로 형성 · 변화하는 주체적이고 능동적인 존재로

지역 개념의 주요 변화

구분	전통적 지역 연구	신지역 연구	세계화시대 지역 연구
개념 본질	• 지역을 발견하는 것 • 지역은 주어진 것으로 지리현상 이해를 위한 개념틀 • 생태 · 경관 · 지역학적 견해	• 지역은 역사적 · 영역적 실체로 사회적 행위에 의해 지속적으로 형성되는 것 • 자본주의의 분석 단위	• 총합/부분의 대표성 • 세계성과 지역성 • 개방성, 의미성 추구
연구 방법	• 기술과 언어 • 지역화 • 개략적 설명 • 종합과 해석	• 소규모 지역 단위 연구 • 지역은 사회적 상호작용의 매개체로 장소와 지역의 구체성 분석 • 사회구성주의 관점 • 해설	• 분석, 종합, 해설의 문제 • 다양한 연구 방법 • 학제 간 연구
지역 변화 지역 형성	• 지역 변화는 지역 내부에 국한 • 인간–환경 관계 중시	• 일반적 구조와 과정이 구체적 내용에서 변형 • 인간–사회–환경 관계 중시	• 인간의 수동적 · 능동적 역할 문제 • 필연과 우연적 과정 • 공간적 스케일 문제
철학 배경	• 공간 독특성 • 종합과학으로서의 지리학	• 후기구조주의 • 인본주의 • 실재론과 제도주의	• 세계화 담론 • 자본주의 확산에 따른 지리적 재구조와의 보편성
주요 개념	• 등질지역 • 기능지역 • 결절지역	• 지역 • 지역성 • 장소	• 장소공간/유동공간 • 네트워크, 스케일 • 세방화, 장소성, 장소 마케팅

자료: 최재헌, 「세계화시대의 지역과 지역정체성에 대한 개념적 이해」, 『한국도시지리학회지』 제8권 2호, 2005, 4쪽 재정리.

파악하고 있다. 또한 지역은 나름대로 지역성을 형성 · 유지 · 변형시키는 살아 있는 실체로서, 장소성 · 네트워크 · 스케일 · 세방화 · 정체성 등이 주요한 개념 원리로 파악되고 있다. 한마디로 **지역은 유무형의 경**

계를 가진 공간과 기억의 장소이자, 법 · 권력 등 제도적 구조 속에서 만들어지며, 개인과 집단 간의 이념적 · 물질적 복합체로 이해되고 있다.[3]

둘째, 1990년대 이후 포스터모더니즘에 입각한 학문 동향과 맞물려 지역학이 지식의 통섭 차원에서 학제 간 통합으로 이루어지고 있다. 종래에는 지리학을 중심으로 정치학, 경제학, 사회학 등 독자적인 학문 체계로 접근하였으나, 최근에는 지역을 둘러싼 여러 학문적 접근이 다원적이고 다차원적으로 동시에 이루어지고 있다.

셋째, 전통적인 지역학은 타자의 학문이었지만, 최근 들어와 타자의 시선으로 바라본 지역을 비판하거나 재해석하려는 움직임이 활발히 일어나고 있다. 그것은 곧 '세계에서 지역으로'가 아니라, '지역에서 세계로' 바라보는 지역 중심의 주체적인 접근 방식으로 관점이 전환된 것이다. 이는 지역이 중심이 되어 국가를 넘어 세계와 소통하려는 글로컬리즘에 기반을 둔 지역학이다. 그것은 철저히 지역 중심, 지역민을 위한 지역학이다.

넷째, 지역 중심의 지역학은 지역의 무게 중심도 타자의 시선에서 본 지역성 탐구에서 벗어나 지역의 정체성 · 동질성 · 차별성 · 장소성 등을 주체적으로 성찰하려는 움직임으로 나타났다. 이러한 지역 인식은 자연히 지역민과 그들의 삶과 문화에 관심이 집중되면서 인문학적인 지역학 방향으로 나아가고 있다.

---

3 최재헌, 앞의 논문, 2~10쪽 참조.

이러한 문제의식은 위로부터의 지역 개발 방식에서 벗어나, 지역의 주체인 시민이 참여하고 공감하는 지역 만들기로 이어진다. 지역은 오랜 세월 그 공간에서 살아온, 살고 있는 사람들의 삶과 문화가 축적된 장소이다. 그것은 그 지역만의 지역성(장소성 · 정체성)으로 나타난다.

브라질 쿠리치바를 세계적인 '꿈의 도시'로 만든 건축가 하이메 레르네르 시장이 "**보다 나은 도시에 대한 꿈은 언제나 그 주민들의 머릿속에 있다**"라고 말한 것처럼, 최근의 지역 개발은 지역성을 기반으로 한다. 특히 어떤 형태로든 주민 참여가 매우 중요하다. 지역학 역시 지역민의 눈으로 지역을 바라보았을 때, 지역을 가장 정확히 이해할 수 있다.

다섯째, 20세기 세계사적 필요에 의해 이루어진 지역학의 대상은 국제사회에서 일반화된 국가 단위의 지역, 또는 아시아 · 유럽 지역과 같은 인접한 여러 국가 단위의 지역, 이슬람 지역 등과 같은 특정 인종과 종교 등으로 분류된 지역, 한 국가 안에서 지리나 문화권역으로 나누어진 지역이나 행정 단위의 지역 등이었다.

그러나 **최근 지역학 연구는 타자에 의해 주어진 지역 구분에서 벗어나 장소로서의 지역, 공간으로서의 지역, 경관 · 문화 · 생태 · 언어 · 종교 등을 기준으로 한 지역 등 보다 자율적이고 능동적인 지역 개념 설정이 이루어지고 있다.**

특히 1991년 지방자치제 시행 이후 우리나라에서 활발히 이루어진 지역 담론은 지역 발전을 목적으로 한 행정 단위 지역학이다. 그래서 나타난 것이 서울학, 제주학, 충북학 등이다. '청주학' 역시 그 일환이다.

따라서 **청주학은 자율적이고 능동적인 지역 관점에서 청주 시민의 눈으로 청주 시민의 삶과 문화를 성찰해야 한다. 청주학을 통해 확인된 청주의 정체성과 장소성은 청주 시민의 뿌리이자 행복한 일상의 자양분**이다. 그러할 때 청주 시민 역시 지역공동체의 일원으로서 소속감을 가지고 일상적인 삶을 영위하면서 지역 활동에 참여할 수 있다. 그것은 행복한 지역 만들기의 토대이다.

지역학의 방향과 과제

글로컬리즘에 입각한 지역학은 국가주의와 세계화에 대응한 새로운 대안공간으로서의 지역 담론이자, 지역 중심의 새로운 공간을 창출하기 위한 이론과 실천의 접합 학문이다. 그를 위해 지역학은 지역을 재발견하고 가치를 찾아내기 위해 지역의 역사, 사상, 지리, 문화, 농촌, 경제, 생활 등의 생성 · 성장 · 발달 · 변천 과정을 주목해야 한다.

특히 지역 중심의 지역학은 지역공동체의 원리와 이념을 찾아내고 재구조할 수 있도록 지역주민들의 삶의 뿌리와 숨결, 문화 이해에 주력해야 한다. 또한 지역주민이 자기 자신에 대한 재발견과 성찰을 통해 실존의식을 강화하고 정체성을 정립할 수 있도록, 지역정체성 요소와 보편적 · 차별적 특질을 찾아내야 한다. 더 나아가 **지역학은 세계화에 대응하여 상상의 지역공동체를 지향하는 지역국가학이자 미래학이다. 글로컬리즘에 입각한 세계적인 패러다임의 전환을 지역에 접합시키고 지역의 발전 논리와 이념을 개발해야 한다.**

또한 지역학은 지역 발전을 위한 현실 참여와 실천이라는 정책적인 함의를 가지고 있다. 그런 만큼 창조적인 지역으로 발전시킬 수 있는 의제를 발굴하고 정책적 대안을 제시할 수 있어야 한다. 그를 위해서는 지역문화 자원을 발굴하고 새로운 가치 창출을 통해 지역의 현재와 미래 발전에 필요한 창조적 대안과 학술 기반을 구축해야 한다.

지역은 역사, 사상, 문화, 민속, 정치, 사회 등이 서로 얽혀 있는 총체적인 실체이다. 그러므로 지역 이해는 모든 것들이 상호 유기적으로 통일되어 있는 총체성 인식을 전제로 한다. 지역의 전체성에 도달하기 위해서는 여러 학문이 동시에 보다 포괄적이고 종합적으로 접근해야만 한다.

아울러 지역은 고정불변이 아니다. 시대환경에 따라 유동적이며 살아 있는 생물과 같은 존재이다. 특히 지난 20세기 제국주의 침략과 국가 중심의 개발 과정에서, 지역이 살해되거나 해체되었다. 지역 내 여러 장소들이 장소성을 상실하거나 왜곡 · 변질된 경우가 허다하다. 그런 만큼 지역학은 지역에 대한 접근이 역사적이고 장기 지속적인 관점에서 이루어질 필요가 있다.

이와 같이 지역학은 학제 간 총체적 접근을 통한 다학문 간의 융합을 꾀하되, 역사학, 철학, 문화인류학, 민속학, 인문지리학, 사회학 등 주로 인문학 중심으로 접근하는 것이 바람직하다. **아울러 미래지향적인 관점에서 지역과 지역민 중심의 장기 지속적이며 주체적인 접근이 필요하다. 더 나아가 지역학은 지역에서 살아갈 미래 세대를 위한 것이 되어**

야 한다. 이것은 청주학도 동일하다.

지역학에서 장소의 의미

장소(場所)란 우리가 일반적으로 생각하는 것보다 다양한 뜻을 지니고 있다. 보통 한국적 용어인 장소와 영어 플레이스(place)의 어의는 약간 다른 의미를 지니고 있지만, 여기서는 장소와 플레이스를 같은 의미로 파악하였다.

즉, 장소는 사람이나 사물이 점유한 일정한 규모의 공간이다. 그곳은 사람들의 삶이 이어지면서 여러 활동과 사건이 벌어지고 심리적으로 편안함 · 고향 등과 같은 상징 공간이자 인위적인 문화 공간을 이루고 있다. 지역은 이러한 여러 장소의 유기적 복합체라 할 수 있다. 그러므로 지역의 특성을 좀 더 구체적으로 파악하기 위해서는 지역에 흩어져 있는 다양한 유형의 장소를 주목해야 한다.

오늘날 세계화 시대 지역에 대한 이해는 과거 폐쇄적인 '닫힌 지역'에서 개방적인 '열린 지역' 개념으로 전환되었다. '열린 지역'이란 세계적으로나 국가적으로 사람과 물자가 자유롭게 경계를 넘나들 수 있는 곳을 말한다. 그런 의미에서 지역에 대한 이해 역시 좀 더 개방적이고 유연한 개념인 장소(place)나 공간(space)에 주목하고 있다. 그것은 일정한 장소에 살고 있는 사람의 경험과 역할이 지역을 이해하는 핵심으로 바라보기 때문이다. 그러한 접근 방법은 사람 중심의 인문주의적 시각이다.

장소의 어의적 특성

구분	場所		Place
	場	所	
물리환경	구획된 공지, 제단, 마당, 남새밭, 양지바른 곳, 평평함	관아, 마을, 보금자리, 거처, 위치, 구획됨	넓은 길이나 오픈 스페이스, 사람/사물이 점유한 공간, 도시, 읍, 마을, 주택, 마당, 건물, 사무실, 좌석, 넓고 평평함
인간 활동	모임, 제사, 곡물 재배	머무름, 휴식, 의지함	점유, 사건 발생, 특정 목적의 활동 수용
문화상징	신성, 중심, 생산과 수확, 문화	편안함, 고향, 한정, 높은 신분	편안함, 가정 혹은 고향, 한정, 문화

자료: 이석환 · 황기원, 「장소와 장소성의 다의적 개념에 관한 연구」, 『國土計劃』 제3권 제5호, 1997, 173쪽 〈표 1〉.

또한 여러 장소의 복합체인 지역을 보다 미시적이고 다양하게 분석하고자 하는 관점이다.

세계화 시대 지역의 구성 요소인 장소와 장소성이 강조되는 또 다른 이유는 지역의 위기가 반영되었기 때문이다. 세계화의 가속화는 수많은 사람들의 이동을 촉발시켜 국가의 경계를 넘어 지역을 해체시키고 있다. 또한 범지구적인 무한경쟁이 장소마저 해체하거나 장소성(placeness) 없는 비장소를 만들어 내기도 하고, 사람 · 자본 · 물건 · 기호 · 정보의 다양한 이동을 통해 경제적 · 정치적 · 문화적으로 새로운 장소가 만들어지기도 한다.[4] 때로는 극심한 사람과 물자 · 정보의 이동으로 공간과 장소가 분리되어 나타나기도 한다.[5] 이는 오랜 세월 일정한 공간 안에서 형성된 고유한 특성을 유지하던 장소의 위기이자, 장소가

4 존 어리 지음, 강현수 · 이희상 옮김, 『모빌리티』, 아카넷, 2014, 453~484쪽 참조.

5 Anthony Giddens, *The Consequences of Modernity*, Cambridge: Pohty, 1990.

어떤 형태로든 범지구적 물결에 대응해야만 하는 과제이기도 하다. 더 나아가 지역정체성 위기로 이어지면서 지역민의 안정된 삶의 기반을 붕괴시킬 수도 있다. 이 때문에 지역학의 주요 아젠다로 장소와 장소성 문제가 부각될 수밖에 없다.

이러한 장소를 형성하는 요인은 크게 장소 공간 내 물리적 요인들, 사람들의 장소 활동, 이들이 존재하게 되는 시 · 공간적인 맥락과 이들이 갖는 의미 등 네 가지로 요약된다.[6] 이러한 요인들은 무형의 공간을 의미 있는 장소로 만든다. 장소 공간은 크게 일상적인 생활이 이루어지는 공간으로서의 장소, 부와 권력이 생산되는 정치 · 경제적 공간으로서의 체계화된 장소, 사람들의 사회생활이 이루어지는 실천적 공간으로서의 장소, 사회제도적으로 구조화된 기능 공간으로서의 장소 등으로 범주화할 수 있다.[7] 그러나 장소 개념 자체가 다중적 의미를 내포하고 있기 때문에 장소의 형성 요인과 기능 · 성격 등은 다양하다.

이렇게 형성된 일정한 장소는 고립되어 있는 공간이 아니라 상호 유기적으로 연결되어 있는 공간이다. 장소는 규모와 경계가 유동적인 가변성을 지니고 있다. 또한 지역 간 위계에 따라 그 위상이 다른 상대적이고 입체적인 네트워크 공간 체계를 이루고 있다. 네트워크 공간 체계는 국지적인 규모일 수도 있고 세계적인 규모로 확장될 수 있다. 또한 장

---

6 한상일, 「해안관광지 장소성의 형성요인과 차이분석에 관한 연구–땅끝마을과 해금강의 사례비교를 중심으로–」, 『관광연구』 제18권 제2호, 2004, 261쪽.

7 최병두, 「자본주의 사회에서 장소성의 상실과 복원」, 『도시연구』 8권, 2002, 260쪽.

장소와 장소성 개념

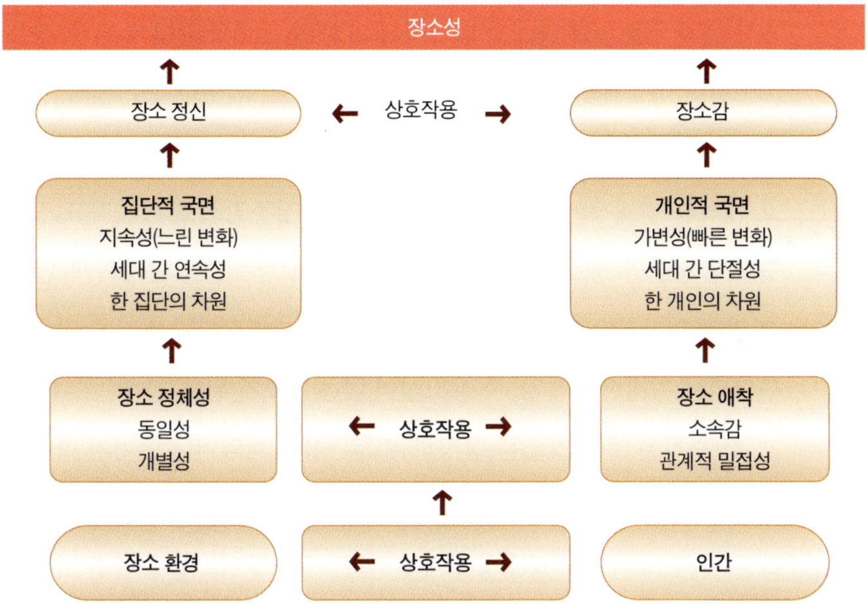

자료: 이석환 · 황기원, 「장소와 장소성의 다의적 개념에 관한 연구」, 『國土計劃』 제3권 제5호, 1997, 181쪽 그림 1 재정리.

소와 장소로 연결된 네트워크 형태를 띠기도 한다.

장소가 개방성을 유지하면서도 네트워크 공간 체계를 형성할 수 있는 것은 장소를 구성하는 구심력이 있기 때문이다. 장소 구심력은 일종의 장소성 내지 지역성이라 할 수 있다. **특정 장소는 개인과 집단의 오랜 생활과 경험이 축적되어 형성된다. 이 과정에서 장소에 대한 일정한 의미 부여가 이루어지는데, 유무형의 기억이 축적되고 유산이 쌓이면서 독특한 장소성이 형성**된다.

다시 말해, 장소성이란 특정 장소의 환경에서 삶을 영위하면서 장소에 대한 소속감과 관계적 밀접성을 가진 장소 애착을 갖게 된다. 장소 애착이란 장소애(場所愛) 또는 향토애(鄕土愛)로, 일정한 연속성과 동질성 · 개별성을 띠게 되면 장소 전체의 정체성으로 발전한다. 이러한 장소 애착과 정체성은 개인 차원에서 일정한 장소감으로 이어지고 장소 구성원 집단의 장소 정신으로 자리잡으면서 장소성을 구성하게 된다. 그 결과 일정한 공간이 의미 있는 장소로 자리매김되면서 다른 장소와 구별되는 총체적인 특징, 즉 장소성이 있는 장소가 된다.

장소성은 특정 장소를 상징하는 유무형의 기억이나 이미지 형태로 나타난다. 어느 지역을 말할 때 공통적으로 기억나는 그 무엇이 있다면, 그 무엇은 그 지역의 장소성을 대변한다. 예를 들어, '청주'하면 직지가 연상되는데, 그것은 청주가 이미 '직지의 고장'이란 장소성을 확보하고 있기 때문이다. 따라서 장소성은 그 지역의 성격이나 특징, 또는 상징기호와 직접적으로 연결되어 있다.

일정한 경계를 가진 지역은 여러 장소의 유기적 복합체인 만큼 지역 내 여러 장소성을 기반으로 지역정체성이 형성된다. 지역에 대한 관심은 자연히 지역 내 장소로 이어지고, 장소에 대한 관심은 자연히 지역으로 확장될 수밖에 없다. 그러므로 지역정체성의 구성 요소와 특질 등을 파악하기 위해서는 지역 내 장소와 장소성에 대한 이해가 전제되어야만 한다. 그 때문에 장소에 대한 담론이 지역학의 주요한 의제가 되며, 청주학 역시 장소 문제를 중점적으로 다룰 필요가 있다.

특히 장소와 장소성은 고정불변의 대상이 아니다. 환경 변화에 따라 유동적이다. 장소는 장소성을 상실한 채 존재하기도 하고, 장소 자체가 해체되기도 한다. 장소성이 다른 장소로 옮겨 가는 경우도 있다. 따라서 **지역학에서 장소 연구는 역사적인 관점에서 장소와 장소성을 탐구하고, 잠재된 장소의 가치를 찾아내 복원하고 유의미한 지역의 장소성을 강화할 수 있는 방안을 탐구해야만 한다.**

캐나다의 세계적 인문지리학자인 에드워드 렐프(Edward Relph)는 "장소란 돈으로 살 수 있는 것이 아니다. 오랜 시간에 걸쳐 평범한 사람들이 일상생활을 통해 형성된다. 그들의 애정으로 장소에 스케일과 의미가 부여된다"라고 하면서, 장소의 가치와 장소 감성을 파괴하는 세계는 어떤 식으로든 빈곤해진다고 역설하였다. 따라서 **지역학에서는 어떤 지역을 대상으로 하든 보다 의미 있고 풍요로운 지역을 만들기 위해, 흩어져 있는 유무형의 장소를 찾아내어 그 가치를 회복하고 감성 넘치는 장소로 만들어야 한다.**

지역정체성 이해와 인식의 전환

지역정체성이란?

정체성(identity)이란 사전적 의미로 '어떤 존재가 본질적으로 가지고 있는 특성'을 말한다. 학문적인 개념은 '세계관과 가치관이 정립된 주체의식'으로 보고 있다. 그 특성은 존재의 고유성, 차별성, 개별성 등으로 나타나며, 그것만의 독특함과 선명성을 내포하고 있다.

이러한 정체성 개념은 인간 개인에게만 적용되는 것이 아니다. 인간의 집합체인 사회 역시 나름대로 일정한 정체성을 가지고 있다. 일반적으로 사회적 정체성은 지역을 단위로 일정한 시간을 거치면서 동일성과 개별성을 형성하는데, 그것이 바로 지역정체성(identity of region)이라 할 수 있다. 지역정체성은 다른 지역과 구별되는 그 무엇인 동시에, '지역다움'을 나타내는 말이다. 지역다움이란 다른 지역과 다른 특성, 의식, 문화, 존중감 등이 있기 때문에 가능하다.

이러한 **지역정체성은 지역의 여러 요소와 주민의 경험이 상호작용하면서 획득**된다. 장소정체성이 인간으로부터 형성되고 인간 또한 장소로부터 자신의 정체성을 얻듯이,[8] 지역정체성 역시 마찬가지이다. 지역주민은 지역이 나의 삶의 공간이고 대상이며 그것이 내 삶에 중요한 영향을 미치고 있다는 경험을 통해 삶의 실천적 장소로서 지역을 발견하고 의미를 부여하게 된다. 그것은 지역정체성의 기반이 된다. 이런 지역화 과정을 거치면서 형성된 정체성은 역으로 개인의 정체성 형성에 영향을 미친다.

정체성 담론은 과학적인 이론이 아니다. 지역정체성 역시 이론이 아니며, 실천적이고 긍정적인 개념으로 사용된다. 지역의 장소정체성은 장소에 대한 애착을 통해 형성된다. 따라서 여러 장소의 유기적 복합체

---

8 이석환 · 황기원, 「장소와 장소성의 다의적 개념에 관한 연구」, 『國土計劃』 제3권 제5호, 1997, 178쪽.

지역정체성의 개념적 구분과 의미

<table>
<tr><th colspan="3">구분</th><th>의미</th></tr>
<tr><td rowspan="3">동일성
(그 지역은
그 지역
답다)</td><td colspan="2">연속성</td><td>그 지역은 시간의 흐름에 따라 발생하는 변화에도 불구하고 기본적인 그 무엇은 변함이 없다</td></tr>
<tr><td rowspan="2">동일화</td><td>투입에 의한 동일화</td><td>그 지역에 관련되는 나는 주위 사람들과 동일하다는 감정을 가진다</td></tr>
<tr><td>정합에 의한 동일화</td><td>그 지역에 관련되는 나는 주위 사람들과 환경에 대해 잘 어울린다는 귀속감을 가진다</td></tr>
<tr><td rowspan="3">개별성
(그 지역은
다른 지역과
다르다)</td><td colspan="2">특이성</td><td>그 지역은 다른 지역과는 다르다</td></tr>
<tr><td rowspan="2">우월성</td><td>공동 요소를 비교한 우월성</td><td>그 지역은 다른 지역에도 있는 요소들과 비교하여 더 뛰어나다</td></tr>
<tr><td>고유 요소 존재에 의한 우월성</td><td>그 지역은 다른 지역에는 없는 요소가 있어 더 뛰어나다</td></tr>
</table>

자료: 황기원, 「도시의 정체성과 쾌적성」, 『지방화시대의 도시정체성 회복과 조경의 과제를 위한 세미나자료집』, 한국조경학회, 1995, 5쪽.

인 지역의 정체성 역시 지역에 대한 지역민의 긍정적 감정을 정신적 기반으로 하고 있다. 또한 지역정체성은 그 특성상 지역 정신, 향토애, 지역다움으로 확장되고, 지역에 대한 지역민의 공감 능력을 제고한다. 더 나아가 지역에 대한 지역민의 소속감과 자긍심을 고취시킬 수 있기 때문에 실천적이고 긍정적인 지역 자산으로 활용되곤 한다.

그래서 최근 들어와 지역정체성이 강조되고 있다. 시대적 배경은 세계화이다. 세계화는 지역 해체와 강화라는 양면성을 동시에 가지고 있다. 지역 해체는 세계화에 따라 지역의 특성이 사라지고 지역의 경계가 모호해지며 지역민이 다른 지역, 다른 국가와 자유롭게 소통하고 교류하는 것을 의미한다. 반면에 세계화에 따라 국가 대신 지역이 부각되면서 지역이 세계와의 소통과 교류의 주체가 되고 있다. 특히 지역이 정부를 가진 상상의 지역공동체일 경우 지역이 주체가 되어 세계화에 대응해야만 한다. 이 과정에서 주목을 받는 것이 바로 지역정체성이다.

전통적인 지역 연구에서 지역정체성은 특정 지역의 고유한 특성을 가리키는 개념으로 사용되었다. 그것은 이미 형성된 장소성을 말하는 것으로, 타자의 시선에서 지역을 이해하는 수준에서 논의되었다. 그것은 지역을 주체로 접근하지 않은 점, 지역을 형성하는 여러 요소를 등한시한 점, 지역정체성을 고정불변의 실체로 바라본 점 등이 문제점으로 지적되고 있다.

그러나 일정한 시간과 공간 위에서 형성된 지역정체성은 오랜 시간을 거치면서 형성된 독특함이 있으나, 그것은 고정불변이 아니다. 사회적 관계와 지역 의미 및 상징기호 등과 같은 지역정체성 요소와 그것에 대한 재해석에 따라 변형 가능한 개념이다. 그것은 고정된 것이 아니다. 지역민의 의미 부여와 재해석에 따라 다양하게 나타나고 끊임없이 새롭게 형성되는 '살아 있는 생명체'이다.

따라서 지역정체성을 올바르게 이해하기 위해서는 지역 특성을 형성하는 여러 요인들을 역사적 분석을 통해서, 그리고 공간 차원에서 접근해야만 한다. 또한 지역민의 사회적 관계, 소통, 동질성, 의미 찾기와 의미 부여하기 등 지역민을 주체로 한 접근이 이루어져야만 한다. **여러 지역 요소로 직조된 지역정체성은 이미 만들어져 있는 것이 아니라, 만들어지고 만들어 가는 지속 가능한 지역의 고유성과 특이성**이라 할 수 있다.

지역정체성 구성 요소

한 지역의 지역정체성은 지역민의 사회적 과정에 의해 만들어진다. 지역정체성은 지역에 살고 있는 사람(people), 자연 · 인문 · 제도적 환경(setting), 의미성(meaning)으로 구성된다.[9] 지역주민은 개인적으로든 집단적으로든 사회적 활동을 하면서 삶의 터전인 장소에 일정한 의미를 부여한다. 그것은 다시 일정한 장소성으로 발전하고, 그것을 기반으로 정체성이 만들어진다.

이와 같은 지역의 사회적 과정에서 형성된 지역정체성을 구성하는 요소는 보는 관점에 따라 다양하다. 에드워드 렐프는 장소정체성의 구성 요소로 정적인 물리적 장치, 관찰되는 활동이나 기능, 의미성과 상징 등으로 보았다. 이는 지역정체성에도 동일하게 적용될 수 있을 것이다. 비레이(Belay)는 문화정체성 측면에서 정체성의 개념 요소로 시간성, 지역성, 대비성, 상호성, 복수성 등 다섯 가지를 제시하고 있다.[10] 이러한 정체성의 개념 요소는 정체성을 이해하는 데 필요한 구성 요소들이다. 이들 요소에 영향을 미치는 원형은 크게 자연적 요소, 사회적 요소, 인간적 요소, 시간적 요소 네 가지로 나누어 살펴볼 수 있다.

지역정체성에 영향을 미치는 자연적 요소로는 지형, 기후, 지리, 경관 등을 들 수 있다. 이들 요소가 지역정체성에 영향을 미치는 것은 지역민과의 관계 여하에 따라 달라지기 때문이다. 자연적 요소가 역사적으

9 최재헌, 앞의 논문, 11쪽.
10 김주원, 「지방자치단체 정체성 확립방안-원주 생명문화 · 도시를 중심으로-」, 『한국지방자치학회보』 제15권 제3호, 2003, 211~212쪽.

로나 사회적 · 심리적으로 지역주민과 무관하다면, 그 요소는 지역정체성 형성에 영향을 미치지 않을 것이다.

사회적 요소로는 사회관계, 경계, 다른 지역과의 교류, 성, 계급 등을 들 수 있다. 인문 및 문화적 요소로는 인종, 역사, 풍습, 전통, 종교, 언어, 문화유산, 인물 등을 들 수 있다. 문제는 지역 요소들이 어떻게 상호작용하고 지역주민에게 어떠한 모습으로 받아들여지고 어떠한 의미가 부여되며, 그것이 어느 정도의 지역 동질성과 객관성을 담보하고 중심부에서 작동하느냐에 따라 지역정체성으로서의 의미를 지닌다.

그런데 지역정체성에서 가장 중요한 요소는 지역정체성 형성과 인식의 주체인 지역주민이라 할 수 있다. 최근의 지역정체성 담론은 지역정체성을 지역특이성 정도로 이해하던 과거와는 달리, 지역주민의 정서적 · 심리적 · 정신적 특징을 매우 강조한다. 지역민이 자신이 살고 있는 지역에 대한 소속감, 동질감, 자존감, 공동체 의식, 공감 등이 지역정체성의 핵심을 이루기 때문이다. 그런 만큼 기본적으로 지역정체성은 인본주의 시각에서 주관성, 상징성, 의도성, 문화적 관계가 중요시될 수밖에 없다.[11]

이러한 지역정체성은 어떤 형태로든 역사성을 띤다. 지역정체성은 이미 만들어져 있는 것도 아니며, 한번 만들어지면 고정불변으로 지속되는 것도 아니다. 공간과 시간, 장소와 지역 모두 지속적으로 생성 · 변

11 최재헌, 앞의 논문, 11쪽.

지역정체성 구성 요소

속성	특징
연속성	지역의 역사성, 지속 가능성
자기 존중감	지역에 대한 소속감, 존중감, 자긍심
독특성	다른 지역과 다른 유일성, 차별성
자립도	자기 지역에 대한 안정감, 충족감, 만족감

자료: C. L. Tingger_Ross and D. L. Uzzell, "Place and identity processes," *Journal of Environmental Psychology* 16, pp.205~220(최재헌, 「도시정체성의 구축방안」, 『도시문제』 제47권 제52호, 2012, 15쪽).

화하는 사회적 구성물이다. 지역정체성 역시 지역 경계 안에서 자연과 사람, 사람과 사람, 사람과 공간의 끊임없는 상호작용을 통해 형성되고 변형된다. 그 과정에서 일정한 지역의 중심성이 형성되고 그것을 핵으로 한 일정한 구심력과 원심력이 작용하면서, 지역정체성은 형성되고 기능하게 된다. 그리고 일정 수준의 지역정체성이 형성되면, 지역정체성은 지역성으로 나타나고 지역민의 삶을 규범화하면서 변화를 겪게 된다.

다시 말해, **지역정체성은 특정 지역에 소속되어 있는 공동체 구성원들에 의해 자생적이고 자발적으로 형성되는 집단 이미지이자 상징기호로서, 연속성, 자기 존중감, 독특성, 자립도에 의해 만들어진다.** 연속성이란 지역의 자연 및 인문 환경이 그 지역에 터를 잡고 살아가는 사람들의 연속된 경험과 행동의 준거틀로 작용하여 정체성으로 이어진다. 자기 존중감은 지역에 대한 소속감을 통해 자신은 물론 지역에 대한 소속감과 자긍심을 갖는 것이다. 독특성은 지역민이 살고 있는 지역에서만 경험하고 인식하고 있는 차별화된 생활양식을 통해 정체성을 확립하는 것이다. 끝으로 자립이란 지역민이 느끼는 지역에 대한 안정감과 충족감 · 만족감을 일컫는데, 이를 통해 보다 확고하고 실천적인 정체성을 갖게 된다.[12)]

지역정체성은 크게 역사적 정체성, 문화적 정체성, 경관적 정체성, 산업적 정체성 등 네 가지 유형으로 분류되기도 한다.[13)]

역사적 정체성은 지역정체성 자체가 오랜 시간의 연속성 위에서 형성되기 때문에 필연적으로 역사성을 내포한다. 그것은 역사적 사건, 인물, 유적과 유물 등에서 찾아진다. 청주의 역사적 정체성을 구성하는 핵심 요소는 청주읍성, 직지, 상당산성, 신채호 등이다.

문화적 정체성은 지역주민의 문화적 활동인 축제, 민속, 음식, 패션, 예술 등에 나타난 지역 고유의 특질에서 확인된다. 청주는 청주아리랑, 청주읍성 큰 잔치 등이 그 예이다.

경관적 정체성은 자연환경인 산과 물줄기 등과 인위적 환경인 건축물 · 도로 · 가로수 등의 요인으로 형성된다. 한남금북정맥, 미호천, 우암산, 무심천, 가로수길 등이 대표적인 청주의 경관적 정체성 요소들이다.

끝으로 산업적 정체성은 전통 산업, 현대 산업, 관광, 특산물 등 근현대 산업의 결과물이거나 현재 추진되고 있는 산업 분야를 통해 알 수

---

12 C. L. Tingger_Ross and D. L. Uzzell, "Place and identity processes," *Journal of Environmental Psychology* 16, pp. 205~220(최재헌(2005), 앞의 논문, 11~12쪽에서 재인용).

13 최재헌, 「도시정체성의 구축방안」, 『도시문제』 제47권 제52호, 2012, 15~17쪽.

있다. 여수 석유화학, 보성 녹차, 대구 패션 산업 등이 그것이다. 청주는 연초제조창, 잠사박물관, 오송바이오과학단지 등이 산업적 정체성을 구성하는 요소들이다.

그렇다면 이와 같은 정체성 요소들을 충족하는 청주의 정체성은 무엇일까? 지금까지 청주는 교육도시, 직지의 고장, 청정 녹색도시 등으로 불리어졌으나, 과연 시민들이 얼마나 공감하고 있는지 의문이다. 아직 추상적인 수준이다. **청주 지역의 역사성을 반영하면서 시민들이 공감하고 존중감, 만족감 등을 느끼는 청주의 정체성은 불명확한 실정이다. 따라서 청주학은 청주의 정체성을 시민의 입장에서 재정립해야만 하는 과제를 안고 있다.**

지역정체성 알기와 찾기

지역정체성 이해는 무엇보다도 지역민을 주체로 한 아래로부터의 접근이 필요하다. 최근 지자체에서 논의되고 있는 지역정체성 담론은 거의 대부분 위로부터 필요에 의해 논의되고 있다. 이런 경우 지역정체성은 위로부터 정치적으로 만들어진 개념에 불과하다. 이것은 정책 수요에 의거하여 규정된 지역정체성이다. 그 때문에 지역민의 공감도가 떨어지거나 일시적이며 정책 변화에 따라 달라지는 한시적 개념에 머물 수밖에 없다. 보다 지속 가능하고 연속적이며 지역민과 함께 하는 지역정체성이 되어야 한다. 그를 위해서는 **과거-현재-미래를 관통하는 시간의 연속선상에서 지역정체성을 성찰해야만 한다. 지역정체성이 사회**

및 공간적인 실체로서 지역민 개인과 집단의 삶에서 의미 있는 개념으로 찾아지고 이해되어야 한다.[14]

지역정체성을 찾아내기 위해서는 무엇보다도 지역정체성 요소가 내재된 원형, 예를 들어 역사적 사건, 유물, 유적, 인물, 경관, 산업, 음식, 건축물, 문학작품, 사진 등을 발굴하고 그 속에 담긴 다차원적인 정체성 요소를 찾아내야만 한다. 이런 경우 지역정체성 원형들에 대한 다양한 의미와 기억 · 이미지에 대한 재해석이 매우 중요하다. 왜냐하면 이들 원형을 둘러싼 다양한 이미지와 의미들이 겹겹이 쌓여 있기 때문에, 양파 껍질을 벗기듯 재해석과 새로운 의미 부여를 통해 정체성을 재구성해야만 한다.

지역정체성을 재구성하는 데는 현재적 관점이 요구된다. 정체성이 과거에 만들어진 것으로 이해하고 과거의 그 무엇을 찾아내려는 사례를 많이 볼 수 있다. 그것은 잘못이다. **지역정체성은 지역 공간과 시간, 그리고 인간의 삼위일체 결과물로 나타난 현재형 집단 개념이자 현재성과 대중성에 따라 지속 가능하면서도 유연한 개념**이다. 1990년 초반 영국의 지방자치위원회에서도 지방자치에서 정체성의 중요성을 인식하고 문화, 산업, 교통, 인구이동성 등이 중요한 변수로 해석될 수 있는 매우 유동적인 개념으로 지역정체성을 규정하였다.[15] 탁석산 역시 한국의 정체성을 논하면서 고유성과 창조성을 정체성의 속성으로 간주하고 현재

14 최재헌(2005), 앞의 논문, 11쪽.
15 김주원, 앞의 논문, 212쪽.

성, 대중성, 주체성을 주요한 판단 기준으로 보았다.[16)]

이와 같이 지역정체성은 지속 가능한 현재형 개념이다. 지역정체성의 가치 역시 현 지역 문제를 바람직한 방향으로 발전시키는 데 있다. 그런 만큼 과거지향적이거나 복고적인 접근 방식은 지양해야만 한다. 늘 시간의 변화 위에서 오늘을 성찰하고 내일을 전망할 수 있어야 한다. 그를 위해서는 시간의 연속선상에서 정체성이 형성·변화되는 요인을 찾아낸 뒤, 그것을 바탕으로 현재의 지역정체성을 재구성해야만 한다.

아울러 지역정체성은 지역민이 주체가 되어야 한다. 지역민이 어느 정도나 공감하고 지역사회에 얼마나 많은 동질적 요소가 있는지에 따라 지역정체성 정도가 좌우된다. 따라서 지역정체성 조사·연구는 기본적으로 지역민이 주체가 되어야 한다. 조사 및 연구 대상 역시 설문조사 등을 통해 지역민 중심으로 이루어져야 한다. 지역에 대한 애정과 사랑이 바탕에 깔려 있어야 한다. 지역민의 목소리에 귀 기울여야 한다. 그러기 위해서는 지역정체성을 이해하고 조사·연구하는 과정에서 어떤 형태로든 지역민에 대한 애정과 그들을 중심으로 한 접근이 이루어져야 한다. 직접이든 간접이든 지역민의 참여는 필수이다.

또한 지역정체성을 찾아내는 데 있어서 지역 비교는 매우 중요하다. 지역정체성은 기본적으로 지역 내 동질성과 지역 간 차별성·개별성을 바탕에 두고 있다. 차별성은 곧 지역의 고유성과 일맥상통한다. 따

16 탁석산, 『한국의 정체성』, 책세상, 2001, 84~114쪽.

라서 어떤 형태로든 지역 간 비교를 통해 자기 지역의 고유성과 특이성을 인식하고 차별화된 정체성을 찾아내야 한다. 다만, 왜곡된 진실에 근거를 둔 지역 우월주의는 철저히 경계해야 한다. 그것은 궁극적으로 의미가 없다. 오히려 지역민으로 하여금 지역에 대한 무관심을 유발시킬 수 있다.

지역정체성의 성격과 활용

지역 중심의 지역학은 실용성을 전제로 한다. 지역정체성은 이론을 규명하기 위한 학문적 용어가 아니라, 실천적인 성격이 강하다. 따라서 지역정체성 담론은 그 자체 현재성과 실용성을 전제로 한다.

현재성이란 현재적 관점인 동시에 현재의 지역환경을 기반으로 한다는 점이다. 정체성 원형이 과거에 형성된 것일지라도 그 의미 해석은 현재적 관점에서 이루어져야 한다. 그 의미의 당위성과 타당성 · 활용성 역시 현 지역민의 의식세계에서 검증되어야 한다. **지역정체성은 과거에 만들어진 고정불변의 실체도 아니며, 특정 상징 요소가 지역정체성을 대변하지도 않는다.** 위로부터 조합된 지역정체성을 지역민에게 강요하는 것은 잘못이다. 지역정체성은 현재적이고 유동적이며, 지역이 가지고 있는 상징기호, 다시 말해 역사적 사건 · 문화유산 · 인물 · 축제 등에 대한 의미 부여와 재해석에 따라 얼마든지 재창조될 수 있는 실체라 할 수 있다.

그 때문에 실용성에 입각한 지역정체성은 다양하게 활용될 수 있다. **지역정체성은 지역의 고유한 '지역다움'이자 지역민의 집단 기억 이미지로서, 지역의 상징기호와 상징자본으로 활용된다. 지역정체성은 지역의 속살과도 같은 것**이다. 그것을 어떻게 표현하고 디자인하며 상품화하느냐에 따라 지역의 가치는 얼마든지 달라질 수 있다. 이 때문에 각 지방정부는 나름대로의 지역정체성을 찾아내어 다원적이고 다차원적인 활용 방안을 모색하고 있다.

지역정체성은 무엇보다도 지역의 고유한 이미지를 나타내는 상징기호로 활용된다. 가장 일반적인 형태는 지역의 상징기호라 할 수 있는 CI와 BI 개발이라 할 수 있다. 그 밖에 지역정체성에 기반을 둔 가로수 조성, 경관 조성, 공공건축물 디자인, 기념공간 조성, 지역 상징 관문 건립 등도 다양하게 이루어지고 있다. 이와 같은 지자체의 브랜드 슬로건, 캐릭터와 마스코트, 상징물, 기념공간 등은 지역 내적으로 지역민의 동질성 확보와 소속감 및 자긍심을 고취시킬 수 있다.

또한 지역정체성을 구성하는 여러 요소인 자연 경관이나 문화유산, 건축물, 산업시설 등은 다양한 문화콘텐츠 원형으로 활용되어 창조적인 지역경제 활성화에 도움을 준다. 지역정체성에 기반을 둔 관광시설 조성, 관광문화상품 개발은 새로운 관광시장으로 연결되어 지역경제 활성화에 기여한다. 지역 산업 역시 지역정체성에 기반을 둔 산업 분야를 집중 육성할 경우 부가가치를 더욱 높일 수 있다. 보성의 녹차, 대구의 패션, 춘천의 애니메이션 등이 그러한 사례이다.

지역정체성은 다른 어느 분야보다도 지역문화와 깊은 관련이 있다.

지역정체성의 골간은 역사적·문화적 정체성이다. 지역정체성 찾기·느끼기·활용하기는 지역문화예술의 의미와 색깔을 좌우할 뿐 아니라, 창작 기반으로 이어져 지역 고유의 독창적인 문화예술 활동으로 이어진다. 이는 지역민의 문화 활동을 고무시킴으로써 삶의 질을 높이는 동시에 자기가 살고 있는 지역에 대한 소속감과 향토애를 자극하여 행복지수를 향상시키게 된다.

이와 같이 지역정체성을 활용한 지역 개발은 대내적으로 지역민의 동질성과 소속감 및 지역애를 높여 삶의 질을 높이는 효과가 있다. 대외적으로는 자기 지역의 독특한 상징성을 보여 줌으로써 지역의 가치를 높이고 지역 이미지를 강화하는 장소 마케팅 수단으로 활용된다. 이것은 곧 무한경쟁의 세계화 시대 지역의 장소성과 가치를 높임으로써, 지역의 품격을 향상시키고 지역에서 생산되는 생산품의 브랜드 가치를 상승시켜 지역의 경쟁력을 향상시키는 요인으로 작용한다. 그것은 외부로부터 자본과 사람을 지역으로 끌어들이는 힘으로 작용하여, 지역의 활력을 북돋우고 활성화시키는 동력이 된다.

인문학으로서의 지역학과 지역사

지역학은 인문학이다

지역학은 지역성(locality)을 규명하는 것이 핵심이다. 지역성이란 지역이라는 공간에 온축된 특질을 말하는 것으로, 지역의 주체는 지역에 터를 잡고 사는 주민이다. 지역에 대한 이해는 지역이 성립된 일련의 과정과 그 지역에 터를 잡고 사는 사람들의 삶과 문화에 대한 앎이 무엇보다 중요하다. 그런 만큼 **지역학은 비록 역사학, 정치학, 경제학, 지리학 등 학제 간 다학문적 접근이 이루어져야 하지만, 무엇보다 인문학이 중심**이 되어야 한다.[17]

더 나아가 지역학이 갖는 실천적 가치는 궁극적으로 지역주민을 위한, 지역주민에 의한 지역학이 되어야 한다는 점이다. 20세기 지역 개발은 지역주민이 늘 객체가 되어 왔다. 이제는 주민이 주체가 되어야 한다. 궁극적으로 지역을 만든 주체는 주민이다. 지역을 가장 잘 아는 것도 주민이며 지역 문제를 해결하고 그 공과를 책임질 사람도 주민이다. 그런 의미에서 **앞으로의 지역학은 지역주민 중심의 인문학적 지역학을 중심에 놓고 접근해야만 한다.**

지역학의 목적은 궁극적으로 지역주민의 공동 이익과 삶의 질 제고에 있다. **지역학은 지역에서 삶을 영위하고 문화를 꽃피우는 주민들을 대상으로 인문적 가치를 탐구하고 심화**해야 한다. 그러기 위해서는 지역주민이 정신적 풍요와 심리적 행복감을 추구할 수 있도록, 역사적 경험을 추찰(推察)하고 오래된 인문 가치를 찾아내 상상할 수 있는 모티브를 제공해야 한다.

지역성을 탐구하는 인문지역학은 지역이라는 공간과 시간의 관계,

17 하병주, 앞의 논문, 266쪽.

그 속에 투영되어 있는 인간의 존재 문제를 규명하는 활동이라 할 수 있다. 지역이 당면한 현상적인 문제는 정치경제학으로 접근할 수 있지만, 본질적인 접근은 불가능하다. 지역의 본질에 접근하기 위해서는 우선 역사학과 철학, 문학, 인문지리학, 인류학을 기초로 한 인문학적 연구가 선행되어야 한다. 이는 이미 여러 지역에서 시도된 지역학 연구에서 입증되었다.

인문지역학은 부산대학교 한국민족문화연구소 '(HK)로컬리티의 인문학연구단'이 주도하고 있다. 2007년부터 연구에 착수한 연구단은 지역이 처한 현실 문제에 관한 실천학과 기존의 지역 이론들을 종합하는 메타 이론으로서의 지역학 학문 수립을 목표로 하여, 지역의 현장성과 구체성에 주목하여 인간의 자리를 묻고, 지역의 가치를 발견하기 위해 다양한 연구 활동을 하고 있다.

한 예로 부산대학교 민족문화연구소에서 펴낸 『지역에서 행복을 찾다』(2003)는 3부로 구성되어 있다. 1부 「행복한 세계를 꿈꾸며」는 지역이라는 구체적인 삶터에 서게 될 때 행복이 어떤 모습으로 다가오는지 찾아보았고, 2부 「고단한 여기에 서서」는 지역에서 행복을 방해하는 요소들을 짚어 보았고, 3부 「지금 여기에서 행복하기 위하여」는 놀이, 살림살이, 음식, 생태라는 키워드를 중심으로 행복한 삶과 지역의 상관관계를 해명하고자 하였다. 그 밖에 『지역, 예술을 말하다』(2012)는 지역의 눈으로 현대 예술을 다시 읽어 지금 여기의 주체성을 회복하는 길을 찾아보려 하였고, 『대중문화, 지역을 디자인하다』(2013)는 대중문화가 지역의 이미지나 실제에 어떤 영향을 끼치는지에 관심을 두었다. 이들 책은 모두 우리 자신이 발 딛고 있는 '지금 여기' 지역을 분석한 것으로, 지역학의 새로운 지평을 열어 놓았다.

이와 같이 **지역학은 인문학을 기반으로 해야 한다. 지역학이 추구하는 궁극적인 목적이 지역민의 행복인 만큼, 지역주민을 주체로 해야 하고, 그들의 삶을 눈여겨보아야 하며, 지역민이 행복을 추구할 수 있는 지역 마당을 펼쳐 내야 한다.**

인문지역학으로서의 지역사

인문지역학의 기초는 인간과 시간이 결합되어 나타난 지역의 역사이다. 지역은 역사적 산물인 동시에 역사적 유산 위에서 작동하고 있다. 지역 중심의 저항과 성찰 및 창조는 역사유산 위에서 출발한다. 이런 이유로 지금까지 서울학과 충북학 등을 비롯한 모든 지역학은 지역의 역사문화가 가장 큰 비중을 차지하고 있다.

그렇지만 단순히 특정 지역의 과거 사실만을 대상으로 하는 지역사 이해는 지역성 탐구와는 일정한 거리가 있다. 그것은 단지 역사주의와 실증주의에 입각하여 지역의 과거 사실을 탐구한 것에 지나지 않는다.

지역사가 인문지역학이 되기 위해서는 몇 가지 전제조건이 필요하다. 특히 대전제는 지역의 역사가 과거에 머무는 것이 아니라, 어떤 형태로든 현재적 가치와 담론을 제시할 수 있어야 한다. 그 방향은 다음과 같다.

인문지역학으로서의 지역사 개념도

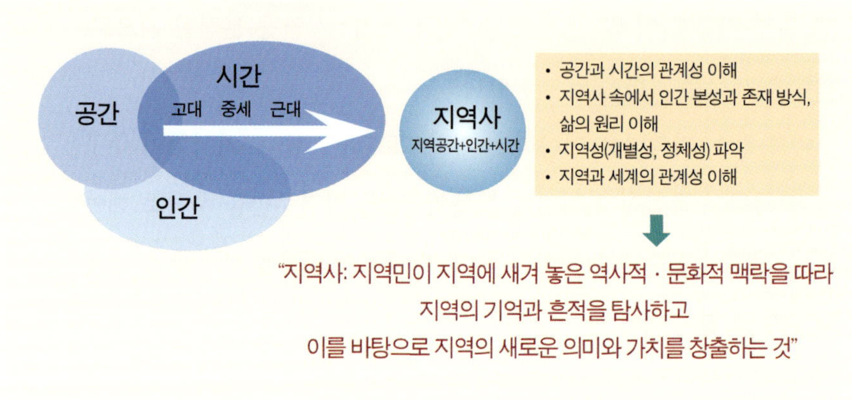

첫째, 공간과 시간의 관계성이 해명되어야 한다. 글로컬리즘에 입각한 지역 단위는 현재의 지역 단위이며 지역학의 과제 역시 현 지역 문제를 실천적으로 해결하기 위한 것이다. 그러므로 지역사의 인식 대상이 과거 지역일지라도 현 지역을 문제의 출발점으로 삼아야 한다. 현재의 지역과 단절된 과거의 지역은 지역성 해명과 일정한 거리가 있다.

둘째, 인간의 본성과 존재가치 등이 해명되어야 한다. 인문학은 인간의 삶에 대한 근원적인 물음과 그에 대한 길을 찾아나가는 것이라 할 때, 단순히 과거 사실을 규명하는 역사는 인문학적 관점에서 한계가 있다. 인문학적인 지역사 이해는 시간과 공간의 좌표 위에 서 있는 인간의 존재에 물음을 던져야만 한다.

셋째, 타자의 시선이다. 지역은 타 지역과의 관계 속에서 만들어지고 변형된다. 이 과정에서 제기되는 주요한 이슈는 경계, 장소, 중심, 주

지역사 구성 요소

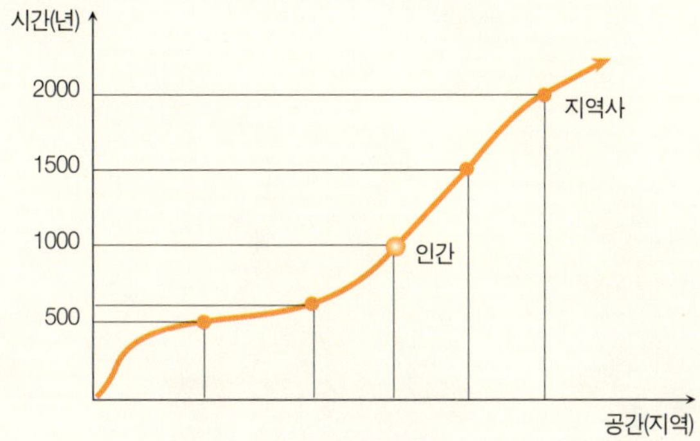

변, 정체성, 개별성, 우리와 타자 등이다. 이는 곧 지역성과 연결되며 타 지역과 구별되는 특성이기도 하다. 이들 담론은 지역 안에서 찾아지기도 하지만, 타자의 시선에서도 동시에 탐구되어야만 한다.

따라서 **인문지역학으로서의 지역사 이해는 현재의 지역을 출발점으로 삼고, 과거 지역 공간에서의 인간의 제 문제를 밝혀 내어, 그것을 통해 현재의 지역성을 해명하는 데 일정한 역사적 통찰력을 제시**하여야 한다. 또한 현 지역에 대한 인문학적 관심과 아울러 역사 속 지역민들의 삶을 성찰하여 인간의 존재 원리와 삶의 가치를 탐구하고, 타자들과의 관계 속에서 형성 · 변화하는 지역 경계와 지역성을 찾아내야만 한다.

이와 같은 **지역사는 세계-국가-지역을 넘나들 수 있어야 한다. 지역의 과거-현재-미래가 통섭되어야만 한다. 또한 가치 지향점은 '저항과 성찰, 그리고 창조'에 초점**을 맞출 필요성이 있다. 이는 지역사 연구

청주읍성 큰 잔치. 청주에서는 매년 9월 청주성 탈환 기념 청주읍성 큰 잔치가 열리고 있으나, 청주읍성의 역사성과 장소성을 살린 잔치 콘텐츠가 더 요구된다.

의 가치 담론이다.

저항 담론이란 크게 두 가지 측면에서 다루어질 수 있다. 하나는 지역과 타 지역의 역학관계에서 형성되는 저항이다. 이런 경우 저항의 실체를 정확히 이해하기 위해서는 자신의 시선 외에 타자의 시선으로도 지역을 바라볼 수 있어야 한다. 또 다른 저항은 지역 내부에서 형성되는 구심력과 원심력 사이에서 파생되는 저항이다. 그것은 지역 내의 기득권, 권력, 문화적 고정성과 그것을 깨고 나오는 내부의 에네르기를 찾아내는 것이다.

성찰 담론은 역사적 사건이나 인물을 추체험(追體驗)하고 그를 통해

과거와 현재를 잇는 지역성을 찾아내는 것이다. 옛것을 좋아하는 호고적인 관심이나, 옛것에 대한 복고주의나 과거 사실만을 들추어 내는 역사실증주의는 경계해야 한다.

창조 담론은 지역민의 삶의 질 향상과 지역 발전을 위해 어떠한 창조성이 있어 왔고 있어야 하는지에 대한 담론이다.

이와 같이 **인문지역학 관점에서 접근하는 지역의 역사문화 이해는 단지 옛것을 좋아하는 태도를 버려야 한다. 현재와 단절된 채 과거 역사 사실만을 실증하는 역사주의도 경계해야만 한다. 과거의 역사적인 사건과 인물들을 역사 안에 가두어 두어서는 안 된다.** 과거의 유산과 문화를 전통의 이름으로 보존만 하려 하고, 현재와의 대화를 막고 미래를 향한 눈을 뜨지 못하도록 하면 안 된다. 현재적 의미가 없는 과거의 기억과 복원 · 재현은 지양되어야 한다.

예를 들어, 조선시대 읍성은 왕을 대신한 수령들의 치소이다. 그것은 권력의 상징이다. 읍성은 관과 민을 나누는 경계이며, 중세시대의 산물이다. 민주적인 근대 사회에 읍성은 해체되어야 하는 역사성을 지니고 있다.

이러한 읍성은 전국에 분포해 있었는데, 이를 대하는 청주와 광주의 시각과 표현 방식은 아주 대조적이다. 청주는 청주읍성을 기억하기 위해 표지석을 설치하고 읍성을 복원하고 해마다 '청주성 탈환 기념 청주읍성 큰 잔치'를 열고 있다. 청주성 탈환은 임진왜란 때 왜군에게 점령된 청주읍성을 되찾은 사건이다. 청주읍성 큰 잔치에 대한 청주의 접근 방식은 복고적일 뿐 아니라, 왜군에게 빼앗긴 청주성 탈환을 기념하는 것으로 민족적 관점이 우세하다. 그러면서 큰 잔치의 취지는 1,500년 역사문화도시 청주의 정체성을 살리는 데 주안점을 두고 있으나, 이는 청주성 탈환 기념과는 모순된다.

청주읍성은 적어도 고려 · 조선 왕조로 이어지는 1천 년에 걸쳐 존재하였던 청주의 권력 상징이자, 관과 민을 나누는 경계였다. 따라서 청주읍성 큰 잔치는 관과 민이 소통하는 축제의 장이 되어야 한다. 그럼에도 임진왜란 때 왜군에게 빼앗겼던 청주성을 탈환한 것을 기념하는 행사가 됨으로써 지역성과 장소성 측면에서 문제의식이 미약한 잔치가 되었다.

반면에 광주광역시는 광주디자인비엔날레의 일환으로 2011년부터 광주폴리프로젝트를 진행하고 있다. 2011년 1차 폴리프로젝트는 광주읍성의 상징적 복원을 위해 현재적 의미를 되살린 폴리(folly)를 옛 광주읍성 터에 재현하는 도시 디자인 프로젝트였다. 폴리는 기본적으로 과거 그대로 복원 · 재현하는 것을 지양하고, 잃어버린 것에 대한 반성, 기억할 것에 대한 각인을 은유적으로 표현하여 현재적인 삶이 투영되고 현재의 시·공간에 존재하는 방식으로 접근하였다. 광주읍성 폴리프로젝트는 추진 과정에서 시행착오를 겪고 있지만, 그 지향점은 바람직하다.

광주 폴리 '열린 장벽'. 광주읍성을 예술적으로 재현한 작품으로, 회색빛 도시에 새 생명을 불어넣고 있다. 과거 유산의 기억과 재현을 어떻게 해야 하는지를 잘 보여 주고 있다.

단순한 과거의 복원·재현은 지양하고 과거의 기억을 예술적으로 승화하여 현재의 삶과 조화를 이루도록 한 문제의식은 분명 청주읍성의 기억·재현과는 큰 차이가 있다. 이러한 문제의식은 기본적으로 지역의 역사와 문화유산을 과거로만 보지 않고, 철저히 현재 중심, 시민의 삶 중심으로 미래지향적인 접근을 하였기에 가능하다.

따라서 **인문지역학으로서의 지역 역사문화 이해는 국가나 민족이 아닌 지역 중심으로 접근하되, 과거에 머물지 말고 미래지향적으로 나아가야 한다. 과거 역사는 현재를 이해하고 재해석하기 위한 수단이며, 미래로 나아가기 위한 기반이 되어야 한다.**

참고문헌

계명대학교 한국학연구원, 『세계 지방화 시대의 인문학과 지역적 실천』, 계명대학교 출판부, 2012.

앙리 르페브르 지음, 양영란 옮김, 『공간의 생산』, 에코리브르, 2011.

앨러스테어 보네트 지음, 박중서 옮김, 『장소의 재발견: 우리가 살고 있는 곳들에 숨겨진 비밀』, 책읽는수요일, 2015.

에드워드 렐프 지음, 김덕현 외 옮김, 『장소와 장소상실』, 논형, 2005.

이무용, 『공간의 문화정치학』, 논형, 2005.

김주원, 「지방자치단체 정체성 확립방안-원주 생명문화 · 도시를 중심으로-」, 『한국지방자치학회보』 제15권 제3호, 2003.

이석환 · 황기원, 「장소와 장소성의 다의적 개념에 관한 연구」, 『國土計劃』 제3권 제5호, 1997.

최병두, 「자본주의 사회에서 장소성의 상실과 복원」, 『도시연구』 8권, 2002.

최재헌, 「세계화시대의 지역과 지역정체성에 대한 개념적 이해」, 『한국도시지리학회지』 제8권 제2호, 2005.

______, 「도시정체성의 구축방안」, 『도시문제』 제47권 제52호, 2012.

하병주, 「지역학의 정체성과 패러다임 모색」, 『지중해지역연구』 제9권 제1호, 2007.

2 | 청주학 어떻게 할 것인가

청주 시민에게 묻고 답하다

청주학 어떻게 할 것인가

청주학이 가야 할 길

최근 세계화의 영향으로 지구촌 시대가 열리면서 민족이 해체되고 국가의 경계가 모호해지고 있다. '**지역이 곧 세계이다**.' 이 말은 사실이고 현실이다. 지역이 세계로 통하는 창이자 세계의 모든 것이 지역 안에 있다. 세계 어느 곳에서나 다양한 매체를 통해 지구 곳곳을 누비며 다양한 나라, 다양한 문화, 다양한 사람들과 접촉하고 소통할 수 있다. 한마디로 세계는 모든 것이 소통하는 초연결사회로 발전하고 있다. 지역은 그 시작과 끝이다.

이와 같은 시대적 흐름 속에서 새롭게 주목 받고 있는 것이 지역이다. 20세기 지역은 민족과 국가의 하위 개념이자 종속된 존재였다. 이제는 지역이 중심 개념으로 부각되고 있다. 어느 곳에 있든, 누구와 소통하든, 그 출발점은 자기 자신이 살고 있는 특정 지역, 특정 장소이다. 우리 모두는 자신의 삶의 무대인 지역에 두 발을 딛고 서 있으며, 일상적인 만남이 이루어지고, 상호작용을 통해 삶의 지평이 열리고 있다. 그런 만큼 다른 어느 때보다도 지역에 대한 재성찰이 필요할 때이다.

그래서 많은 지역에서 지역 중심, 지역민 주체의 학문적인 답을 찾고자 한다. 그것이 곧 지역학이다. **지역학은 안으로는 지역에서 행복을 찾고, 밖으로는 지역 너머 세계를 바라보는 출발점이자, 세계와 소통하는 문이다. 청주학도 그런 담론의 하나**이다.

청주학은 아직 청주 시민에게 낯선 용어이다. 때로는 호기심으로 다가오기도 하고, 때로는 당혹스럽고, 때로는 새로운 동기유발과 전망을 하게 한다. 그런 호기심과 당혹감, 전망은 미완의 청주학이 지향해야 할 미래 자산이다. 다만, 활발한 논의가 필요하다. 과연 청주학이 왜 필요한 것인지, 청주학이란 무엇인지, 청주학에서 무엇을 다룰 것인지, 누가 주체인지, 나의 일상적인 삶과 행복과는 어떤 연관이 있는지 등이 활발한 논의를 기다리고 있다.

청주학은 완성된 개념, 학자만이 다루는 학문 영역, 특정 분야의 전유물이 아니다. 지역에서 행복을 꿈꾸는 지역민 모두의 학이다. 지역을 둘러싼 활발한 논의 자체가 지역학의 생산성과 건강성을 담보한다. 과연 청주학이란 무엇인가? 청주 시민 모두가 묻고 답할 질문이다.

인문학 중심으로 접근해야 한다

지역학은 학제 간 총체적 접근을 통한 다학문 간의 융합을 꾀하되, 지역과 지역민 중심의 장기 지속적이며 주체적인 접근이 요구된다. 그런 의미에서 지역학은 종합 학문으로, 현재적인 실천 학문이 되어야 한다.

지역학에 대한 사전적 정의 역시 "일정한 지역의 지리나 역사, 문화 따위를 종합적으로 연구하는 학문"으로 규정하고 있다. 지역학은 단순히 지역에 대한 이해를 목적으로 한 것이 아니다. 활용 가능한 지역의 정체성을 구현하고 주민들의 삶의 질을 높이는 데 기여해야 한다. 그런 의미에서 지역학은 목적지향성을 가진다. 지역의 과거와 현재를 분석하여 지역의 미래 방향을 제시해 주어야 한다.[1)]

현재 국내 각 지역에서 논의되고 있는 지역학 개념은 약간의 차이가 있으나, 지역정체성 정립, 지역 역사문화 연구, 지역 발전, 지역민의 삶의 질 향상, 학제 간 종합 연구 등과 같은 지역학의 목적이나 방법론은 어느 정도 일치하고 있다. 그 결과 지역학에 대한 여러 정의는 다음과 같은 공통적인 특징을 가지고 있다.

- 지역학은 지역, 지역민을 주체로 한 학문이다.
- 지역학은 지역에 대한 학제 간의 총체적 접근을 요구하고 있다.
- 지역학은 지역정체성을 확립하고 강화하는 것을 목적으로 한다.
- 지역학은 지역 발전을 위한 현실 참여의 실천 학문으로 정책적인 함의를 갖고 있다.
- 지역학은 특정 지역의 공간과 인간, 그리고 시간을 다루는 학문이다.

1 정정숙, 『지역 문화 진흥을 위한 지역학 활성화 방안 연구』, 한국문화관광연구원, 2014, 19쪽.

지역별 지역학에 대한 개념 정의의 차이점

목적	대상	방법론
• 지역정체성 추구 및 확립 • 지역의 역사문화의 본질과 가치를 밝힘 • 지역의 현재 및 미래의 발전을 도모 • 지역민들의 삶의 질 향상에 기여 • 지역사회의 당면 과제 해결과 미래의 발전 과정을 모색하는 이론적 · 학문적 논리 제공	• 지역의 모든 것을 다루는 경우와 특정 분야에 한정시키는 경우로 분류할 수 있음	• 종합적 연구 • 학제적 연구 • 학제 간의 총체적 접근

자료: 정정숙, 『지역 문화 진흥을 위한 지역학 활성화 방안 연구』, 한국문화관광연구원, 2014, 15쪽.

현재 전국의 지역학 연구기관의 연구 영역은 편차가 크다. 공통점은 '문화'를 모든 기관에서 핵심 연구 영역으로 다루고 있다는 점이다. 여기서 말하는 '문화' 는 지역의 정체성, 역사문화, 인물, 문학 등 기본적으로 인문학을 기반으로 하고 있다. 이런 동향을 보더라도 지역학의 연구 영역은 전략적으로 인문학을 중심으로 외연을 확대하고 학제 간 융합을 도모해야 한다. 다만, 인문학을 기반으로 하더라도 지역학의 특성상 사회학, 정치학, 생태환경 분야로도 늘 시선을 열어 놓아야 한다.

따라서 청주학은 '인문학을 기반으로 한 융합 학문' 방향으로 전략적인 접근이 이루어질 필요가 있다. **청주학은 인문학 기반의 융합 연구를 추구하되, 청주를 단위로 한 공간과 인간 · 시간에 대한 상호 유기적인 인문학적 접근과 문화적 성찰, 그를 통해 이루어지는 '청주다움과 가치' 재발견, 지역공동체 구축과 공공가치 실현, 지역의 새로운 의미와 가치 창출 등을 목적**으로 해야 한다. 그것은 청주학이 과학적인 자기 정체성을 확보해 가는 기반이 될 것이다.

미래지향적으로 청주 장소성과 정체성을 탐구해야 한다

어느 지역이든 지역학의 핵심 과제의 하나는 지역 내 장소성과 정체성을 탐구하는 일이다.

지역학에서의 장소와 장소성 탐구는 잠재된 장소의 가치를 찾아내 복원하고 유의미한 지역의 장소성을 강화할 수 있는 방안을 찾아보는 것이다. 지역학에서의 장소 재발견은 곧 지역의 재발견으로 이어지고, 지역의 장소성은 정체성을 구성하는 요소로 작용하여 정체성을 보다 명료하게 이해할 수 있는 기반이 된다.

지역학에서의 장소성과 정체성 탐구는 일차적으로 지역성을 해명하기 위한 것이지만, 궁극에는 지역에 대한 현재성과 실용성을 위한 것이므로 지역문화운동으로 이어져야 한다. 따라서 청주학 역시 지역정체성 탐구가 지속적인 지역문화운동으로 확장되어야 한다.

정체성은 상품처럼 이미 만들어진 것이 아니다. 정체성은 현재적 관심에서 출발하지만, 그것은 과거의 유산이며 미래의 지향이기도 하다. 정체성은 좋은 것만 있는 것이 아니다. 부정적이고 비판적이며 극복되어야 할 정체성 요소도 많다. 그런 면에서 정체성을 확립하는 일은 기존의 지역정체성을 제고하고 바람직한 방향으로 변화시켜 나가는 문화운동 차원에서 장기 지속적으로 접근해야만 한다. **그것은 정체성을 찾고, 알고, 가꾸어 지역의 새로운 '삶의 결'을 만들어 내는 일이다. 그것은 삶의 질을 높이려는 시민운동이자 문화운동의 일환이기도 하다.** 그러할 때 청주학은 지역주민에 뿌리내린 연구, 지역주민을 위한 학문, 지역주민과 함께 하는 탐구가 가능할 것이다.

실제 지역학은 지역정체성을 정립하고 형성해 나가는 차원을 넘어서, 궁극적으로 정체성을 기반으로 지역공동체를 강화하고 지역의 문제들을 해결해 나가는 교육이나 지역운동으로 확장되어야 한다. 그러할 때 지역주민들이 정주 공간 자체에 대한 관심이 깊어지고 지식이 확장되어 정신적이고 정서적인 삶이 풍요로워질 수 있을 것이다.[2)]

지역학이 지역공동체를 강화하고 지역 문제를 해결하기 위해서는 미래지향적인 관점이 전제되어야 한다. 지역의 여러 현실적인 여건과 지향성을 찾아내, 그에 기초하여 미래지향적으로 새로운 정체성을 발굴하고 지역민과 공유할 수 있어야 한다. 이는 역사적인 정체성 중심으로 접근하던 기존의 관행에서 벗어나 미래지향적으로 정체성을 탐구하는 것이다. **그것은 곧 '닫힌 정체성'에서 '열린 정체성'으로의 전환이다.**

일본의 경우 2013년 동일본 대지진 이후 지역학이 장래를 내다보는 '방향성의 지혜'를 탐구하는 방향으로 나아가고 있다. 이는 지역학의 시점이 과거-현재에서 보다 미래지향적으로 옮겨 간 것이다. 그런 의미에서 지역학은 '미래학'이 되어야 한다.

지역성(장소성 · 정체성 등) 탐구는 기본적으로 지역의 역사문화적 경험과 그것에 토대를 둔 현재성에 기반을 두고 있기 때문에, 과거와 현재의 결과물이자 그 과정이다.

---

2 정정숙, 앞의 보고서, 102~103쪽.

지역성 탐구의 궁극적 목적은 더 나은 지역을 만들고 주민들의 삶의 질을 높이는 데 있다. 과거에 형성된 현재진행형의 지역성은 미래 가치와 결합되어야 한다. 그러할 때 지역성 탐구가 지속 가능성과 가치 확장을 꾀할 수 있다. '지금 여기'의 현재성을 밝히고 미래 세대를 위한 것이 되어야 한다.

특히 정체성을 이해하는 데 유의할 점은 지역 내 '같음'만 찾는 점이다. 지역 내 다양한 요소의 중첩된 결과로 나타나는 공통분모가 정체성이다. 그러므로 정체성 탐구는 지역 내 다양성과 차이점을 동시에 주목해야 한다. **청주학은 '청주'라는 상상의 공동체 안에 크고 작은 수많은 장소가 동시에 공존하는 집합 개념**이다. 따라서 청주 정체성 역시 청주 단위의 정체성을 찾되, 청주 지역 내 여러 장소의 다양성과 차이를 인정하고 안으로는 균형 있게, 밖으로는 열린 시각으로 접근해야 한다.

청주학의 생명은 작은 장소와 현장에 있다

한 지역은 여러 소단위 지역과 장소의 집합체이자 그 결정체라 할 수 있다. 소단위 지역과 장소 하나하나가 시간과 공간의 매트릭스 위에서 그들 나름대로의 장소성과 기억을 가지고 있다. 이들 장소성과 기억들은 끊임없이 변동하고 해체 · 소멸하면서 재생되는 유기체이다. 그런만큼 지역 전체의 특질을 파악하기 위해서는 지역 내 여러 시간과 공간의 결정체를 대상이 아닌, 주체로서 파악해야만 한다. 그래서 그들 하나하나가 자기 목소리를 내고 그것이 모아져 공통의 집약된 지역성을 말해 줄 수 있어야 한다.

지역 내 지역과 장소는 모두 각자 시 · 공간의 매트릭스 위에 있다. 그 때문에 지역에 반영된 물질적 또는 비물질적, 아니면 유형 · 무형의 요소들이 있다. 예를 들어, 전설이 있는 바위, 길 모퉁이 오랜 풍상을 이겨 내고 서 있는 나무, 지금은 사람들이 찾지 않는 마을 어귀 정자, 빛바랜 사진들, 세월의 흐름으로 움푹 파인 두 눈을 가진 어르신들, 어느 옛집에서 먼지를 덮고 있는 서류 등은 모두 소중한 지역학의 원자료이자 그 나름대로의 이야기를 담고 있는 무언의 텍스트들이다. 이런 것들은 거대 담론에서는 하찮은 요소들이지만, 지역학에서는 하나하나에서 의미를 찾아낼 수 있는 것들이다. 따라서 **청주학에서는 지역 현장에서 만날 수 있는 여러 유형 · 무형의 요소들을 주목하고 그것에서 이야기를 끌어낼 수 있어야 한다. 작은 장소 안에 숨겨진 시간의 숨결과 이야기를 찾아내야 한다.**

예를 들어, 청주 수암골은 현재 자본의 역습을 당한 장소이다. 수암골은 1921년 청주역 개통으로 먹고 살 길을 찾아 시골에서 떠나온 사람들이 와우산(현 우암산) 아래 산기슭에 살기 시작하면서 형성된 달동네이다. 1950년대 한국전쟁 이후에는 피난민이 집단 정착하여 청주의 대표적인 빈민촌을 이루었다. 이곳의 장소 가치를 재발견한 것은 예술인들이었다. 2007년 공공미술 프로젝트 일환으로 벽화가 그려지고 영화 · 드라마 촬영장소로 활용되면서, 수암골은 새롭게 주목 받게 되었다.

그러나 청주 근대화의 뒷전에 밀려나 있었던 민중들의 삶과 애환과

청주의 달동네 수암골(2011). 민초들의 애환과 숨결이 골몰길에 녹아 있는 곳으로 몇 편의 영화와 드라마가 지나간 뒤 자본의 역습을 받아 카페촌으로 변하고 있다.

사랑이 빛을 보면서, 아주 역설적으로 외부 자본이 가난의 공간을 급격히 잠식하였다. 지금은 절반 이상의 공간을 카페촌으로 내주어 장소성을 상실할 위기에 놓여 있다. 수암골의 장소성을 지켜 내면서 밀려드는 자본과의 아름다운 조화를 고민할 때이다.

또 다른 예로 옛 청주읍성 안에 위치한 중앙공원은 노인들이 주로 찾는 특별한 공간이다. 일부는 노인들의 발길을 막아 시민 모두의 공원으로 만들어야 한다고 주장하지만, 그곳은 청주를 기억할 수 있는 공간이다. 그곳을 찾는 노인들의 기억 속에는 수많은 이야기가 차곡차곡 쌓

중앙공원을 청주의 기억공간으로 만든 노인들. 그들은 젊음이 넘치는 성안길에서 밀려나 있지만, 살아 있는 개인 박물관이자 숨 쉬는 이야기 창고이다. 청주학의 관심은 중앙공원이 옛 청주읍성 충청병영 터였다는 문화유산 가치보다 오히려 그곳을 찾는 노인들의 삶이어야 한다.

여 있다. 그들은 그들의 기억을 인정 받고 말하고 싶어한다. 그들은 지난 20세기 험난하였던 역사의 길을 걸어온 사람들로서, 현재를 만든 주역들이다.

중앙공원이 과거의 기억 공간이라면, 성안길은 젊은 시민들의 삶과 문화가 넘실대는 현재 공간이다. 노인들은 현재 공간에서 밀려나 기억 공간인 중앙공원을 차지하고 있다. 중앙공원이 청주읍성 자리였다는 문화유산으로서의 장소성만 강조할 것이 아니라, 기억 공간으로서의 장소 가치도 인정해야 한다. 그것이 이미 사라진 청주읍성의 가치보다 더 소

젊은이들로 붐비는 청주 성안길. 중앙공원에 모인 노인들이 한때 누비던 길이다. 동시대 서로 다른 세대와 문화의 수레바퀴가 청주 도심을 지나고 있다.

중한 지역의 현재적 가치이자, 청주학이 주목해야 할 현장이다.

그를 위해서는 **청주학을 연역적으로 접근해서는 안 된다. 귀납적이어야 한다. 국가 또는 민족 단위의 담론을 지역에서 찾아내고자 해서도 안 되며, 특정 자료나 이론을 지역에 적용하고 검증하고자 해서도 안 된다. 지역의 작은 장소와 현장을 있는 그대로 바라보아야 한다.** 지역 내 여러 점과 선, 그리고 면으로 이루어진 장소에서 시간과 기억에 가려진 이야기를 찾아내고, 그를 통해 지역 안팎의 거대 담론을 비판하고 새로운 담론을 창출할 수 있어야 한다. 그래야 지역 밖에서 물밀 듯이 쏟아져

들어오는 지식과 문화와 이념의 물결을 비판적으로 소화하고 지역 중심의 주체적 접근이 가능하다.

지역주민이 주체이다

지역학의 궁극적인 목적은 학술 연구가 아니다. 지역정체성에 기반해 지속 가능한 지역공동체를 만들고 지역민의 삶의 질을 향상시키는 데 있다. 그러므로 **청주학의 중심에 늘 지역주민이 있어야 한다. 지역주민을 위한, 지역주민에 의한, 지역주민이 누리는 청주학이 되어야 한다.** 그러므로 청주학은 지역민이 참여하고 향유하며, 지역민이 주도하는 지역학이 되어야 한다.

청주학의 주제 선정은 물론 조사 · 연구 과정에 지역 내 다양한 현장 전문가를 참여시킬 필요성이 있다. 더 나아가 지역민 주도로 청주 지역 내 산재한 여러 지역학 관련 지적 자원(이야기, 사진, 문서, 유적 등)들을 조사 · 수집하고 그것을 전문가들이 분석하는 연구 체계 확립이 필요하다.

청주학 참여 주체는 기본적으로 지역주민이지만, 좀 더 조직적으로 결합되기 위해서는 시민단체와 협력하는 방식이 바람직하다. 시민단체는 전문가들보다 더 주체적이고 선제적으로 지역 문제에 접근하고, 그 문제를 해결하고자 나름대로의 방안을 제시하고 있다. 그러므로 청주시, 청주학 관련 연구기관, 지역 시민사회단체 등이 참여하는 협력적 시스템 구축은 청주학을 거버넌스 체제로 접근하는 것으로 매우 중요하다. **청주학 관련 기관 · 단체를 통합하여 네트워크 체제를 구축하고 협력 연구를 이끌어 내야 한다. 그를 통해 청주학이 청주의 학술공동체로서 행복한 지역공동체 실현을 위한 역할을 해야 한다.**

청주학의 주체가 지역민이 되기 위해서는 기본적으로 지역학에 대한 인식과 방법론의 전환이 필요하다. **청주학 연구 주체가 전문 연구자 중심에서 시민 중심**으로 바뀌어야 한다. 지역학 범위도 조사 · 연구에서 교육 · 홍보 · 활용 등으로 확대되고 대상도 지역사회 · 문화 경관 · 지리 배경 · 예술 창작 등으로 넓혀져야 한다. 청주학의 시점도 과거와 현재 중심에서 미래지향적이고 지속 가능한 형태가 되어야 한다.[3)]

청주학 생산물은 지역민이 공유하고 향유할 수 있어야 한다. 그래야 청주학의 생명력을 담보할 수 있고, 지역민이 능동적으로 참여하고 향유하는 선순환 체계가 강화될 수 있다.

그를 위해 청주학 설계 과정에서 지역 언론과의 공동 작업도 필요하다. 청주학의 시작과 끝이 언론매체를 통해 수시로 지역민에게 전달될 수 있어야 한다. 최근의 단적인 성공 사례로 충북 환경단체와 KBS 라디오가 공동 기획한 2016년 '미호천탐사'는 매주 탐사 결과를 방송하고 KBS 홈페이지에 게시함으로써 매우 큰 홍보 효과가 있었을 뿐 아니라, 청주 지역에서 미호천에 대해 적극 관심을 갖게 되었다. 이를 계기로 미호천이 단순히 청주를 지나는 하천의 지위에서, 청주의 주요한 장소와

3 이해준, 「최근의 지역학의 동향과 방향」, 『2015 충남학포럼-지역학으로서 충남학의 가능성과 미래』, 충청남도 평생교육진흥원 포럼자료집, 2015, 10~11쪽.

상징으로 부각되었으니, 그 성과는 매우 큰 것이다.

청주학이 지역주민이 주도하고 향유하는 학문이 되기 위해서는 청주시의 평생학습 교육 분야로 자리잡아야 한다. 청주학 시민전문가를 양성하고, 지역민이 청주학을 향유할 수 있는 매체와 공간, 학습 기회를 제공해야 한다. 또한 청주학 인증제도 도입을 통해 제도적 뒷받침을 해야 한다.

실제 최근 눈에 띄는 전국의 지역학 동향은 평생교육 차원에서 지역학을 진흥하고 있는 점이다. 여러 지역에서 지역 대학과 협력하여 지역학 강좌를 개설하고 평생교육기관에서 지역학 강좌를 열고 있다. 안산학의 경우 시민단체에서 주도하여 시민강좌를 개최하고 있다.

일본의 도쿄학은 2013년까지 15년 동안 지속적으로 142회의 포럼을 개최하였고, 연 5회는 연구 포럼, 연 1회는 지역주민들을 대상으로 한 공개 포럼을 진행하였다. 또한 일본 아오모리학은 학자들 간의 교류뿐 아니라, 아오모리학을 향유하는 주민들이 '학우회'를 구성하여 교류와 친목을 도모할 수 있도록 지원하고 있다. 더 나아가 인증제도를 통해 아오모리학을 주민의 필수 학습과목으로 육성하고 있다.[4]

---

4 정정숙, 앞의 보고서, 103쪽.

청주학에서 해야 할 과제

시민 중심의 학술 네트워크, 청주학회 창립

청주학을 활성화시키고 '학'으로서의 자기 정체성을 확보하기 위해서는 시민 중심의 학술 네트워크 구축과 청주학 관련 학회 조직이 필요하다. 청주학 자체가 다양한 분야의 전문가 참여가 필요하므로, 다양한 주체의 학술적인 연대가 구축되어야 한다. 그것은 청주학을 하나로 묶을 수 있는 학술 조직을 만드는 것으로, 그를 위해 가칭 '청주학회' 창립이 필요하다.

청주학회는 지역의 모든 연구 역량을 포괄하는 하나의 학술공동체로서, 구성원 상호간의 인적 연계와 유기적인 협조 체제를 주체적으로 조직화하는 일이다. 청주학회 구성 역시 전문 연구자 중심으로 구성되어서는 안 된다. 전문 연구자 외에 시민, 시민운동가, 공무원, 문화기획자, 언론인, 교육자 등 다양하게 구성하여 함께 지식과 정보를 공유하는 참여형 · 개방형 학회로 운영되어야 한다. 그것은 학자 중심의 학회가 아니라, 철저히 시민 중심의 학회가 되어야 한다.

따라서 **청주 시민사회가 주도하는 청주학회는 지역의 모든 지적 역량을 포괄하는 하나의 학술공동체로서, 시민 상호간의 인적 연계와 유기적인 협조 체제를 주체적으로 조직화해야 한다. 그래야 청주학이 청주의 집단지성을 대변할 수 있다.**

청주학회 연구 대상과 방식 역시 특정 분야 중심의 학술연구에서 벗어나, 청주 지역과 관련된 다양한 주제도 다루고 시민들의 발표 · 토론이 적극 이루어져야 한다. 그런 의미에서 청주학 담론의 장으로 시민이 주도하는 청주학 포럼이 정기적으로 개최될 필요성이 있다.

청주학 아카이브 구축

> 당신이 의식하고 있든 아니든, 당신의 집에는 당신의 아카이브(archives)가 있습니다. 서재의 캐비넷 속 파일, 지하실에 내려놓은 상자, 다락에 올려 둔 궤짝…… 가족의 생활사에 관한 의미 있는 기록물을 담아 놓은 이것들은 바로 당신 개인의 아카이브입니다.

위 인용문은 미국 국립문서보관소(National Archives and Records Administration) 홈페이지에 게시된 것으로, 지역학 아카이브 구축의 필요성 · 방법 · 의미 등이 잘 제시되어 있다.

지역학의 기초 토대는 지역에서 생산된 유 · 무형의 다양한 자료이다. 특히 최근 들어 급격한 노령화와 주거 이동으로, 지역 자료가 유실되거나 지역 밖으로 유출되는 경우가 다반사이다. 문서 · 사진과 같은 지역 자료는 단순한 자료가 아니라, 지역의 기억이 담겨 있고 지역의 시간이 축적되어 있으며, 지역민의 삶과 숨결이 스며 있는 지역의 저장매체이다. 서둘러 연차적이고 지속적으로 지역학 관련 자료를 조사 · 수집하여 집적하고 그것을 데이터베이스화해야 한다.

더욱이 **지역학 자료의 조사 · 수집은 지역정체성 확보의 기초 작업이다. 그것은 지역문화의 차별성과 경쟁력, 자원화 가능성을 결정 짓는 기본 요소이며, 후속되는 문화자원 활용의 방향을 결정 짓고 정책 대안의 근거 자료로 활용**된다.[5] 그러므로 기초적이고 본질적인 청주학의 사업이 되어야 한다.

그를 위해서는 특정 기관이나 단체가 허브 역할을 맡아, 청주학 네트워크를 활용하거나, 지역주민 참여형 사업 모델을 발굴할 필요성이 있다. 예를 들어, 공주학 사례처럼 '청주 아키비스트(archivist)' 양성 프로그램을 진행하여 청주학 기록물 전문인력으로 활용하고, 이들을 중심으로 청주학 자료를 조사 · 수집 · 정리하는 지역주민과의 협력형 모델을 추진하는 것이 바람직하다.

공주대학교 부설 공주학연구원에서 추진하고 있는 공주 시민 기록연구자 양성 프로그램은 참여형 아카이브를 실천하기 위한 방안으로 공주 일반 시민이 기록연구자(아키비스트)가 되어 함께 공주 자료를 찾는 프로그램이다. 일정한 양성 프로그램을 실시하고, '공주의 일상을 기록하다'라는 블로그를 통해 현재의 기록을 수집하는 사업이다.

청주학 자료 아카이브 구축은 궁극적으로 지역 내외 연구자를 위한 자료 및 정보 제공으로 환류되어야 한다. 그를 통해 청주학이 탄력을 받

5 이해준, 앞의 자료집, 9쪽.

고 활성화될 수 있도록 하는 동시에 지역의 역사와 문화 등의 연속성을 이어 주는 자료 생산과 축적 기반이 되어야 한다.

이러한 청주학 아카이브 구축은 디지털 아카이브 형태가 미래지향적인 차원에서 바람직하다. **청주 관련 자료를 디지털로 아카이빙한 뒤 큐레이션(curation)하면, 그것이 곧 디지털 청주학이자 청주 인문학의 기반**이 될 수 있다.

특히 청주학 디지털 아카이브는 크라우드소싱(crowdsourcing) 방식으로 시민들이 소장 자료를 올려 상호 공유할 수 있는 플랫폼을 구축하여 시민 참여형 방식으로 추진하는 것이 바람직하다.

청주학 시민전문가의 자발적 활동

청주학이 시민사회가 주도하는 학이 되기 위해서는 청주학 시민전문가의 존재 여부와 활동 역량이 관건이다. 시민전문가란 다양한 직업을 가진 지역활동가를 말한다. 그 가운데에는 시민운동가와 자원봉사자도 있을 수 있고, 대학에서 전공한 분야를 지역과 접맥시켜 활동하고 있는 시민도 있을 수 있다.

지역의 다양한 계층들이 청주학 지역 전문가로 활동할 수 있는 여건을 조성하고 프로그램이 제공되어야 한다. 학술적인 전문인력은 오랜 시간 제도권 교육기관을 통해 양성되는 만큼 논외로 하더라도, **지역 내 현장 전문가들을 적극 지역학 연구자로 끌어들여 전문인력으로 활동할 수 있도록 해야 한다.**

지역에서 오래 전승되어 온 비물질 유산이나 기억과 관습 등은 전문 연구자의 머릿속에 있는 것이 아니라, 지역민에게 더욱 체화되어 있다. 또한 지역 문제 역시 전문 연구자보다 현장활동가들이 더욱 구체적으로 파악하고 있으며, 그 해결책 역시 잠재적으로 현장활동가들이 더 잘 알고 있는 경우가 많다. 그러므로 어떤 형태로든 청주 지역에서 활동하는 현장활동가들(시민운동가 · 향토사학자 · 문화관광해설사 등)이 적극적으로 청주학에 참여해야 한다.

일본의 경우에는 지역 발전의 원동력이 시민들의 자발적인 연구 모임에서 나온다고 할 정도로, 크고 작은 시민 연구 모임이 매우 활성화되어 있다. **청주시도 시민이 주도하는 아래로부터의 발전을 도모하기 위해서는 무엇보다도 다양한 형태의 시민 연구 모임을 활성화시키고 그것이 청주학으로 모아져야 한다.**

청주의 얼과 인문정신문화 탐구

지역학에서 올곧은 지역의 정신상을 정립하는 것은 매우 중요하다. 특히 지역학은 지역의 공동체를 지향하고 지역의 사회 문제를 치유하는 데 일정한 뒷받침을 해야 한다. 따라서 **청주학 역시 청주의 얼과 인문정신을 키워 나가는 것을 목적으로 해야 한다. 그것은 궁극적으로 지역사회 안정망을 구축하고 시민 행복권 증진에 도움이 되는 정신적 뒷받침**이 될 것이다.

특히 청주는 다른 지역에 비해 노인과 청소년 자살률이 높고 빈부

격차로 계급적 · 문화적 갈등을 겪고 있을 뿐 아니라, 빠른 노령화로 사회적 치유가 요구되고 있다. 사회적 치유 방안 가운데 중요한 것은 정신적 치유이다. 그 대안은 지역의 인문정신문화를 진작하고 확산시킴으로써, 지역공동체 차원에서 정신적 안정과 삶의 평온함을 꾀할 수 있어야 한다.

이 때문에 정부도 '인성교육진흥법'과 '인문학 및 인문정신문화진흥법'을 제정하여 올바른 인성을 함양하고 인문정신을 진흥하여 건강한 사회, 행복한 나라를 만들고자 하는 정책적 모토를 추진하고 있다.

직지 월(직지코리아, 2016).

인문학적 성찰이 요구되는 지역학의 특성과 사회적 요청 및 정책 추세로 볼 때, **청주학은 청주의 인문정신유산을 재발견하고 그것을 현대적인 관점에서 재해석하여 지역민과 공유할 수 있어야 한다. 그를 통해 청주학은 행복했던 과거의 기억을 현재화하여 삶의 안식처, 사람이 존중받는 미래의 둥지로 지역을 만들어야 한다.**

예를 들어, 1377년에 발간된 『직지심체요절』, 즉 직지는 청주를 대

표하는 문화상징이다. 그렇지만 청주가 말하는 직지는 현존하는 세계 최고(最古)의 금속활자본뿐이다. 직지가 가지고 있는 인문적 가치는 주목 받지 못하고 있다. 직지는 고려 말기 혼탁한 사회에서 새로운 사회를 만들기 위해 쓰여진 깨달음의 책이다. 구원의 텍스트였다. 직지는 인간의 가치를 존중하고 참된 본성을 되찾아 행복한 사회를 만들기 위한 빛과 소금이었다. 인본주의적인 시각에서 볼 때, 이것이 금속활자본이라는 기술적 측면보다 더 가치 있는 지역 담론이 되어야 한다. 현존하는 **세계 최고의 금속활자본이라는 개념을 확장하여, 청주학 차원에서 직지의 인문정신과 시대적 가치를 주목**할 필요성이 있다.

청주 고유의 장소 발굴과 문화예술 콘텐츠 개발

지역은 지역 내 수많은 장소가 중첩되어 이루어진다. 그런 장소는 끊임없이 생성되고 변화되는 현재진행형이지만, 지역민은 특정 장소와 장소의 기억만을 가지고 삶을 영위한다. 그것은 삶의 유연성을 감소시키고 지역의 질곡으로 작용하는 부작용을 낳는다. 그것을 극복하기 위해서는 끊임없이 장소를 재발견하고 지역성을 새롭게 인식할 수 있어야 한다. 그를 위해서는 지역 고유의 장소를 발굴하고 그 의미를 재해석할 필요성이 있다.

그와 같은 장소는 역사적 사건과 문화유산의 장소일 수도 있고, 이미 사라진 기억 속 장소일 수도 있다. 왜곡된 장소일 수도 있고, 새로 생성되는 장소인 경우도 있다. 이런 **장소를 재발견하고 의미를 찾아내는 일은 정체성의 기반이 될 뿐 아니라, 청주학의 핵심 과제**이기도 하다.

예를 들어, 주목 받는 장소 재발견은 '대구 신택리지' 프로젝트이다. 이 프로젝트는 대구 원도심에 형성된 골목의 역사문화적 가치를 재해석하고, 그것을 스토리텔링(storytelling)을 통해 재구성한 것이다. 특히 이 프로젝트는 YMCA 대구시 연맹 소속 대학생들이 만든 『대구문화지

시간이 골목에 말을 걸다

대구 원도심 골목길 풍경. 지역 대학생과 시민이 주도한 대구 신택리지 프로젝트로 추진된 골목길 스토리텔링을 통해 대구 도심이 활성화되었다. 활기를 잃어 가는 도심을 어떻게 재생해야 하는지 좋은 사례이다.

도』가 계기가 된 점이다. 대학생들은 골목의 인문학적 가치에 주목하고 골목길 따라 형성된 사람의 기억과 흔적을 시각화하여 지도화하였다. 이러한 젊은 지역 청년들의 새로운 문제의식과 정신은 주목 받지 못하던 장소였던 골목에 대구 시민과 지자체가 관심을 갖게 하여, 결국 대구 신택지리 프로젝트로 발전하게 되었다.

대구 신택리지 프로젝트는 지역시민 스스로 대구의 '골목' 장소와 공간에 대한 스토리텔링을 기반으로 시민의 증언과 이야기 중심의 인문지리지인 『대구 신택리지』(2007)를 결과물로 내놓았다. **이 프로젝트가 지역학 관점에서 주목되는 점은 무엇보다도 지역시민이 주도하였다는 점, 지역민의 일상적인 삶과 이야기가 지역 공간을 재구성하는 스토리텔링의 핵심 주제가 되었다는 점, 지역에서 주목받지 못하던 골목의 장소성을 발견하고 골목 스토리텔링을 통해 도심 활성화의 동력을 제공하였다는 점** 등을 꼽을 수 있다.[6] 더 나아가 대구 골목에 대한 인문학적 가치 재발견과 공간의 스토리텔링은 그 이후 골목 투어, 골목 풍경전 등 다양한 문화예술 콘텐츠로 발전하는 지속 가능한 선순환성을 보여 주었다. 이러한 점은 청주학에도 그대로 적용하여 반면교사, 타산지석으로 삼아야 한다.

또 다른 예로 서울 북촌 한옥마을이다. 경복궁과 창덕궁 사이에 위치한 서울 북촌은 지난 600년 동안의 자취와 숨결이 고스란히 간직된 전

6 박승희, 「지역 역사 공간의 스토리텔링 방향과 실제」, 『한민족어문학』 63, 2013; 이찬규, 「장소의 경험 1: 한국과 프랑스 골목문화의 새로운 기억과 전망」, 『인문과학』 44, 2009.

600년 자취와 숨결을 되살린 서울 북촌. 골목길이 살아나자, 시민과 관광객이 공존하는 세계적인 관광명소가 되었다. 시민단체가 참여한 서울학 실천 사례이다.

통 장소이다. 이곳은 근대화 · 도시화에 밀려 장소의 가치를 상실한 채 단지 한옥 보존 지역으로 존재하였던 곳이나, 2000년대에 들어와 주민들의 수요와 예술가들의 관심으로 주목 받게 되었다. 지금은 세계적인 관광지로 부각되어 주말이면 골목마다 관광객들로 넘쳐난다.

서울 북촌은 한마디로 전통의 부활이다. 퇴락한 장소의 가치 재발견으로, 서울학의 꽃이라 할 수 있다 . 그것이 가능하였던 것은 주민들의 수요에 기반을 둔 것으로, 서울학 차원에서 서울 사람들의 삶과 생활문화가 고스란히 남아 있는 장소에서 서울의 정체성을 새롭게 찾으려는 노력의 결과이다. 더욱이 북촌이 젠트리피케이션(gentrification)이란 문제점을 낳을 정도로 살아 있는 공간으로 재탄성한 데에는 주민 주도로 북촌가꾸기 사업이 추진되었기 때문이다. 시민단체 역시 주민들의 일상적인 삶과 문화가 있는 마을공동체로 북촌을 가꾸어 나가는 데 힘을 보태면서, 북촌은 시민과 관광객이 공존하는 세계적 관광지로 자리잡을 수 있었다. 시민단체는 지역 문제를 이슈화하고 개인들로 하여금 이웃과 함께 공동의 문제를 해결하도록 하면서 지역갈등을 해결하는 주체이다. 어느 지역에서든 자기 정체성과 장소성에 기반을 둔 지역공동체를 만들어 가는 데 시민단체의 역할은 매우 중요하다.[7)]

아울러 지역학 연구를 통해 새롭게 발굴한 장소나 문화원형, 지역의 상징 체계 등이 궁극적으로 가치를 지니기 위해서는 그것이 지역민에게 전달되고 공감하며 지역을 재발견하고 창조할 수 있는 선순환 관계가 만들어져야 한다. 그것은 대구의 신택리지 프로젝트가 새로운 방향과 다양한 가능성을 잘 보여 주고 있다. 그를 위해서는 지역학이 다양한 문화예술 콘텐츠로 승화되어야 한다.

청주학의 꽃은 문화와 예술이다. 문화예술 콘텐츠는 청주의 지역문화와 문화상징 등을 지역민에게 전달하고 공감할 수 있는 가장 좋은 매개 수단이다. 청주의 지역문화에 대한 공감을 확장하고 그것을 계승 발전시키는 수단으로 문화예술 콘텐츠를 적극 활용할 필요가 있다.

특히 최근 콘텐츠 발굴 특징은 3S 융복합 형태가 두드러지고 있다.

---

7 이소영, 「마을 만들기에서 시민단체의 역할-서울시 북촌 지역을 사례로-」, 『공간과 사회』 25, 2006.

3S란 스토리텔링(story telling), 스페이스텔링(space telling), 스피릿텔링(spirit telling), 즉 이야기와 공간(장소), 그리고 감성(정신)이 융복합되는 형태의 콘텐츠이다. 그것은 하나의 이야기가 장소성을 확보하면서 그 의미를 확장하고 그것이 문화예술적으로 전개됨으로써 감흥을 자극하는 미래 지향적인 콘텐츠이다. 청주학에서는 의미 있는 장소와 장소 내 문화 자원을 적극 발굴하고 그것을 문화원형으로 한 문화예술 콘텐츠를 개발해야 한다. 그러할 때 청주만의 경쟁력을 확보하고 차별화할 수 있다. 더 나아가 청주다운 정체성을 문화예술적으로 승화시킬 수 있다.

실제 축제와 같은 지역 문화예술 행사와 미술 전시, 공연예술의 소재는 지역 문화자원인 경우가 많다. 그럼에도 지역 문화기획자나 예술인은 지역 문화원형에 대한 이해가 부족해 예술 콘텐츠 기획에 한계가 있다. 이를 극복하려면 **지역학과 창작 예술이 접맥**되어야 한다.[8]

예를 들어, 충북문화재단은 2016년부터 충북의 문화원형을 소재로 한 '충북공동창작작품지원사업'을 추진하고 있다. 이 사업은 충북적인, 너무나 충북적인 예술 콘텐츠를 창작하기 위한 것으로 바람직한 사업이나 문제는 충북다운 창작 소재를 발굴하고 그것을 예술적으로 재해석해내는 일이다. 이 사업의 지원을 받아 2016년도에 무대에 올린 「아나키스트 단재」 연극 공연을 보면, 독립운동가인 단재에만 초점을 맞춘 결과 매우 우수한 작품임에도 불구하고 지역과의 관계성이 부족하였다. 전체

8 이해준, 앞의 자료집, 12쪽.

적인 서사 구조와 무대 연출에서 '민족'만 있었지 '지역'은 없었다. 그것은 지역성 없는 지역 연극이다.

이러한 문제점을 극복하기 위해서는 무엇보다도 청주의 문화원형에서 우수한 창작 소재를 찾아내는 일이다. 그런 다음 그것을 예술적으로 재해석하고 예술 작품으로 기획되어야 한다. 그를 위해서는 지역학과 예술의 만남이 있어야 한다.

평생학습으로서의 청주학

청주학이 생명력을 가지고 위해서는 지역민이 지역의 가치와 의미를 되새기고 공감하며 계승 · 발전시켜야 한다. 청주학이 충분히 지역민에게 전달되어야 한다. 그 방안은 청주학 평생학습 기반을 구축하고 지역의 지리, 역사, 생태, 사회, 예술 등이 종합적인 인문교양 교육과 결합되어야 한다.[9]

청주 지역 대학 및 평생교육기관에 '청주학' 강좌를 개설하고 조직적으로 교육 프로그램을 기획하고 강사를 지원할 수 있어야 한다. 지역별 특성을 철저하게 반영한 커리큘럼 개발, 지역학 교재의 발간, 지역학 강사의 확보 등이 필요하다.[10]

청주학의 발전성과 지속성 강화를 위해서는 궁극적으로 지역민이 교육의 대상이 아니라, 지역학 학습의 주체가 되어야 한다. 그를 위해서

9 이해준, 앞의 자료집, 11쪽.
10 위와 같음.

는 지역학 학습 동아리, 공부 모임이 활성화되어야 한다.

예를 들어, 공주대학교 부설 공주학연구원은 시민들의 지역지(地域知, local knowledge)를 생활지식으로 전환하여 지역의 역사, 문화, 교육, 생태, 경제, 지역 개발 등 다양한 15주제의 '공주학' 교재를 개발하여 공주학 강좌를 추진하고 있다.

안산학 시민대학은 시민단체가 안산학을 주도하고 있다는 점에서 주목된다. 사단법인 안산학연구원은 2007년에 안산에 관한 조사 및 연구, 안산학 관련 강좌의 개발과 운영 등을 목표로 '안산을 알아야 안산이 발전한다'라는 슬로건 속에 설립되었다. 2007년부터 안산학 지도자 과정을 시작하였고, 2009년에는 안산학 경진대회(도전 안산벨)를 개최하였다. 특히 매년 안산학 시민대학이 열리고 있다. 시민대학 수료자 중심으로 동문회가 구성되어, 안산학의 지속 가능한 인적 토대와 후원 세력이 되고 있다.

해외 사례로는 일본 아오모리학(青森學) 아오모리현민칼리지를 예로 들 수 있다.[11]

아오모리학은 1997년 아오모리현 주민의 평생학습 진흥을 지원하기 위한 목적으로 아오모리현 교육위원회가 시작한 사업이다. 아오모리현의 모든 것을 대상으로 물건, 사람, 사물(의식과 사고의 대상)의 측면에서 종합적이고 체계적으로 연구하고 있다. 특히 아오모리학은 단순한

11 정정숙, 앞의 보고서, 88~93쪽에서 재정리.

지식을 제공하면서 가장 가까운 지역의 사물을 통해 창조적으로 지적 발견의 즐거움을 느낄 수 있게 하는 데 의의를 두고 있다.

아오모리학은 아오모리학 관련 기관 간 네트워크를 구축하고 상호 연계하여 아오모리현 교육위원회가 주관하는 아오모리현민칼리지를 운영하고 있다. 아오모리학 강좌는 지역을 안다(다면적으로 정확한 지식 습득), 지역을 서로 대비하여 본다(비교의 시점에 의한 지역 파악), 지역을 인정한다(아오모리현 사람으로서의 정체성 확립), 지역을 창조한다(지역의 활성화, 지역 만들기에 참여) 등 4가지 영역으로 진행하고 '아오모리의 자연', '나의 고향 아오모리', '아오모리학 특별강좌', '아오모리의 위인' 등 4개 인터넷 강좌가 개설되어 있다.

특히 아오모리학 수료자 중심으로 아오모리현민칼리지 학우회를 설립하여 회원 간 교류와 친목을 도모하고, 현민칼리지 사업에 대한 협력을 통해 평생교육 진흥에 기여하고 있다. 이것은 지속 가능성 측면에서 매우 의미 있는 사례이다.

청주학도 시민사회가 만들어 가는 방식이 되어야 한다. 특정 대학이나 기관이 주도하는 청주학은 지속 가능성을 잃고 박제화될 개연성이 높다. **시민사회가 만들어 가고 시민사회가 교수-학습하는 청주학이 되어야 한다. 그를 위해서는 시민사회가 주도하는 청주학 평생학습 체제가 확립**되어야 한다.

다른 지역학과의 교류

현재 지자체별로 많은 지역학연구소가 설립되어 있다. 이들 연구소는 그동안의 시행착오와 경험이 축적되어 있고 관련 전문인력도 증가한 실정이다. 2010년부터 지역학연구소 연합으로 한국지역학포럼이 개최되는 등 활발한 공동 논의가 이루어지고 있다. 더욱이 국내외 지역환경이 급변하고 새로운 지역 문제도 증가하고 있는 실정에서, 타 지역학과의 적극적인 교류가 필요하다.

지역학의 활성화는 세계화와 맞물려 세계적인 추세이다. 특히 일본의 경우 이미 1980년대부터 지역학으로 '지원학'(地元學) 연구가 상당히 축적되어 있다. 일본 지원학은 새로운 지역 만들기를 위한 창조적 학문 기반으로 활용되어 성공한 예가 많다.[12] 중국의 경우에도 최근 지역학에 관심을 갖고 한중일 지역학 포럼을 개최하는 등 활발히 활동하고 있다. 따라서 국내외 지역학 동향을 파악하고 성공적인 사례를 조사하여 벤치마킹하기 위해서는 국내뿐 아니라 국외에도 관심을 갖고 적극적인 정보 교류가 이루어져야 한다.

그를 위해서는 국내외 지역학 인적 네트워크를 구축하고 상호 교류가 이루어져야 한다. 그러할 때 **청주학의 성과가 외부에 적극 공개되어 공유하고 '비판과 공감', '같음과 다름'을 통해 청주학의 질적 성장을 도모**할 수 있다.

---

12 鈴木敏正, 「일본 지역학의 동향과 발전과제」, 『홍동밝맑도서관 '학교와 지역학회' 세미나 자료집』, 2016. 8. 22.

청주학은 청주 지역만의 정체성을 확립하는 것도 중요하지만, 다른 지역과의 상생과 협력을 통해 풍유로운 지역, 행복한 지역공동체를 꿈꾸어야 한다. 지역민의 안정된 삶과 자유로운 삶의 기반이 되어야 한다. 그를 위해서는 다른 지역과의 상생을 통한 열린 정체성이 요구된다. 그러할 때 **살고 싶은 청주, 머물고 싶은 청주, 그리운 청주가 될 것이다. 그것이 청주학이 꿈꾸는 청주**이다.

참고문헌

정정숙, 『지역 문화 진흥을 위한 지역학 활성화 방안 연구』, 한국문화관광연구원 기본연구보고서, 2014.

이소영, 「마을 만들기에서 시민단체의 역할-서울시 북촌 지역을 사례로-」, 『공간과 사회』 25, 2006.

이해준, 「최근의 지역학의 동향과 방향」, 『2015 충남학포럼-지역학으로서 충남학의 가능성과 미래』, 충청남도 평생교육진흥원 포럼자료집, 2015.

제 2 부

청주학 이야기

장소에 애착을 갖게 되고

그 장소에 깊은 유대를 가지는 것은

인간의 중요한 욕구이다.

–에드워드 렐프–

3 | '청주' 라는 공간의 탄생

아파트 숲에서 지역을 찾다

'청주' 라는 공간의 탄생

공간은 비어 있는 공간이 아니다. 그곳에 사는 사람들이 각각의 장소에서 환경과의 상호작용을 통해 꿈꾸고, 먹고, 마시는 치열한 삶의 공간이다. 사회적 동물인 인간의 삶터이자 소통 공간이다. 그런 공간은 하루아침에 형성되는 것이 아니다. 오랜 세월을 거치면서 형성 · 유지 · 변화한다. 공간에는 장소성과 역사성, 정체성, 고유성 등이 혼재되어 있다. 삶의 실체이자 문화의 현장이다. 그런 의미에서 **우리의 삶과 문화를 공간의 관점에서 되돌아보고, 고민하고, 의미를 찾아 행복한 지역을 만들 필요성이 있다.**

세계적인 프랑스 사회학자이자 철학자인 앙리 르페브르(Henri Lefebvre, 1901~1991)는 그의 명저 『공간의 생산』에서, 공간을 단순한 자연 공간으로 보지 않고 역사의 흐름 위에서 끊임없이 형성되는 생물로 보았다. **공간은 그 속에서 삶을 영위하는 사람들에 의해 지배와 저항, 공간의 전복과 재생산 등이 치열하게 이루어지는 매우 복합적이고 중층적인 삶의 현장**이다.

르페브르는 공간적 실천, 공간의 재현, 재현된 공간 세 가지로 공간

이 생산되는 것으로 보았다. 공간적 실천이란 사람들이 일정한 장소에서 일상생활을 영위하면서 물리적인 생산과 지배 및 전유를 이루어, 그곳을 하나의 지역, 특정한 공간으로 지각하는 형태이다. 처음 공간이 만들어지는 것이다.

공간의 재현은 인위적인 작용에 의해 인지되는 공간을 말한다. 공간적 실천을 통해 지각된 공간을 규정하고 구획하며, 때로는 의도된 계획에 의해 만들어지는 기하학적인 공간을 말한다.

재현된 공간이란 이미지와 상징 등을 통해 재현된 공간이다. 예를 들어, 청주 독립운동의 혼을 느낄 수 있는 3·1공원, 옛 청주역의 기억을 되살린 청주역사공원, 충북 도지사 관사를 재생한 충북문화관 숲속갤러

리 등이다. 이들 공간은 대부분 문화적 공간으로, 의미 있는 상징 문화기호를 가지고 있다.

그렇다면 '청주' 라는 공간은 어떻게 지각되고, 어떻게 인위적인 공간으로 재현되었는지 궁금하다. 아울러 앙리 르페브르가 말한 재현된 공간으로서의 청주 공간 이미지와 상징은 어떻게 표현되었는지를 역사적으로 살펴보면, 청주 공간이 탄생하는 비밀을 어느 정도 풀 수 있을 것이다.

청주 지역은 기본적으로 백두대간 속리산에서 뻗어 나온 한남금북정맥이 상당산성을 지나 좌구산을 거쳐 음성으로 지나가는데, 이것이 청주의 자연 공간을 형성하는 핵심 요소이다. 한남금북정맥 이북으로

청주 지형도

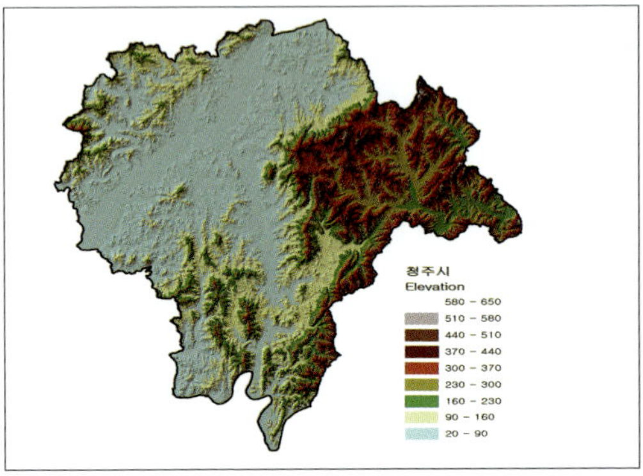

청주 수계도

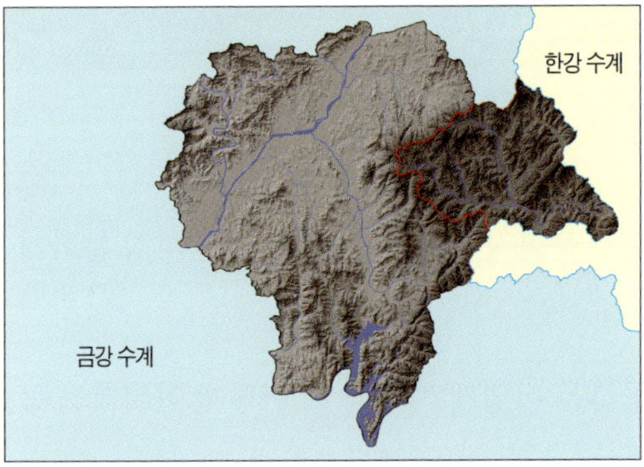

떨어지는 빗물은 한강 수계로 모아져 달천을 지나 남한강으로 흘러들어가지만, 이남으로 떨어지는 빗물은 미호천으로 모아져 미호평야를 지나 금강으로 흘러들어간다.

특히 한남금북정맥을 동북쪽 하늘삼아 펼쳐진 미호천 유역은 넓은 충적평야지대이고 낮은 산들이 올망졸망 펼쳐진 구릉지대이다. 그래서 구석기시대 이래 사람 살기가 매우 좋은 곳이었다. 사람들이 모여들고 시간이 축적되면서 쌓인 풍부한 인문유산을 바탕으로 높은 문화를 꽃피웠다. 그것은 지금도 곳곳에 남아 있는 유적지와 유물이 증명하고 있다.

그러나 '청주' 라는 공간이 장소적 의미를 지니기 위해서는 권력의 실체로서 설정되는 경계가 있어야 한다. 공간을 움직이는 사회집단과 그것을 조정 · 통제 · 변화시키는 주체가 있어야 한다. 그리고 그것을 지금 우리가 느낄 수 있어야 한다. 즉, 장소감을 바탕에 둔 장소성을 가지고 있어야 한다.

그렇다면 그런 의미를 지닌 '청주'는 언제 어떻게 탄생한 것일까? 그 실체는 무엇일까? 이 의문을 풀어 나가는 것은 청주학의 개념을 이해하는 데 핵심적인 질문과 답이 될 것이다.

행정구역 변천과 청주

고대: 청주 공간의 형성

한반도 중부 내륙에 위치한 청주 지역은 미호천이 흐르고 있어 구석기시대부터 사람들이 모여 살기 시작한다. 오송 만수리에는 56만 년 전에 살았던 사람들의 흔적이 있다. 이것은 한국에서 가장 오래된 구석기 유적이다. 옥산 소로리에서는 세계에서 가장 오래된 볍씨가 발견되었고, 대율리에서는 우리나라에서 가장 오래된 청동기 유적이 발견되는 등 생명의 젖줄 미호천 유역에는 태초 이래 사람들이 모여 살았다.

삼한시대에는 마한의 영토에 속해 있었다. 미호천 유역에는 선진

청주 미호천 유역 선사 유적 분포

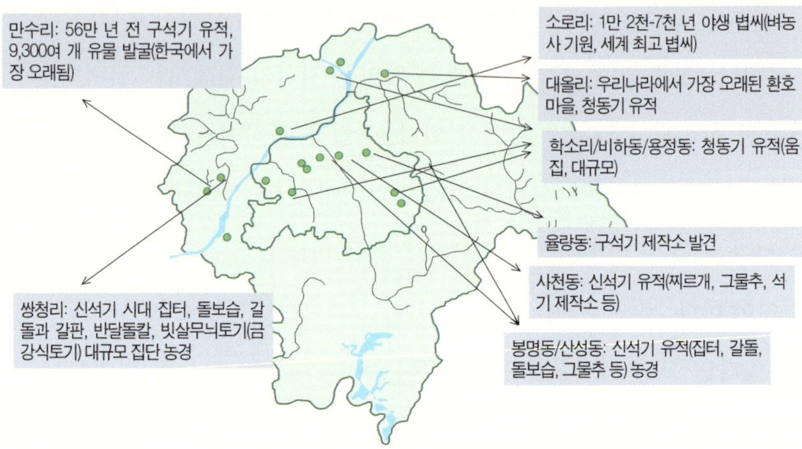

자료: 국립청주박물관, 『까치네와 미호천 그 삶의 여정』.

기술과 높은 문화를 가진 마한 소국이 존재하였다. 이들은 북쪽에 있는 부여는 물론 중국과도 선진 문물을 교류할 정도로 강력한 세력을 형성하였으나, 백제의 세력이 강해지면서 백제의 상당현(上黨縣)에 속하게 된다.

삼국을 통일한 신라는 전국을 여러 권역으로 나눈 뒤 686년에 서원소경(西原小京)을 설치한다. 서원소경은 그 중심부와 주변의 일정한 영역을 가지고 있었다. 중심부는 현재의 청주읍성에서 우암산 주변 지역으로 비정되며, 주변 지역은 옛 청원군 지역이다. 다만, 문의면, 현도면, 부용면, 미원면, 가덕면의 일부 지역은 신라시대에 독립적인 행정구역이었다. 그 이유는 미호천 유역이 아니었기 때문이다. 그만큼 **미호천 유역**

은 청주 공간을 이해하는 데 중요한 자연 경계를 이룬다.

그 뒤 795년에 서원소경은 서원경으로 승격된다. 신라의 작은 서울이 된 것이다. 관할구역은 대략 미호천 유역이었다. 명확한 경계가 없었다. 따라서 일정한 장소성을 가진 경계로 다른 지역과 구별되는 청주 공간은 없었던 것으로 볼 수 있다.

고려시대: 청주 공간의 탄생

청주는 백제시대 이래 상당현, 낭비성(娘臂城), 낭자곡(娘子谷), 서원경 등으로 불리었으나, 고려 초인 940년(태조 23)에 청주로 바뀐다. 이때 처음 명명된 '청주'라는 지명이 오늘날까지 사용되고 있다.

이것은 실질적으로 '청주'라는 공간이 탄생된 것이다. 공간 내부 구조는 역사적인 시대 변천에 따라서 변화하

청주 천 년의 역사 상징 은행나무. 고려시대부터 있었던 은행나무로 청주의 천 년 역사를 지켜보고 있다.

였지만, 청주라는 지명이 지속적으로 사용됨으로써 자기 정체성을 가질 수 있는 구심점이 만들어졌다. 그것은 장소의 상징이자 장소성을 키워 나갈 수 있는 공간이 늘 존재하게 된 것으로 중요한 의미를 지닌다.

그 이후 청주의 행정구역이 다소 변경되었을지라도, 기본 공간 무대는 오늘날까지 일정하다. 고려 · 조선 시대 1천 년을 거치면서 왕조 권력의 상징이자 지배 공간인 청주읍성을 중심으로 구심력이 작용하면서, '청주'라는 장소의 위치와 장소성은 더욱 확고해진다. 그러면서 시대 변천에 따라 행정권역이 확대되거나 축소된다. 그것은 청주의 왕조적 위상과 궤를 같이한다.

실제 고려왕조의 지배 체제가 완성되는 983년(성종 2)에 전국을 12목으로 나누었는데, 청주는 청주목으로 승격되었고 관할구역도 2군 7현에 이르렀다. 2군은 연산군(지금의 문의면), 목주(지금의 천안시 목천면 일대)이고, 7현은 진주(진천군), 전의현(세종시 전의읍), 청천현(괴산군 청천면), 도안현(증평군 도안면), 청당현(괴산군 청안면), 연기현(세종시), 회인현(보은군 회인면) 등이었다.

그 뒤 청주목은 다시 정치적 위상이 낮아지지만, 1018년에 다시 전국 8개 목 가운데 하나로 승격되어 오늘날의 경기도와 충청도를 합한 양광도(楊廣道)에 소속되었다. 1310년에 청주는 다시 주로 강등되었으나, 1356년에 다시 목으로 복구되었다.

이와 같이 고려시대 청주의 정치적인 관할구역은 청주읍성을 중심으로 세종시, 증평군, 괴산군 청천면, 보은군 회인면을 포함하는 광역

지역이었다. 현재의 괴산군 청천면과 보은의 회인면이 청주목 관할구역이었던 것은 통일신라시대 이래 청주에서 경상북도 상주로 통하는 교통로가 발달하였기 때문이다. 그래서 청주목의 관할 하에 두고 왕조 차원에서 관리한 것이다. 이는 고려시대 청주목의 위상을 잘 보여 주는 것이나, 여전히 청주의 공간은 미호천 유역 중심이었다.

조선시대: 청주 공간의 발전

고려왕조 500여 년 동안 정치적 위상이 높았던 청주의 공간적 위상은 조선시대에도 여전하다. 당시 청주는 땅이 기름지고 인물이 많은 곳으로 알려져 있었다. 경제도 발전하여 다른 지역보다 우위에 있었다. 그렇기 때문에 청주의 정치적 위상은 높았고 관할구역도 매우 넓었다.

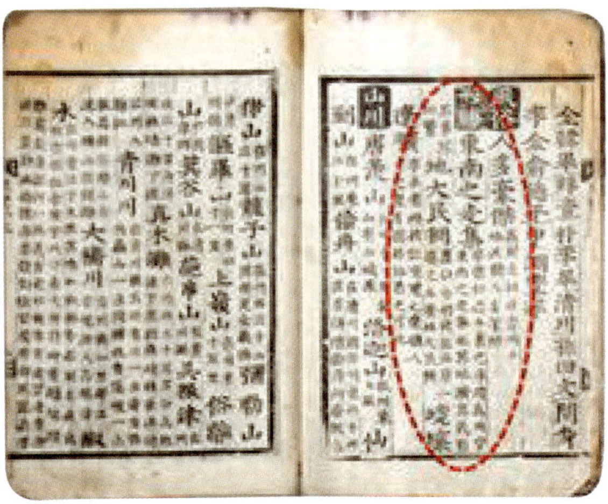

청주는 땅도 넓고 사람도 많이 살며 훌륭한 인물도 많다고 증언하고 있는 『신증동국여지승람』(중종 25, 1530).

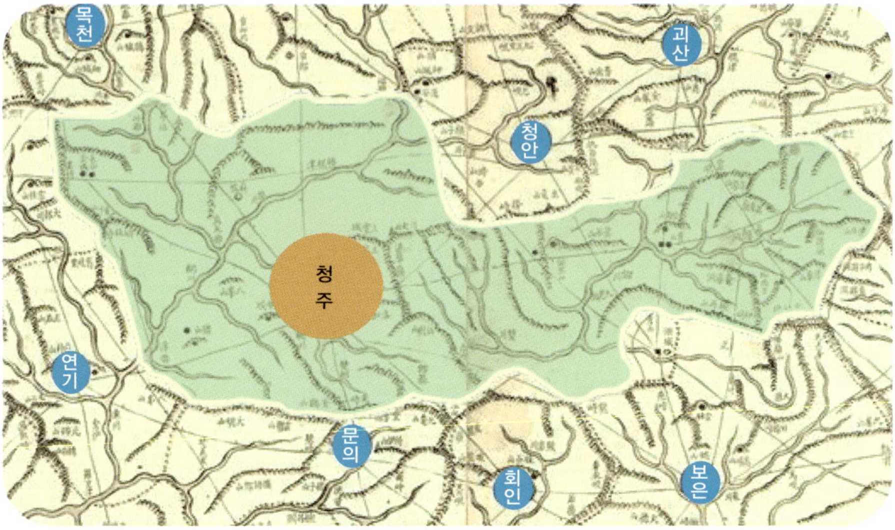

조선후기 청주 공간. 가장 큰 특징은 오늘날 괴산군 청천면과 천안시 수신면이 청주에 속해 있고, 문의가 청주에서 제외된 점이다.

실제 조선전기 청주목의 관할구역은 2개 군(천안 · 옥천), 17개 현(문의 · 청안 · 진천 · 죽산 · 직산 · 평택 · 아산 · 신창 · 온수 · 전의 · 연기 · 목천 · 회인 · 청산 · 황간 · 영동 · 보은)으로, 매우 넓은 지역이다. 세종대왕이 1444년에 청주를 다녀간 이후에는 관할구역이 2개 군 17개 현에서 2개 군 9개 현으로 축소되었지만, 여전히 넓은 면적이다. 축소된 지역은 오늘날의 경기도 죽산과 평택, 세종시와 충남의 회덕 · 아산 · 신창이었다. 이들 지역은 역사적인 경험과 문화에서 '청주'라는 장소성을 서로 공유할 수 없는 지역이다. 다시 말해, 청주의 정체성이 강화될수록 제외될 수밖에 없는 지리적 개연성이 있다. 그래서 조선전기 청주 공간은 청주읍성을 핵으로 한 미호천 유역이 중심 권역을 이루면서 서쪽으로 충남 천안 ·

세종시 전의 · 대전 회덕, 남쪽으로 문의 · 회인 · 옥천 · 영동 · 황간 · 보은 · 청산, 북쪽으로 진천, 동쪽으로 청안 등지를 주변부로 하고 있었다. 지리적으로 경상도와 통하는 현재의 괴산군 청천면도 청주 공간 안에 포섭되어 있었다.

조선후기 청주 공간구조(여지도). 청주 정치 권력의 중심부인 청주읍성을 중심으로 공간의 지리적 위계가 입체적으로 잘 나타나 있다.

조선후기에도 청주목은 여전히 2개 군(천안 · 옥천), 10개 현(직산 · 목천 · 문의 · 회인 · 청안 · 진천 · 보은 · 영동 · 황간 · 청산)을 관할하였다. 실질적인 청주 공간이라 할 수 있는 청주목 직할구역은 모두 24개 면, 774개 리였다. 호수는 12,749호, 인구는 42,910명이었다. 24개 면은 현재의 문의 · 부강 · 현도면을 제외한 청주시 지역과 괴산군 청천면, 천안시 수신면이었다. 청천면을 제외하면, 모두 미호천 유역이었다. 이는 조선후기에 그려진 여러 지도에도 잘 나타나 있다.

특히 임진왜란과 병자호란 이후 1651년(효종 2)에 충청도의 군사령부인 충청병영이 충남 해미에서 청주로 옮겨와 정치적 위상이 높아졌으나, 조선후기 남한강 뱃길과 영남대로가 발달한 충주에 비해 상대적으로 발전이 정체된다. 더욱이 청주목은 1862년(철종 13)에 김순성이 역모를 꾀했다는 이유로 현으로 강등되는 등 조선 5백 년에 걸쳐 모두 6번 강등되었다. 특히 1728년 이인좌 반란사건 이후 정치적인 격변을 겪으면서 정치적 위상이 낮아진다.

근대 이후: 청주 전통 공간의 해체

조선시대 청주목은 1895년(고종 32)에는 지방제도 개정으로 공주부 청주군이 된다. 그 이듬해인 1896년에 13도로 행정구역이 개편됨에 따라 충청북도에 소속되었으나, 조선후기 경제 · 정치 위상의 약화로 충주에 충청북도 관찰부를 두었다.

1905년 경부철도 개통으로 청주는 새로운 발전의 전기를 맞이한다. 경부철도는 남한의 공간구조를 경부선 철도역 중심으로 재편하였다. 작은 시골이던 대전과 천안은 경부선 철도역이 개통되면서 도시화가 시작되었다.

경부선 철도가 싣고 온 변화의 물결은 청주에도 거세게 밀어닥친다. 1908년 어느 날 갑자기 충주에 있던 충청북도 도청이 청주로 이전한 것이다. 그 이유는 철도를 이용한 식민지 지배의 용이함 때문이다. 그 결과 청주의 공간적 위상은 한층 높아졌을 뿐 아니라, 내부의 공간적 통합력도 상승되었다.

특히 1914년에 조선총독부는 대대적으로 전국의 행정구역을 통폐

합하였다. 이때 청주는 현재와 비슷한 18개 면, 343개 리로 구성되었다. 18개 면은 청주면, 사주면, 북일면, 북이면, 미원면, 낭성면, 남일면, 남이면, 강서면, 강내면, 강외면, 옥산면, 오창면, 가덕면, 용흥면(현 가덕면 일부), 부용면, 현도면, 양성면(문의면) 등으로, 현재까지 이어지고 있는 행정구역의 토대가 되었다. 이들 지역이 청주라는 행정구역으로 통합될 수 있었던 것은 고려 · 조선 왕조 1천 년에 걸쳐서 청주군의 중심 권역으로 존재하여 청주라는 장소성을 국가적으로 인정 받았기 때문이다. 다만, 조선왕조 5백 년 동안 청주에 소속되어 있던 청천면은 괴산군에 편입되었다. 그것은 청주–경상도로 이어지는 교통로가 소멸되고 인위적

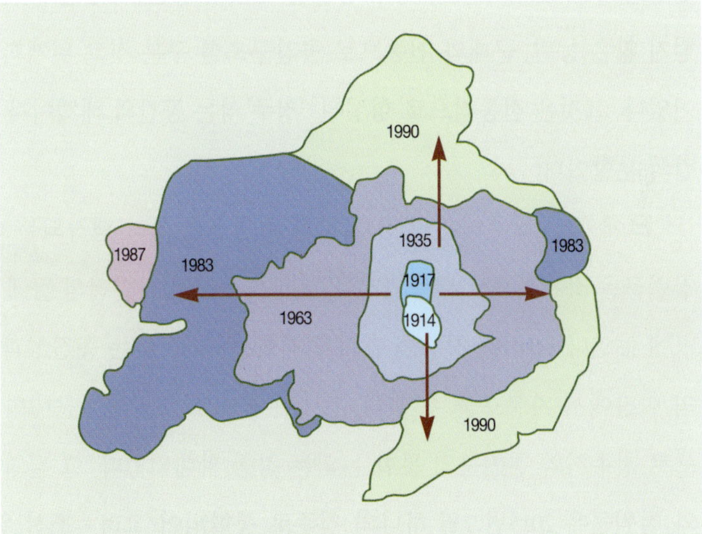

도시화에 따른 청주의 팽창 지도(『청주도시계획변천사』, 청주시, 1994). 청주시 도시 공간은 1914년 청주읍성 해체를 시작으로 점차 확대되었으나, 일제강점기에 형성된 원도심 1핵 구조이다. 지역균형 차원에서 원도심의 구심력을 해체, 다핵 구조로 발전해야 한다.

인 행정구역 조정의 결과이다.

해방 이후에는 1914년에 설정된 청주 공간 영역이 기본적으로 유지되면서, 청주의 도시화에 따른 내부 변화가 이어진다. 중세의 상징인 청주읍성은 해체되고 그 대신 근대 식민지 도시가 자리잡는다. 청주의 도시화는 급속히 진전되어 1931년에 청주면이 청주읍으로 승격되었다. 청주읍은 지속적인 도시화로 도시 규모가 팽창되면서, 해방 이후 1946년에 청주부, 1949년에 청주시로 승격되었다. 이것은 1천 년에 걸쳐 유지되던 전통적인 청주 공간을 도시와 농촌 지대로 구분 짓고 도시 중심의 공간구조 개편을 시도한 것이다. 그에 따라 청주시에서 벗어난 지역은 청원군이 되었다. 그것은 **청주 공간을 도시와 농촌, 세련된 도시민과 그렇지 않은 농민, 근대와 전통으로 공간구조를 구분 짓고 위계화하는 것이었다. 그것은 전통적으로 형성된 '청주'라는 공간의 해체이자 근대 공간의 분할**이다.

그에 따라 청주시는 점점 도시화의 진전에 따라 팽창되는 데 반해, 청원군은 정치적으로 위축되거나 장기 지속적인 저발전의 늪에 빠질 수밖에 없었다. 이러한 청주 공간의 위계화는 '청주'라는 동질성과 정체성의 비판에서 자유로울 수 없다. 1990년대 이후 도시화 · 근대화의 진전으로 청주시와 청원군의 통합 논의는 점점 확대되었다. 그 결과 **청주시와 청원군은 2015년 7월 하나의 청주로 통합되어 고려 · 조선 왕조 1천년에 걸쳐 유지되던 공간적 의미와 장소성을 회복**할 수 있게 되었다.

오일장을 통해 본 청주의 생활 공간

공간은 단순히 자연적인 공간이 아니라, 지역민이 삶을 영위하는 생활 공간이다. **공간이 지역 공간이 되기 위해서는 공간 내부에 일정한 생활권, 통혼권, 유통망, 문화권 등이 형성되어 있어야 한다. 그것은 끊임없는 공간 주체의 교류와 네트워크망이 형성되어야 가능하다.** 그런 의미에서 청주가 오늘날까지도 연속되고 있는 공간으로 탄생하는 과정은 다른 어느 것보다 5일장을 통해서 알 수 있다.

5일에 한 번씩 장이 서는 5일장은 단순히 상품을 거래하는 상업적 장소만이 아니었다. 그곳에는 이웃 마을 사람들과의 만남이 있었고, 먼 곳의 소식을 들을 수 있는 미디어의 현장이었다. 또한 서로 다양한 지식이나 터득한 지식을 서로 나누는 정보 소통의 장이었고, 씨름이나 놀이판이 벌어지는 신나는 축제의 장이기도 하였다. 그래서 장날이 기다려지고, 그날이 오면 판매하거나 구입할 물건이 없음에도 설레는 마음으로 장을 보러 갔던 것이 장날 풍경이었다.

이러한 오일장은 이미 아주 오래 전부터 물물교환 형태로 나타났지만, 인구가 증가하고 상품교환 경제가 발달하면서 점점 늘어나 임진왜란 이후 급격히 증가하였다. 그 결과 1700년 전후에 이르면, 전국에 1천여 개에 이르렀다. 이들 오일장은 독립적으로 존재한 것이 아니었다. 생활권과 유통망을 배경으로 오일장이 상호 유기적으로 네트워킹되어 전국망을 이루었다. 그 때문에 오일장은 서로 다른 날짜에 열릴지라도 생

청주와 주변 지역 5일 장시 분포 현황

지역(거리) \ 장날	1 · 6일	2 · 7일	3 · 8일	4 · 9일	5 · 10일
청주목	청천장	읍내장 송면장	오근장	미원장 조치원장	쌍교장
청안(동쪽 42리)	반탄장			읍내장	
보은(동쪽 80리)	관기장	원암리장		신기장	읍내장
문의(남쪽 20리)	읍내장				
회인(남쪽 24리)		읍내장	두산장	풍암장	
전의(서쪽 54리)		읍내장			
목천(서쪽 55리)	병천장				
연기(서쪽 38리)		읍내장			
진천(북쪽 32리)	한천장	남변면 2일 북변면 7일	광혜원장		

자료: 徐有榘, 『林園經濟志』, 「예규지」, 화식 팔역장시조.

활권역에서 매일 오일장이 열리는 구조였다.

실제 서유구(1764~1845)가 말년에 지은 『임원경제지』에 의하면, 조선 후기 청주목을 중심으로 인근 지역 장시가 체계적으로 개설되었음을 알 수 있다. 청주 중심부와 주변부에서 열리는 장시 날짜를 보면, 1일 청천에서 장이 서면, 그 다음 날 청주 읍내에서 열리고, 그 다음 날은 오근장에서 열리고, 그 다음 날은 미원에서 열리는 등 사실상 매일 가까운 곳에서 오일장이 열려 장을 보러 갈 수 있는 구조였다. 즉, 청주 지역을 중심으로 한 지역 유통망은 청천장, 읍내장(청주읍성 남문 앞), 송면장(청주읍성 서문 밖), 오근장, 미원장, 조치원장, 쌍교장 등 **7개의 5일장 체계가 상호 보완적인 형태로 네트워크를 형성하고 다시 인근 지역의 유통망과 연결**

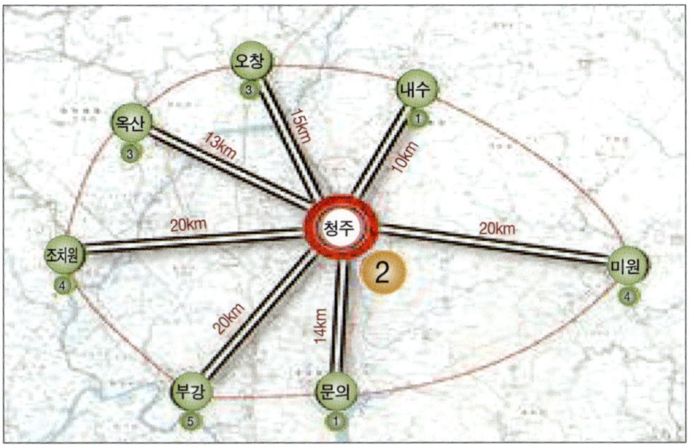

조선후기 청주 장시권 공간 구조. 읍내장을 중심으로 주변 지역 장시 7개가 네트워크되어 있어, 청주가 하나의 유통망과 생활권으로 연결된 유기적 공간구조를 이루고 있다.

되어 있다.

그런데 청주 지역에서 열리는 오일장 네트워크망은 재미있는 사실을 알려 준다. 청주 중심부에서 열리는 오일장은 2일장인데, 주변에서 열리는 오일장과 날짜가 중복되지 않는다는 점이다. 조선후기 청주 오일장은 청주읍성 남문과 서문에서 열렸다. 청주권에서 가장 규모가 큰 장시였다. 이곳에 모이는 사람도 가장 많았고, 이곳에 모였다 흩어지는 물동량도 가장 많았다. 이것이 가능하였던 것은 주변 오창, 내수, 문의, 조치원, 옥산 등지에서 모두 청주장이 열리는 2일이나 7일에 장을 보러 올 수 있고, 또 청주장에 온 장돌뱅이나 상인, 주민들이 마음만 먹으면 언제라도 주변 지역으로 장을 보러 갈 수가 있었기 때문이다.

이러한 청주읍성 중심의 오일장 네트워크망은 비록 장터 위치가 바

오늘날에도 2, 7일이면 오일장이 열리는 청주 육거리 전통시장. 청주 지역민의 삶과 숨결을 가장 잘 엿볼 수 있는 장소성을 가진 공간이다.

뀌고 날짜가 변경된 지역이 있을지라도 기본적으로 오늘날까지 유지되고 있다. **오일장은 청주라는 단일 공간의 장소성을 강화하고 동질적인 생활권을 작동하면서 지역민의 삶과 문화 속에 자리잡고 있었다.**

그러나 최근 들어 오일장 네트워크망은 해체되고 있다. 2일과 7일이면 청주 육거리시장이 아직 붐비고 있지만, 문의 · 내수 · 오창 · 옥산 오일장은 사실상 명맥만 유지되고 있을 뿐이다. 오일장의 해체는 자본주의 발전에 따른 도시화, 유통망의 확대 등에 따른 결과이다.

그러나 오일장은 형태의 소멸일지라도, 오일장이 열리던 곳은 상업과 교통, 정보 교류와 문화가 모이고 흩어지면서 오랫동안 축적된 장소성을 간직하고 있다. 이제는 그 장소성을 현대적으로 되살려 전통시대 오일장이 제공하던 물류의 중심지, 문화의 중심지, 생활권역의 중심지 역할을 할 수 있도록 해야 한다.

그러기 위해서는 1천 년 동안 청주읍성이 위치해 있었고 지난 1백 년 청주의 근대화 · 도시화의 중핵지대였던 청주시 도심을 해체해야 한다. 다시 말해, **충북 도청과 청주 시청이 위치한 원도심 중심의 1핵 공간구조를 다핵 공간구조로 재편**해야 한다.

그런 의미에서 **조선후기 이래 오일장을 중심으로 청주 공간이 단일 네트워크망을 이루었던 기반을 바탕으로 문의, 내수, 오창, 옥산, 오송을 부도심으로 개발하여 청주 도심과 상호 유기적인 공간구조를 창출하고 지속 가능한 청주 공간 전체의 균형 발전을 도모**해야 한다. 그래서 조선시대 오일장이면 어느 곳이라도 가고 싶었던 설레임이 있었던 것처럼, 청주라면 어느 곳이라도 살고 싶은 지역, 청주 어느 곳에 살더라도 경제적 · 문화적으로 소외 받지 않고 상호 소통 가능한 열린 공간을 만들어야 한다. 이것이 청주라는 공간의 균형 발전이다.

청주 8대 성씨와 낭성팔현

'청주'라는 공간은 사람들이 대대손손 모여 사는 곳이다. 그들이 남긴 삶의 자취와 문화가 채워진 공간이자, 다양한 주체들이 소통하고 권력을 행사하는 곳이다. 그들은 끊임없이 장소를 만들거나 기존의 장소

조선후기 청주의 8대성

성씨	별칭	지역	세거지
한산 이씨(韓山李氏)	주이(酒李)	청주시 주성동	수름재
밀양 박씨(密陽朴氏)	목박(木朴)	청주시 강외면	모가을
초계 변씨(草溪卞氏)	비변(飛卞)	청주시 북일면	비홍(飛鴻)
남양 홍씨(南陽洪氏)	판홍(板洪)	청주시 미원면	너더리
청주 한씨(淸州韓氏)	대한(大韓)	청주시 방서동	대머리
여흥 민씨(驪興閔氏)	민민(閔閔)	청주시 북일면	민마루
교하 노씨(交河盧氏)	가노(駕盧)	청주시 남일면	가산(駕山)
고령 신씨(高靈申氏)	산신(山申)	청주시 낭성면	산동(山童)

조선후기 청주 지역 8대성 분포도. 8개 성씨가 각각 일정한 장소를 차지하고 세거하면서 공간의 역학을 주도하였다. 이는 오늘날까지 영향을 미치고 있다.

를 지켜 나가면서 장소에 대한 애착과 기억을 가지고 있다.

공간의 주체라는 관점에서 공간의 기억과 장소성을 파악하는데, 성씨는 매우 중요하다. 한국인 모두는 성씨를 가지고 있을 뿐 아니라, 대대로 이어진 조상과 고향 마을을 기억하고 있다.

대략적으로 우리나라의 성은 250~280개 정도이다. 그렇지만 같은 성도 본관에 따라 달라지기 때문에, 실제 성의 종류는 본관의 숫자에 따라 좌우된다. 1985년 인구센서스 조사에 의해 파악된 성씨는 모두 274개에, 본관이 무려 3,349본(本)이나 된다.

그러면 청주에 살던 성씨는 얼마나 될까? 1530년에 편찬된 『신증동국여지승람』에 의하면, 청주가 본관인 성씨는 한(韓), 이(李), 김(金), 곽(郭), 손(孫), 경(慶), 송(宋), 고(高), 준(俊), 양(楊), 동방(東方), 정(鄭) 등이었다. 이들 성씨는 적어도 고려시대부터 청주를 기반으로 살았던 토박이 성씨들이다.

그 뒤 조선전기를 거치면서 성씨는 일반화된다. 특히 여러 사화를 거치면서 수많은 양반 관료층과 사림들이 전국 각지로 흩어져 마을을 이루면서 특정 지역의 주체 세력으로 부각되었다. 청주 지역도 예외가 아니다. 1760년에 편찬된 『여지도서』에는 청주의 세거 성씨가 모두 29성 54본이었다.

이들 성씨는 조선후기 '청주'라는 공간에서 삶을 영위하던 주체 세력이었다. 그 가운데에서도 **청주의 대표적인 성씨이자 정치적 · 문화적 권력을 행사하던 성씨는 이른바 '청주 8대성(大姓)'으로 알려진 8개의 성**

씨들이다.

이들 **8대성은 조선후기 청주의 대표적인 성씨이자 '청주'라는 공간을 움직이던 권력 주체**이다. 그 가운데 청주를 본관으로 한 성씨는 청주 한씨가 유일하다. 나머지는 14~16세기에 걸쳐 청주 지역으로 입향한 성씨들이다. 그만큼 14~16세기에 외부에서 청주 지역으로 유입된 성씨들이 많았고, 그들이 새로운 청주 공간의 주인공으로 부상하였기 때문이다.

이들 8대성은 조선후기에 청주읍성 중심으로 각각 동쪽(고령 신씨, 남양 홍씨), 서쪽(밀양 박씨), 남쪽(청주 한씨, 교하 노씨), 북쪽(한산 이씨, 초계 변씨, 여흥 민씨) 사방에 각각 자리를 잡고 세거하였다. 이들은 각자 독립적으로 존재했던 것이 아니라 청주라는 공간에서 상호 유기적인 역학관계를 이루면서 삶을 영위하였다.

이들은 모두 양반 가문으로 각자의 지역에서 대대손손 세거하면서 집성촌을 이루고, 일정한 영향력을 행사하였다. 지역의 의사결정에 참여함은 물론 지역의 여론을 주도하고 상호 혼인관계를 맺어 청주 지역의 통혼권을 형성하였다. 이는 오늘날까지도 이어지고 있다. 따라서 **'청주'라는 공간을 이해하고, 공간 내 여러 장소(마을, 유적, 유물 등)와 역사적 사건을 분석하고, 지역 형성과 해체의 주체를 이해하기 위해서는 청주 8대성을 주목**해야만 한다.

아울러 전통적인 청주의 문화 공간을 이해하는 데 빼놓을 수 없는 것은 8대성과 함께 낭성팔현의 존재이다. 낭성팔현이란 16~17세기 낭성, 즉 청주를 대표하는 8명의 명현(名賢)을 말한다. 다음과 같은 글이 있다.

> 청주 고을에는 이름난 선비와 큰 덕이 있는 이가 전후로 계속 배출되었으니, 송재 한충, 강수 박훈, 규암 송인수, 화곡 정사호, 서계 이득윤, 이유당 이덕수, 만주 홍석기 같은 분들이다. 공들의 연대는 비록 서로 멀지만, 모두 동일한 마을이니, 충효와 학문, 문장과 덕업이 으뜸인 까닭에 세칭 '낭성팔현'이라 한다(조강, 『모계집』).

이 글에서 언급한 낭성팔현은 모두 15~17세기에 청주에서 살았던 인물들이다. 이들 역시 청주 8대성처럼 각자 일정한 지역에 입향한 뒤 성리학을 청주에 뿌리내린 지식인들이다. 그럼에도 청주 고을의 이름난 선비와 큰 덕을 가진 인물로 이들 8명을 꼽은 것은 곧 '청주'라는 공간

16~17세기 청주를 대표한 '낭성팔현'

성명	본관	생몰연대	살던 곳	특징
박 훈	밀양	1484~1540	강외면 모가을	신항서원 배향
한 충	청주	1486~1521	강외면 학곡	신항서원 배향
송인수	은진	1499~1547	남일면 화당	신항서원 배향
조 강	한양	1527~1604	강내면 궁현	신항서원 창건
정사호	광주	1553~1616	미원면 화창	수락서원 배향
이득윤	경주	1553~1630	북이면 석화	신항서원 배향
이덕수	한산	1577~1645	북일면 묵방	신도비
홍석기	남양	1606~1680	미원면 수산	송시열과 교유

안에서 이들의 존재를 공유하고 공감한 것이다.

실제 이들은 16~17세기 1백여 년에 걸쳐 성리학을 매개로 청주 지역의 지식 기반을 다지고, 성리학적인 이념과 문화를 바탕으로 지역사회를 안정시키고 사회질서를 재편하는 데 참여하였다. 때로는 향약을 시행하고 향사례와 향음주례와 같은 지역문화를 주도하였으며, 서원 건립에 앞장서 유정서원(현 신항서원)을 1570년에 건립하였다. 그 때문에 후대에 충효와 학문 및 문장과 덕업이 으뜸인 지역 명현으로 꼽혀 추앙을 받은 것이다. 청주의 유교문화와 선비정신의 뿌리가 이들에게 있었다.

특히 **청주학 관점에서 주목되는 것은 후손들이 낭성팔현을 '모두 같은 마을 사람'으로 인식**했다는 점이다. '청주'라는 공간 안에서 낭성팔현의 존재를 인식하고 지역 차원에서 그들의 존재가치를 파악했다. 더욱이 이들의 존재는 그 이후 계속 영향을 미쳐 오늘에 이르고 있으며, 청주를 충절의 고장 또는 양반의 고장으로 만든 인물들이다.

이와 같이 **청주는 16~17세기를 거치면서 청주읍성을 중심으로 한 공간과 그 경계가 강화되면서 오늘날까지 이어지고 있는 청주의 실질적인 공간이 탄생한다.** 그 공간 내부에는 오일장이 체계적인 시스템으로 자리잡아 상호 유기적인 생활권을 이루고, 유력 가문들이 각자의 위치에서 마을을 이루면서 통혼권을 형성하였다. 또한 성리학적인 지식 및 문화 기반이 구축되면서 양반 사족층이 주도하는 지역 시스템이 작동하는 공간으로 자리잡았다.

이렇게 조선후기에 형성된 지역 공간구조는 이후 기본틀을 유지하면서 내부 주체의 역학관계와 역사적 사건을 겪으면서 변화된다. 특히 1728년에 일어난 이인좌 반란사건은 '청주'라는 공간의 정치적 위상과 주도권이 8대성 중심으로 재편되었다. 그에 따라 8대성에서 제외된 성씨는 상대적으로 '청주' 공간에서 소외될 수밖에 없다.

청주의 공간틀을 밑으로부터 뒤흔든 것은 1894년에 일어난 동학농민혁명이다. **동학농민혁명 이후 전통적인 공간틀이 급격히 해체되면서, 청주 안팎의 새로운 소통 방식이 요구되었다.** 지역 사회에 영향력을 미치던 8대성과 8현의 존재도 더 이상 '청주'라는 공간을 지배하는 변수가 되지 못하였다. 기존의 공간에 안주하는 지역민은 더 이상 장소의 주체가 되지 못하였다. 반면에 외부의 변화를 감지하고 주체적으로 대응한 지역민은 새로운 공간의 주체로 부상하였다. 그 대표적인 사례가 청주 낭성에 살던 고령 신씨 문중으로, 그 대표적인 인물이 독립운동가 신규식과 신채호이다.

일제강점기 청주는 충청북도의 수도로서 식민지 도시화와 근대화가 급격히 이루어지면서 변화의 중심에 있었다. '청주' 공간의 재편도 빠르게 나타난다. **1921년 청주역 개통으로 촉발된 청주의 도시화는 청주의 상부 공간구조를 빠르게 식민지 지배 공간으로 재편하면서 전통적인 하부 공간구조와 충돌하고 갈등**을 빚는다.

그러나 **'청주'라는 공간의 장소적 특질과 정체성은 기본적으로 16~17세기에 형성된 고유성이 유지되면서 다른 지역과의 차이를 낳았다.** 그러면서 새로운 주체와 문화 요소들이 위로부터 융합 또는 혼재되면서 오늘날까지 이어지고 있다.

따라서 **청주학은 지난 수백 년 동안 이어지고 있는 '청주' 공간의 장소성과 지속성, 단절과 연속성, 같음과 차이를 밝혀내고 그 요인들을 해명해야 한다.** 더 나아가 지역민 모두가 공감하고 행복한 지역을 만드는 데 필요한 토대와 방향 · 방안을 찾아내야 한다.

참고문헌

청주시, 『청주시지』, 2017.

김대길, 「조선 후기 장시 발달과 사회 · 문화 생활 변화」, 『정신문화연구』 35, 2012.

박병철, 「청주의 행정구역 명칭에 관한 역사적 고찰」, 『지명학』 23, 2015.

이헌창, 「충청북도에서의 정기시 변천에 관한 기초적 연구」, 『중원문화연구총서』 4-1, 2000.

임동철, 「낭성팔현의 생애」, 『충북학』 4, 2002.

4 | 세종대왕의 초정 행차, 그 깊은 이야기

「진천 농다리-천년의 아침」, 93.5×210.5cm, 수묵담채, 강호생

세종대왕의 초정 행차, 그 깊은 이야기

지역학에서 일반적으로 다루는 영역은 지역의 역사문화와 그 유산이다. 특히 지방정부는 지역의 고유한 문화원형을 발굴하고 문화유산을 활용하여 지역정체성을 강화하고 지역 발전을 경쟁적으로 도모하고 있다. 그 과정에서 일익을 담당해야 하는 것이 지역학이다.

문제는 문화원형의 가치를 정확히 모르거나 개발 논리에 따라 가치 왜곡이 이루어지고 있는 점이다. 이런 경우 지역의 고유한 문화원형을 자원화할지라도 성공하기 어렵다. 지역 안팎의 사람들은 그 가치를 알고 있기에 잘못된 가치 활용은 공감을 얻기 힘들다. **지역의 문화유산이나 역사적 사건과 인물의 활용에 있어서, 그것이 가지고 있는 본질적 가치를 찾아내 가치 확장을 꾀해야 한다.** 그 좋은 예가 바로 1444년에 세종대왕이 청주 초정을 행차한 역사적 사실이다.

한국 역사에서 가장 위대한 왕을 꼽으라면, 대다수의 국민들은 아마도 세종대왕을 꼽을 것이다. 또한 역사인물 가운데 가장 위대한 지도

* 이 글은 한국방송통신대학교에서 교재로 펴낸 『역사의 현장을 찾아서』(2015)에 수록된 것을 수정 보완하였다.

력을 보여 준 인물을 꼽으라면, 이 역시 세종대왕을 다섯 손가락 안에 꼽는다. 세종은 한글 창제 외에 학문, 과학기술, 음악 등 다양한 영역에서 뛰어난 능력과 지도력을 발휘하여 조선왕조를 반석 위에 올려놓은 대왕이자 지도자였다.

이와 같은 세종대왕의 빛나는 업적 뒤에는 일상의 고뇌와 고통이 있었다. 특히 세종을 평생 괴롭힌 것은 병마였다. 어려서부터 몸이 허약했던 세종은 여러 병치레를 하였다. 그 가운데에서도 눈병은 책벌레였던 세종을 말년까지 크게 괴롭혔다. 세종의 위대한 업적인 한글은 눈병과 맞바꾼 고진감래의 결과물이기도 하다.

세종은 1444년 두 차례에 걸쳐 눈병 치료차 청주 초정에 거둥하였다. 이 시기는 1443년 12월에 한글 창제를 마무리한 직후였다. 한글을 만들면서 세종의 눈병은 더욱 심해졌고 절대 휴식이 필요한 시점이었다.

두 차례에 걸친 세종의 초정 행차는 세종의 일상과 지도력, 민본·애민 사상을 잘 보여 주는 구체적인 사례이다. **세종의 위대성은 한글 창제나 여러 과학기술과 음악 그 자체에서보다 오히려 일상의 모습과 마음 씀씀이를 통해 더욱 빛날 수 있으리라 본다.** 이것이 초정의 진정한 장소적 가치이며 초정을 주목하는 이유이다.

세종대왕의 병과 치유

조선왕조 제4대 왕인 세종(1397~1450)이 우리 역사상 최고의 군주였고 빛나는 민족문화를 꽃피웠다는 것은 누구나 인정하는 사실이다.

그러나 세종은 영민한 반면, 건강한 편이 아니었다. 세종이 몸 치유를 위해 궁궐 밖에서 주로 행한 방법은 온천욕이다. 이는 역대 왕들도 마찬가지이다. 태조 이성계는 10차례나 온천을 다녀왔고, 정종은 한 차례, 태종은 6차례 평주와 평산 온천을 다녀왔다.

세종대왕. 온갖 병으로 시달리던 세종대왕은 한글을 창제한 뒤 1444년 봄과 가을 두 차례 청주 초정을 방문하였다.

세종이 처음 온천에 간 것은 왕위에 오른 지 3년 뒤인 1421년에 아버지 태조 이방원을 모시고 간 경기도 이천 온천이었으나, 이때는 직접 온천욕을 한 것으로 보이지 않는다. 세종이 처음으로 온천욕을 한 것은 1433년(세종 15) 3월 25일 왕비와 왕세자 등과 함께 간 온양 온천에서이다.

세종은 온양 온천을 다녀온 뒤 온천에 더욱 관심을 갖게 된다. 1434년에는 이사맹을 부평 등지에 보내 온천을 찾아보도록 하였고, 그 다음 해에는 온천을 신고하는 자에게 상을 주도록 하였다. 특히 1440년(세종 22) 3월에는 왕비가 온양 온천에 거둥하여 병이 나은 일도 있었다. 그 다음 해에는 개성 안하동의 온천을 조사하도록 지시하였다.

나이 43세이던 1439년(세종 21) 세종은 여러 지병으로 고생하고 있었다. 그는 왼쪽 다리가 젊어서부터 계속 아팠고, 오래 전에 등에 부종이 생겨 마음대로 돌아눕지도 못하였다. 소갈병을 앓은 지는 10년이 넘었다. 임질(대상포진)도 앓아 오랜 시간 정사를 보지 못하였다. 또 그해 봄 강무(講武)한 이후부터는 왼쪽 눈이 막에 덮여 잘 보이지도 않았다. 그 때문에 오른쪽 눈도 어두워서 한 걸음 앞에 있는 사람을 분간하기 힘들 정도였다.

온갖 병에 시달리던 세종은 1441년(세종 23) 3월 온양 온천에 다시 갔다. 이때는 10년 전인 1431년경부터 증상이 나타나기 시작한 안질이 심해져 공사 업무를 줄일 정도였다. 온양에 머무르던 세종은 "내가 두 눈이 흐릿하고 깔깔하며 아프다. 봄부터는 음침하고 어두운 곳에서는 지팡이 없이 걷기가 어렵다. 온천에서 목욕한 뒤에도 효험이 없다" 하면서, 여름철에 닥칠 홍비를 걱정하여 서둘러 온양에서 서울 경복궁으로 환궁하였다.

세종은 모든 일에 늘 부지런하였고 글과 전적을 밤낮으로 즐겨 보았다. 그로 인해 생긴 안질은 다른 어느 병세보다도 세종을 괴롭히던 병마였다. 그래서 세종은 온양에서 돌아온 뒤에도 눈병을 치료하기 위해 온천에 대한 기대를 버리지 못하였다. 1441년 9월에 이천 온천 가는 도로를 보수하도록 하였다. 11월에는 중량포의 따뜻한 물이 온천인지 조사하도록 지시하기도 하였다.

그렇지만 세종은 온천에 다녀왔어도 큰 효험을 보지 못하고 병이 더 심해졌다. 공연히 백성만을 괴롭게 한 것이 민망할 따름이다. 그럼에도 1443년 1월에 대신들이 온양 온천에 다시 갈 것을 극구 간청하였다. 세종은 민폐를 끼치지 않는 조건으로 마지못해 허락한 뒤, 그의 나이 47

세인 1443년 3월 1일 왕비와 함께 온양 온천에 다시 거둥하였다. 온천이 효험이 없다는 것을 알면서도 고통스러워 지푸라기라도 잡는 심정이었을 것이다. 그래서 3월 3일 온양 행궁에 도착하여 4월 3일 떠날 때까지 한 달 동안 온천욕을 하면서 병을 치료하였다. 이 역시 큰 효과가 없었다.

이제 세종은 온천욕으로 병을 치료하는 것을 단념할 수밖에 없었다. 온양 온천에 다녀온 지 4개월이 지난 8월에 대신들이 다시 온천에 거둥할 것을 청하자, 세종은 "내가 온천에 목욕한 것이 두세 번이나, 눈이 어두운 것은 전보다 갑절이나 되니, 나는 다시 목욕하기를 원하지 않는다" 하면서, 단호히 거부하였다. 심지어 온천을 서울로 옮겨 와도 목욕하지 않겠다고 할 정도였다.

이렇게 세종이 온천욕을 포기한 것은 효험이 없어서만이 아니다. 그로 인해 백성들이 큰 고통을 받았기 때문이다. 실제 임금이 온천에 가면, 지방 수령들이 수행한 고위 관료들에게 뇌물을 주거나 사적으로 이익을 챙기는 경우가 많았다. 이와 같이 대신들의 온천행 간청의 이면에는 병 치료가 아닌 아첨과 사적 이익을 추구하는 무리들이 있었다. 이를 모를 리 없는 세종은 온천욕이 더 이상 치료 효과가 없다는 것을 경험을 통해 확신하였다. 또한 거둥하는 과정에서 수많은 민폐만 백성들에게 끼치는 것을 누구보다 잘 알았다. 여기서 세종의 탁월한 안목과 지도력을 알 수 있다.

세종은 온양 온천을 다녀온 직후인 1443년 4월 17일 세자에게 정사를 맡기는 중대 발표를 하였다. 영의정 황희, 예조판서 김종서, 예조참의 박연 등은 강력 반대하였다. 그럼에도 불구하고 세종이 결단을 내린 표면상의 이유는 "나는 본래 병이 많다. 근래에 와서 병이 더욱 심하고, 또 왕위에 30년 동안이나 있었다. 부지런해야 할 정사에 게으름을 피운 지 오래되었다"라고 한 말에서 알 수 있다. 세종은 기대하였던 온천욕이 효과가 없고 건강이 더 악화되자, 더 늦기 전에 정사에서 한 발 물러나 큰 뜻을 이루려 하였다. 그것이 곧 한글 창제이다.

한글 창제와 관련한 첫 기록은 **"1443년 12월에 임금이 친히 언문 28자를 지었는데…… 이것을 훈민정음이라고 일렀다"**이다(『세종실록』, 세종 25년 12월 30일조). 이 기록에 의하면, 한글은 1443년 12월에 이미 28자가 만들어진 것으로 볼 수 있다.

기록을 유추하면 세종대왕은 1443년 3월 치료차 온양 온천을 다녀온 이후 한글 창제에 몰두하였다. 특히 4월 이후 정사를 세자에게 맡기고 집중 작업을 통해 12월에 어느 정도 마무리한 것으로 볼 수 있다.

이 기간 세종은 점점 심해진 다리 통증과 소갈병, 임질(대상포진), 등뒤의 부종, 안질 등으로 건강이 매우 나빠진 상태였다. 그래서 치료를 위해 1433년에 이어 1441년과 1443년 두 차례 온양 온천을 다녀왔지만, 효험은 없고 증세만 악화되었을 뿐이다. 특히 안질은 더 심해져 한쪽 눈이 잘 보이지 않을 정도였다. 늘 책을 가까이 하는 세종에게는 괴로운 일이 아닐 수 없다. 이렇게 **건강이 나빠진 이유는 단순 노화가 아니라 한글 창제에 몰두한 때문**이 아닐까?

세종대왕의 초정 행차길

첫 번째 초정 행차

세종은 한글 창제를 완성하면서 또 한편으로 병마와 싸워야 하였다. 이젠 한 가닥 희망을 걸었던 온천도 포기한 상태이다. 한글 창제도 어느 정도 완성되어 마무리 단계여서 휴식이 필요한 시점이다.

이런 상황에서 세종의 나이 48세가 되는 1444년 새해에 반가운 소식이 들려온다. 어떤 사람이 와서 **"청주에 물 맛이 호초(胡椒) 맛과 같은 것이 있다. 초수(椒水)라 한다. 모든 질병을 고칠 수 있다"**라고 하였다. 초수가 솟는 곳은 지금의 청주 초정이다.

세종대왕이 1444년에 행차한 청주 초정. 이곳에 두 번 행차하여 123일간 머문 세종대왕은 광천수로 심신을 치유하면서도 참된 성군의 모습을 보여 주었다. 지금도 광천수 목욕탕이 많지만, 세종을 기억하는 사람은 많지 않다.

이를 접한 세종은 사실상 포기하던 눈병 치료에 한가닥 희망을 가진다. 그래서 즉시 내섬시윤 김흔지를 보내어 행궁을 세우도록 하였다. 행궁은 예정에 없었던 공사였다. 행궁 규모도 크지 않았다. 지붕도 기와가 아닌 초가지붕이었다.

이렇게 초정 행차 준비가 한창이던 2월 20일 최만리 등은 한글 창제를 반대하는 상소문을 올렸다. 세종은 격노하고 조정은 발칵 뒤집힌다. 이 상소문에는 다음과 같은 구절이 있다.

> 이번 청주 초수리에 거둥하시는 데도 흉년인 것을 특별히 염려하시어 호종하는 모든 일을 힘써 간략하게 하셨습니다. 그래서 전일에 비해 10에 8, 9는 줄어들었고, 계달하는 공무(公務) 또한 의정부에 맡기셨습니다. 그럼에도 언문 같은 것은 국가의 급하고 부득이하게 기한에 마쳐야 할 일도 아닙니다. 어찌 이것만은 행궁에서 급급하게 하시어 성궁(聖躬)을 조섭하시는 때에 번거롭게 하시려 하십니까. 신 등은 더욱 그 옳음을 알지 못하겠나이다(『세종실록』, 세종 26년 2월 20일조).

최만리의 상소문을 보면, 세종은 초정 행차 준비를 매우 간결하게 하고 정사도 의정부에 맡겼다. 다만, 한글 창제를 마무리 짓는 일만은 초정 행궁에 가서도 강행하려고 하였다. 이는 한글 창제에 대한 세종의 강력한 의지를 엿볼 수 있다. 그런 만큼 한글 창제를 반대하는 최만리 등을 크게 처벌하지 않을 수 없었다.

일단 한글 반대 세력을 제압한 세종에게는 더욱 더 휴식이 필요하였다. 그래서 초정 거둥이 더 기대되었는지도 모른다. 일전에 초수가 안질에 효험이 있는지 사람을 보내 시험해 보도록 하였는데, 마침 그들이 돌아와 "안질에 효험이 있습니다"라는 기분 좋은 소식도 전하였다. 그동안 안질로 매우 불편하였던 세종으로서는 매우 반가운 소식이 아닐 수 없다.

그래서 온양 온천과는 달리 초정 행차는 전격적으로 이루어진다. 세종이 머물 행궁도 한 달 만에 초가집으로 급히 지어졌다. 세종이 지나갈 길 주변은 혹시 모를 전염병을 염려하여, 병 기운이 있는 사람들을 멀리 떨어진 곳으로 옮겨 초막을 짓고 살도록 하였다.

이렇게 청주 초정에 머무를 행궁을 짓고 임금이 지나갈 길도 정비하였다. 초정의 약효도 효험이 있는 것으로 입증되었다. 드디어 세종은 한글 창제를 반대한 최만리 등을 논죄한 지 7일 뒤인 1444년(세종 26) 2월 28일 안질 치료를 위한 길을 떠났으니, 『세종실록』 기록을 토대로 정리하면 다음과 같다.

2월 28일: 왕과 왕비, 그리고 세자가 청주 초수를 향해 길을 떠나다.

2월 29일: 85세 쯤 되는 노인이 임금이 탄 수레 앞에서 원통함을 아뢰니, 술과 음식을 먹이고 면포 1필을 하사하다. 이날 양지현 남평에서 머무르다.

2월 30일: 충청도 도사 한질이 와서 문안을 드리니, 임금이 말하기를, "이번 초수 행차를 참으로 간편하게 하려 하였는데, 충청도 도사가 경계를 넘어와 번거로운 폐단이 있었을 것이다. 앞으로는 이런 폐단을 삼가서 하지 말라" 하다. 죽산현 천민천 가에 머무르다.

3월 1일: 진천현 북평천 가에 머무르다.

3월 2일: 초수리에 도착하다. 경복궁을 떠난 지 5일째 되는 날이다.

3월 6일: 우의정을 비롯한 신하들이 행궁에 나아가 "이곳 초수의 냄새와 맛이 옛 글에 실린 바와 비슷하여 즐거움과 기쁨을 이길 수 없습니다" 하니, 임금이 말하기를, "이 물이 과연 예천(禮泉)과 비슷하나, 지리지에 청주 땅에 초자소(椒子所)가 있는 것으로 기록되어 있으니, 이 물이 이번에 처음 나온 것은 아니다. 경들은 하례하지 말라. 외방에서 들으면 이것을 보고 반드시 와서 하례하러 올 것이니, 외방으로 하여금 하례를 들이지 말게 하라" 하다.

3월 13일: 궁궐을 떠난 지 16일, 초정에 온 지 12일째 되는 날이다. 초정과 이웃한 진천에 나이 70이 넘은 김덕숭(金德崇)이 살았는데, 그는 95세의 아버지와 85세의 장모님을 한 집에 모시고 극진히 봉양하였다. 이 소식을 들은 세종은 그 효성을 가상히 여겨 특별히 술과 고기를 주다. 또 충청도 관찰사에게 쌀 10섬을 주라고 특별 지시하다.

김덕숭 묘소(진천군 이월면 사곡리). 김덕숭(1401~1448)은 『삼강행실도』에도 소개될 정도로 조선을 대표하는 효자의 표본이었다.

3월 20일: 세종의 명으로, 초정 인근에 사는 노인과 아이 총 280명에게 술과 음식을 제공하다.

3월 21일: 초정에 온 지 20일째 되는 날이다. 세종은 자신의 행차로 백성들에게 부담을 준 것을 걱정하여 청주 인민에게 호마다 벼 2섬씩을 주도록 하다. 아울러 나이 80 이상인 노인 26명에게 벼 2섬과 콩 1섬씩을 주고, 70 이상인 30명에게는 벼와 콩 각 1섬씩을 지급하도록 하다.

3월 24일: 초정 근방 농민 38호에 술과 고기를 하사하다.

3월 29일: 초정 감고(監考) 박배양 등 8인에게 면포를 차등 있게 하사하다.

4월 1일: 초정에 온 지 29일째 되는 날이다. 이날은 세종의 생일날이다. 그래서 문무 관료들이 축하하자, 예물로 바치던 안마(鞍馬)와 표리(表裏)를 없애도록 하다.

4월 12일: 세종이 4월 27일 환궁하려 하자, 여러 대군(大君)들이 효험이 있으니 5월 10일 이후에 환궁할 것을 청하다. 그러자 세종은 "내 생각으로는 전보다 다름이 없는 것 같으나, 남들이 볼 때에 조금 나은 것 같다 하니 더 머물러 그 효험을 보겠다" 하면서, 원래 계획대로 60일째인 5월 3일 환궁하겠다고 하다.

4월 13일: 세종은 멀리까지 나와 백성들에게 폐를 끼치는 것이 늘 민망하였다. 그래서 서울에서 가까운 경기도에도 혹시 초수가 나오는 곳이 없는지 알아보도록 하다.

4월 23일: 병조판서가 백성들이 나물만 캐 먹는 등 굶주리는 것이 염려되어 구휼할 것을 청하자, 인근 지역으로 사람을 보내 감찰하도록 하다.

5월 1일: 초정에 온 지 2달이 넘었다. 그동안 임금이 머무는 초정은 여러 사람들이 왕래하면서 백성들의 토지를 짓밟아 종자를 뿌릴 수조차 없게 되었다. 그러자 세종은 논 1부(負)마다 쌀 5두를 주고, 밭 한 부마다 콩 5두를 주도록 지시하다. 이날 청주향교에서 대전(大全)과 경서(經書)를 요청하자, 세종은 "이곳은 내가 행행(行幸)한 고을이니 보내 주라" 하다.

5월 2일: 그동안 자신을 모시느라 고생한 충청도 관찰사에게 안장

갖춘 말 1필을, 그 밖의 사람들에게 옷 한 벌씩을 하사하다.

5월 3일: 드디어 초정을 떠나기로 한 날이다. 초정에 머문 지 61일째 되는 날인데, 이는 60일간 머물기로 한 예정기간을 지킨 것이다. 초정을 출발한 왕과 왕비의 거가(車駕)가 진천 북교에 이르렀을 때, 한 노파가 어가 앞에서 하소연하였다. 세종은 도승지의 반대에도 불구하고 "그녀는 나이가 들어 가긍하니, 마땅히 병조로 하여금 처결하게 하라" 하다.

5월 7일: 죽산(5월 4일) → 양지(5월 5일) → 낙생역(5월 6일)을 거쳐 환궁하다. 세종이 궁궐을 떠난 지 69일째 되는 날이다.

69일에 걸친 초정 행차길에서 보여 준 세종의 모습은 인간적인 너무나 인간적인 임금님의 모습 그 자체이다. 민폐를 끼치지 않으려 노력하였을 뿐 아니라, 행차로 인해 피해를 본 사람들을 일일이 보살폈다. 효심이 깊었던 세종은 인근의 효자와 노인들을 배려하였고, 그의 행차로 고생한 사람들을 일일이 챙기는 자상함을 보여 주었다.

두 번째 초정 행차

세종은 초정을 다녀온 뒤 초수의 효험이 있었던지 가을에도 안질 치료차 초수를 찾을 생각이었다. 그래서 신하들이 초정보다 가까운 전의 등지를 새로 물색하여 아뢰었으나, 세종은 이미 행궁이 지어져 있는 초정을 다시 방문하기로 하였다. 그때가 1444년 6월 1일이다.

세종은 초수가 과연 안질에 효험이 있는지 보다 구체적인 정황을 파악하고자 충청도 관찰사에게 여러 사례를 수집하도록 하였다. 그렇지만 초수가 안질에 효험이 있는지 확신할 수 없는 상황에서, 가뭄으로 고통을 받는 백성들이 늘 걱정이었다. 게다가 천둥 벼락이 치는 등 하늘의 이상 조짐도 세종의 마음을 흔들어 놓았다. 결국 세종은 7월 13일 여러 신하들의 반대에도 불구하고 가을에 예정된 초정 행차길을 취소하도록 하였다. 그럼에도 신하들이 극구 간청하자, 세종은 7월 15일 "금년은 크게 가물고 또 천재(天災)가 있었으며, 나의 병은 이미 오래 되어 초수에 거둥하더라도 치료될 수 없을 것 같다. 그러나 경 등이 힘써 청하니, 내 마땅히 다시 생각하겠다" 한 뒤, 다음 날 "만약 공급될 비용과 시위하는 무사의 수를 금년 봄에 거행한 거둥 때의 반액으로 감하면 내 장차 거둥하겠다" 하였다. 조건부 승낙을 한 것이다.

이런 진통을 거쳐 초정에 다시 가기로 결정하고 사람을 보내어 행궁을 수선하도록 하였으나, 세종의 마음은 좌불안석이었다. 3월부터 비가 오지 않았다. 대가뭄이었다. 쌀값은 치솟았다. 쌀 한 말로 소금 21두(斗)를 사고 콩 한 말로 소금 17두를 살 정도로 쌀값이 금값이었다. 그나마 나온 벼 이삭도 한 달 넘게 부는 동풍(東風, 높새바람)으로 결실을 맺지 못하였다.

이런 상황에서 세종의 마음은 편할 리 없다. 다시 초정 행차를 취소하였다. 그러자 영의정 황희를 비롯한 여러 신하들이 간청하자, 세종은 7월 30일 "초수에 거둥하는 것은 나 또한 나의 한 몸을 위한 계책만은 아니라고 생각한다. 그러나 금년은 볏곡이 잘 되지 않았으므로 백성들에게 폐 끼칠 것을 염려하여 정지하고자 한 것이었는데, 경 등이 두 번 세 번 굳이 청하니 내가 장차 거둥하겠다"고 하고, "오는 윤 7월 10일에 장차 초수에 거둥하겠으니 여러 가지 일을 미리 준비하라"고 병조에 지시하였다. 여기에서도 세종의 고뇌, 마음 씀씀이를 읽을 수 있다.

이 때문에 **세종의 초정 재방문 준비는 말 그대로 검소와 절약 그 자체**였다. 세종은 가뭄을 근심하여 날고기를 일체 올리지 못하도록 하였고, 초정을 가고 올 때 임금을 맞이하는 춤과 노래인 가요(歌謠)를 금지하였다. 또한 임금의 행차를 환영하기 위해 다리, 지붕, 문 위를 장식하는 결채(結綵)를 하지 말도록 하였다. 그리고 꼭 볼 일이 아니면 신하들이 초정 행궁에 오지 못하도록 하였다. 그리고 초정 행차에 필요한 일체의 경비를 서울에서 가져가고 지방에는 부담을 주지 않도록 하였다.

이런 우여곡절 끝에 드디어 치유를 위한 세종의 초정 행차길은 다시 이루어진다.

윤 7월 15일: 예정하였던 날짜보다 5일 늦게 왕비와 함께 출발, 낙생역에 머무르다.

윤 7월 19일: 초정에 도착하다(『세종실록』 미기록).

윤 7월 22일: 눈병 환자들을 초정에 보내 치료하게 하다.

윤 7월 23일: 김종서 등과 복식과 공법 문제에 대해 논의하다. 이날 사람을 전의에 보내 안질을 치료하여 효력을 시험하도록 하다.

세종이 두 차례 책을 하사한 청주향교. 청주 고을의 인재 양성과 문풍 진작에 큰 계기가 되어, 먼 훗날 교육도시 청주의 단초를 열었다.

윤 7월 29일: 사람을 청안현으로 보내 그곳 전지의 품등(品等)을 분류하게 하다.

8월 1일: 예조판서 김종서와 대제학 정인지 등을 청안현에 보내 벼 곡식을 살펴보게 하였는데, 장차 공법(貢法)을 정하기 위함이다.

8월 14일: 청주향교에 『통감훈의』(通鑑訓義), 『성리군서』(性理群書), 『근사록』(近思錄), 『통감강목』(通鑑綱目), 『유문』(柳文), 『한문』(漢文), 『통감절요』(通鑑節要), 『집성소학』(集成小學), 『사륜집』(絲綸集)

각각 한 벌씩을 하사하여 학생들이 익히도록 하다.

9월 7일: 초정 북쪽 산에서 옥을 발견하다. 예천에서도 옥돌이 난다는 보고를 받자, 세종은 옥이 악기와 예악(禮樂)에 중요한 물건으로 쓰인다 하면서 기뻐하다.

9월 20일: 충청도 관찰사 등이 술과 생선을 올리자, 호종한 신하에게 나누어 주다.

9월 22일: 도승지 등의 반대에도 불구하고 초정을 출발하여 오근원(烏根院) 뜰에서 충청도 관찰사의 하직 인사를 받고 환궁길에 오르다. 초정에 머문 지 62일째 되는 날이다.

9월 23일: 죽산에 머무르다. 이때 노인들에게 옷 한 벌씩을 내려주다.

9월 24일: 바람과 눈이 섞이어 몰아치다. 세종은 사람과 말이 얼어 죽을까 염려하여 구호하도록 하다. 양지에서 머무르다.

9월 25일: 낙생역에 머무르다.

9월 26일: 환궁하다. 연희궁을 떠난 지 70일째 되는 날이다.

세종의 2차 초정 행차는 1차 때보다 더욱 간결하였다. 『세종실록』 기록도 1차 때보다 소략하다. 2차 때 역시 **세종은 그의 행차로 인해 민폐를 끼치지 않도록 각별히 신경**을 썼다. 심지어 추위에 떠는 말까지도 챙길 정도였다.

특히 1444년 가을 초정에 있으면서 공법 제정을 위한 작업을 하였다. 공법은 중간 부정을 없애 민폐를 줄이고 국고의 증수를 꾀하기 위한 혁신적인 조세제도 개혁이다. 처음 논의된 것은 1428년(세종 28) 전후이다. 그 이후 여러 차례의 시행착오와 연구를 거쳐 두 차례에 걸친 개혁을 시도하였어도, 문제점이 계속 나타났다. 세종은 초정에 머물면서 김종서와 정인지 등을 인근의 청안현에 보내 벼곡식을 살펴보도록 하는 등 전면적인 공법 시행을 위한 작업을 하였다. 그 결과 초정에서 환궁한 뒤 마무리 작업을 거쳐 그 해에 공법을 확정지을 수 있었다.

이렇게 1444년 봄과 가을 두 차례에 걸쳐 안질 치료차 초정을 다녀온 세종은 그 이후 초정을 찾지 않는다. 세종은 초정을 오가던 1444년 여러 차례 경기도 관찰사 등에게 명하여 서울에서 가까운 초수를 찾아보도록 명하였으나, 그 이후 이런 명을 내리지 않았다. 초정을 다녀온 1444년 그해 10월 18일 도승지와 세자가 연이어 다음 해 초정에 다시 거둥하자고 건의했어도, 세종은 "내 몸의 병을 내가 어찌 모르겠느냐. 초수에 행행하는 일은 내 결코 하지 아니하겠노라" 하면서 단호히 거부하였다.

세종은 두 차례 초정을 다녀온 뒤 안질이 조금 좋아졌으나, 그렇다고 다시 찾을 만큼 차도가 있었던 것도 아니었다. 오히려 오고가면서 백성들에게 끼친 고통이 큰 것으로 판단하였다. 그래서 여러 차례 신하들의 간청에도 불구하고 초정을 다시는 찾지 않는다. 사실상 안질 치료를 포기하고 여러 병환을 겪으면서 국정에만 전념한다.

그 결과 세종은 안질의 고통과 노환 속에서도 공법이라는 조세제도 개혁을 완성하였고, 뒤이어 1446년, **그의 나이 50세, 사망하기 4년 전에**

한글을 백성들에게 반포함으로써 '한글 완성'이라는 대업을 이룬다. 청주 초정을 다녀온 지 2년 뒤이다.

세종대왕의 초정 행차 의미

세종은 안질 치료를 위해 1444년 봄과 가을 두 차례에 걸쳐 초정을 방문하면서 보여 준 세종의 모습은 한마디로 대왕의 모습 그 자체이다. **세종은 한 나라의 임금님으로서 백성을 극진히 보살피는 유교적 인본·애민 정신을 극명히 실천한다. 백성들과 소통하고 아픔을 보듬어 주는 통치자로서의 리더십과 위엄을 그대로 보여 주었다.**

세종은 초정에 가면서도 늘 자신의 행차로 백성들에게 부담을 주지 않을까 걱정하였다. 특히 가뭄이 연이어 들어 백성들의 고통이 가중되자, 1444년 가을 초정행을 두 번씩이나 취소한 뒤 여러 신하들의 간청에 못 이겨 마지못해 허락하였다. 두 차례 초정을 가고 오면서 만난 노인, 아이, 부녀자, 효자, 빈민들의 목소리에 귀 기울였다. 초정에 머무르면서도 그로 인해 고통을 받는 인근 지역 주민들을 걱정하고 위로하였다. 자신이 머무르는 청주 고을의 향교에는 책을 하사하는 등 배려하였다.

이 때문에 세종의 초정 어가 행렬은 그 규모를 최대한 축소할 수밖에 없었다. 초정 어가 행렬에 관한 기록이 없어 구체적으로 알 수 없으나, 1433년 3월 온양 어가 행렬의 경우 왕비는 연(輦)을 타고, 숙의(淑儀)는 교자(轎子)를 타고, 소용(昭容)·숙용(淑容) 두 부인과 궁인(宮人) 이하는 모두 말을 탔다. 왕세자 이하 종친·부마는 물론 의정부·육조·대간 등에서 각 한 사람씩 호종하였으니, 그 행렬은 대단하였을 것이다. 어가 행렬이 지나는 곳에는 악공들이 풍악을 연주하고, 지방관들이 나와 경계 지점에서 영접하고, 구경하는 백성들이 거리에 넘쳤다.

반면에 초정 어가 행렬은 세자가 왕과 왕비를 모시고 따라갔을 뿐이다. 대신들도 최소 인원만 호종하였다. 풍악도 자제하고 지방관들의 의례적인 인사도 최소화하였다. 온양 행차 때 효험은 없고 민폐가 많아 늘 백성에게 민망하였던 세종은 초정 어가 행렬의 경우 규모를 줄이고 의례적인 행사도 간소화하여 백성들의 고통을 최소화하고자 하였다.

통치자로서의 대왕의 모습을 잘 보여 준 사례는 또 하나 있다. 세종은 초정을 떠나 5월 5일 양지현에 머물렀다. 초정을 갈 때는 임금님의 행차를 보기 위해 원근의 백성들이 모여들어 길을 메웠으나, 환궁할 때는 사람들이 보이지 않았다. 경기도 관찰사가 임금 앞에 와서 백성들이 하소연하거나 시끄럽게 하지 못하도록 백성들의 접근을 막은 것이다. 이 사실을 확인한 세종은 백성들이 임금의 행차를 구경하는 것은 당연한 일이며, 그들의 하소연을 받아들이는 것은 백성의 불쌍함을 살피려 하는 것이라 하면서 관련자를 문책하였다.

또 다른 사례로 1448년(세종 30) 3월 28일 초정 행궁이 실화로 불탔다. 충청도 감사는 범인을 잡아 가두었으나, 이 소식을 접한 세종은 "지금 농삿달을 당하여 여러 날 옥에 가두어 두는 것은 심히 불가하니 속히 놓아 보내게 하라" 하면서 석방하도록 하였다. 이를 통해서도 세종의 백성 사랑을 엿볼 수 있다.

이와 같이 **세종은 합리적이고 정의로운 리더십을 보여 주었다. 백성들과 소통하고 교감하는 인본 · 애민 정신을 몸소 실천**하였다. 이러한 예는 세종의 통치 기간 동안 여러 사례에서 확인할 수 있다.

이는 세조와 극명히 비교된다. 세조 역시 1464년 2월 21일 세종이 왔던 청주 초정에 왔다. 이 과정에서 보여 준 세조의 모습은 포악한 군주였다. 세조는 수시로 사냥놀이를 즐겼다. 심지어 진천 길상산에서는 많은 군사를 동원하여 사냥몰이를 하였다. 사냥으로 잡은 짐승은 어가를 호종한 종친과 재신들에게 하사하였다. 어가 행렬도 장엄하였다. 이 과정에서 잘못한 자가 있으면 그 즉시 벌하였다. 세조는 행차로 인해 발생할 민폐를 염두에 두지 않고 사냥과 술자리를 즐겼다. 이는 세종과는 정반대의 모습이었다.

세종대왕을 따라 초정에 가다

세종이 위대한 왕이었다는 사실은 모두 인정하고 있다. 그러나 그 위대함이 큰 치적과 업적만으로 설명되어 공감되지 않는 부분이 많았으나, 두 차례 139일에 걸친 초정 행차 과정에서 보여 준 세종의 일상적인 모습은 그의 위대함을 보여 주고도 남음이 있다.

세종대왕이 두 차례 123일 동안 머물렀던 초정에서 그가 보여 준 민본 · 애민 정신과 실천적 자세, 합리적이고 정의로운 리더십, 안질과 맞바꾼 한글 창제의 위대함을 추체험하는 일은 의미 있는 시간이 될 것으

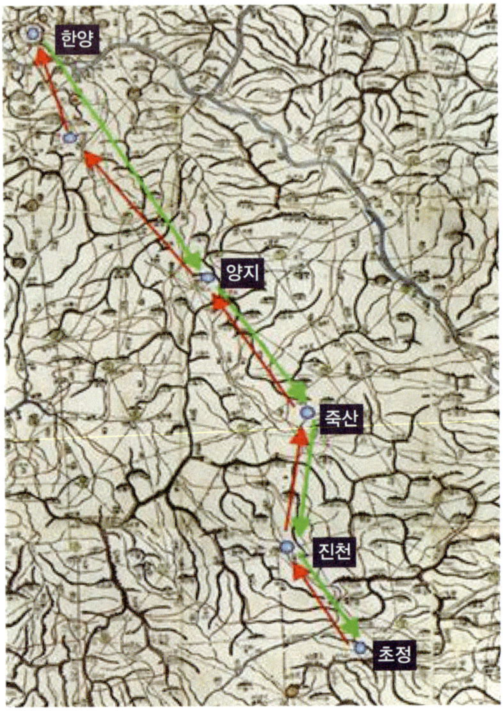

세종의 초정 행차 노선도. 두 번에 걸친 세종대왕의 초정 행차길은 하루 70~80리 가마로 이동하여 4박5일 소요되었다.

로 보인다. 또한 세종을 통해 이 시대에 필요한 참 지도자상이 무엇인지도 생각해 볼 문제이다.

세종의 어가 행렬은 한양 도성(1444년 2월 28일) → 양지현 남평(2월 29일) → 죽산현 천민천(2월 30일) → 진천현 북평천(3월 1일 → 청주 초수리(현 초정) 도착(3월 2일) 일정이었다. 『세종실록지리지』에 의하면, 한양 도성에서 죽산에 이르는 역로(驛路)는 양재(과천)–낙생(광주)–구흥(용인)–김령(용인)–좌찬(죽산)–분행(죽산)–무극(음죽)에 이르는 교통로였다. 따라서 세종을 태운 어가 행렬은 한강진을 건너 동작 → 양재 → 낙생(현 성남시 분당구 수내동) → 용인 → 양지 → 죽산을 거쳐 진천 광혜원으로 이어지는 역로를 따라 이동하였을 것이다.

당시 한양에서 진천까지의 거리는 234리였다. 그렇다면 세종 어가 행렬은 한양을 출발하여 3일 만에 진천에 도착하였으므로, 하루에 천천히 움직여 70~80리 정도 이동한 것으로 볼 수 있다.

세종을 태운 어가 행렬이 건넌 것으로 전해지는 농다리. 세종대왕이 농다리를 건넜는지 여부는 행차 노선과 지형 구조 및 전설 등을 놓고 볼 때 확실한 것으로 추정된다.

세종의 어가 행렬이 이동한 길은 지금의 17번 국도와 유사하다. 진천에서 초정에 이르는 길은 기록이 없어 정확히 알 수 없다. 진천에서 지름길로 초정에 이르기 위해서는 두 개의 큰 하천을 건너야 한다. 세종 어가 행렬 역시 두 개의 하천을 건너 초정에 이르렀다. 실제 세종의 어가 행렬도 하천을 건너기 위해 농다리를 지난 것으로 전해지고 있다.

농다리는 진천 문백면 구곡리에 있다. 우리나라에 남아 있는 가장 긴 옛 돌다리이다(충청북도 유형문화재 제28호). 김유신 또는 고려시대 임연이 축조한 것으로 전해지고 있다. 진천에서 농다리를 건너면 초평면 연담리가 나오고 이곳에서 보강천을 건너면 평지를 지나 초정에 닿게 된

일제강점기에 세워진 초정 천연탄산수 폐공장(2004). 초정의 근대 역사를 잘 말해 주는 유산으로 최근까지도 유일하게 남아 있었지만, 그 가치를 인정 받지 못한 채 사라졌다.

다. 『대동여지도』를 보면, 진천에서 초정 근처 청안을 오가는 길은 반탄(磻灘)을 경유하는 것으로 되어 있다. 반탄은 보통 진천군 초평면 연담리로 추정하고 있다. 이것으로 보아 실제 세종 어가 행렬이 전설대로 천 년의 다리 농다리를 건넜을 개연성은 높다.

진천을 지난 세종의 어가 행렬은 보강천을 건너 평지를 지나 드디어 초수리, 광천수가 나오는 지금의 초정에 닿게 된다. 세종이 머물던 행궁은 4년 뒤인 1448년에 불탔는데, 그 흔적을 찾을 수가 없다.

행궁터가 있던 곳은 청주시 북이면 선암리 주왕이 마을, 또는 내수읍 초정리 원탕 일대 두 곳으로 논쟁이 있어 왔다. 그 가운데 세종대왕이 목욕을 한 곳으로 알려진 원탕 일대가 행궁터일 가능성이 높다. 온양 행

초정 행궁터. 세종이 두 차례 123일 동안 머물던 행궁이 있었던 곳으로 추정되는 곳으로, 청주시는 앞으로 행궁을 재현할 예정이다.

궁도 온천을 끼고 있는 예를 보면, 세종이 목욕을 한 초정 행궁도 초수가 샘솟는 곳에 있었을 것이다.

초정은 세종이 다녀간 이후 크게 주목을 받지 못하였다. 세조가 1464년 2월 21일 속리산 복천사를 가는 길에 잠시 들려 하루 머문 이외에는 어떤 왕도 초정에 다시 오지 않았다. 그뿐만이 아니다. 『조선왕조실록』에 의하면, 광해군과 효종이 한 차례 초수(광천수)로 목욕을 한 예 외에는 역대 왕들이 초수를 이용한 사례도 찾아볼 수 없다.

초정 초수가 다시 큰 주목을 받은 것은 1920년대에 들어와서이다. 1921년에 충북선이 청주까지 부설되자, 일본인들이 초정 광천수를 이용하여 천연탄산수와 천연사이다 2종을 1921년 8월부터 제조 · 판매하기 시작하였다. 1930년대 후반에는 200만 상자 이상의 탄산수와 사이다를 생산하였다. 이것은 당시 동양 최대의 생산량이다. 해방 이후에는 화학 제품에 밀려 서서히 쇠퇴하여, 현재는 소량의 천연탄산수가 생산되고 있을 뿐이다.

현재 초정에는 세종이 목욕하였다는 원탕 앞에 여러 목욕탕이 운영되고 있어 초수 목욕을 즐길 수 있다. 그리고 봄마다 세종대왕의 초정 행차를 기념하여 '세종대왕과 초정약수축제'가 성대하게 열리고 있다.

그렇지만 초정 축제가 세종의 정신을 제대로 구현하고 있는지는 의문이다. 세종이 진천의 효자 김덕숭을 크게 표창하였듯이, 초정 축제에서는 효를 주제로 한 프로그램이 반드시 있어야 한다. 또는 세종이 초정 인근 노인들에게 술과 음식을 제공한 것처럼, 기로연이 열려야 한다. 그리고 두 차례나 세종이 청주향교에 책을 하사하였듯이, 책 관련 프로그램도 있어야 한다. **단지 세종대왕의 위대함을 보여 주는 것만으로는 축제의 성공을 기약할 수 없다. 세종이 초정에서 보여 준 민본, 애민, 근검, 사회적 약자 배려 등과 같은 세종의 정신과 리더십이 축제로 구현되어야 한다.** 더 나아가 세종대왕이 한글을 창제하면서 극심한 고통에 시달린 안질을 치료하고자 머문 치유의 장소성도 부각되어야 한다.

또한 청주시는 세종대왕의 초정 행차를 관광자원화하려고 세종대왕이 머문 행궁을 건립하고자 구상 중이나, 관광자원화에 앞서 무엇을 기념하고 어떻게 기념할 것인지를 진지하고 신중하게 접근해야 한다. 세종대왕이 머문 초정 행궁은 한 달 만에 완공된 소박한 초가집이었다.

세종대왕과 초정약수 축제(2017). 세종이 초정에서 보여 준 효, 민본, 근검, 사회적 약자 배려 등과 같은 세종의 정신과 리더십이 축제콘텐츠로 구현되어야 한다.

수행 인원도 최소화하였기 때문에 온양 행궁과는 비교가 안 될 정도로 작은 규모였다. 온양 행궁과는 달리 그 모습을 엿볼 수 있는 자료도 남아 있지 않다.

무엇보다도 세종대왕의 민본 · 애민 정신을 되살리고 세종대왕이 초정에서 보여 준 장소성을 살린 고도의 상상력과 창조성이 요구된다. 기념 방식도 고증이 불가능한 행궁 건립만이 능사가 아니다. 전시와 교육 · 체험이 가능한 기념관 건립이 여러모로 바람직하다. 그래야 누구에게나 공감되는 행궁 재현이 가능할 뿐 아니라, 세종대왕의 초정 행궁이 반드시 그곳에 있어야 하는 장소적 가치도 확보할 수 있다.

참고문헌

『세종실록』.

이세열, 『樵井藥水의 世宗 · 世祖行次 史料集』, 1999.

조혁연, 『세종대왕 123일의 비밀』, 청주시문화산업진흥재단, 2014.

김일환, 「조선시대 온양 행궁의 건립과 변천 과정」, 『순천향 인문과학논총』 29, 2011.

5 | 인문학의 보고, 옥화구곡을 걷다

꽃피는 옥화구곡, 거문고를 타며 산민육가를 노래하다

인문학의 보고, 옥화구곡을 걷다

지역학이 지향하고 해결해야 할 과제의 하나는 지역의 공간적 가치를 재발견하는 일이다. 지역은 여러 시간을 거치면서 문화 층위가 쌓인 켜(layer)이다. 특히 우리의 지역은 한 곳에서 대대손손 살아왔기 때문에, 지역은 숨겨진 보물상자와도 같다. 먼지 쌓인 보물상자를 열면, 시간 너머에 잠들고 있는 자취와 숨결을 만날 수 있으니, 옥화구곡이 바로 그러하다.

구곡은 조선시대 성리학을 공부하는 선비들의 이념의 공간, 철학과 사색의 공간, 문학과 풍류의 공간이다. 그런 구곡이 청주에도 있다. 바로 남한강의 물줄기인 달천의 중간에 위치한 박대천을 따라 설정된 옥화구곡이다.

그동안 옥화구곡은 크게 주목받지 못하였다. 그 이유는 유교문화 자원에 대한 무관심이다. 유교는 낡고 썩은 사상으로 치부되어, 그 유산 역시 제대로 평가 받지 못하였다. 구곡 역시 조선시대 유교문화의 산물로서, 아름다운 계곡에 붙여진 이름 이상의 의미를 찾지 못하였다.

특히 옥화구곡이 주목 받지 못한 것은 청주의 소외 지역이었기 때문이다. 옥화구곡이 있는 미원면은 공업화 바람이 비켜 간 산간지대였다. 또한 청주의 발전은 금강 물줄기가 흐르는 미호천 유역을 중심으로 이루어졌기 때문에, 한강 상류인 달천이 흐르는 미원면은 장기 지속적인 저발전의 늪에 빠질 수밖에 없었다.

그 결과 미원면은 청주의 균형 발전에서 소외된 반면, 그 대가로 자연과 전통이 잘 보존될 수 있었다. 옥화구곡도 크게 훼손되지 않은 채 오늘날까지 전해지고 있으며, 옥화구곡 주변 마을마다 산신제와 서낭제(탑제)도 전승되고 있다. 따라서 미원면의 소외와 저발전을 극복하고 지역 내 균형 발전을 도모하는 길은 지역 소외를 대가로 보존되어 있는 자연과 **전통문화의 가치를 재발견하고 문화 요소를 장소 자원화하여 공간을 재구조화**해야 한다.

현재 옥화구곡은 청주 시민의 기억 너머로 서서히 사라지고 있다. 그렇지만 **옥화구곡이 흐르는 물길 · 들길 · 산길 따라 서려 있는 발자취와 숨결은 청주의 미래 가치**를 새롭게 하고도 남음이 있다. 그것은 역사의 켜와 결을 단면화하여 바라보는 재미도 있고, 지역의 문화유전자를 새롭게 발견하는 기회도 줄 것이다. 더 나아가 숨겨진 지역의 가치를 통해 '청주'의 이미지를 아름답게 시각화하는 데도 도움을 줄 것으로 믿는다.

옥화구곡을 노래하다

옥화구곡이 만들어지다

구곡(九曲)은 팔경(八景)과 함께 대표적인 동아시아 유교문화 유산이다. 구곡과 팔경은 성리학적인 세계관이 그대로 반영된 인문 경관으로, 조선후기 수많은 지식인과 시인묵객들이 노닐던 문학과 문화 경관이기도 하다.

구곡은 중국 송나라의 대유학자인 주자(1130~1200)가 처음 설정하였다. 주자는 그가 은거하던 무이산에 있는 계곡에 구곡을 설정하고 '무이구곡'(武夷九曲)이라 하였다. 그곳은 매우 경관이 뛰어나고 아름다운 곳으로, 인간과 자연이 하나가 된 유토피아 공간이었다.

성리학이 고려에 정착하면서 자연히 구곡 문화도 전해졌다. 지식인들은 그들이 사는 곳에 주자의 무이구곡을 본떠 구곡을 설정하고 인문 경관을 감상하면서 성리학적 세계관을 펼쳐 나갔다. 특히 성리학이 뿌리내리는 15~16세기에 이르면, 성리학을 공부한 지식인들에 의해 조선 곳곳에 구곡이 설정되었다. 17세기에는 일반화되는 경향이었다.

이와 같은 추세는 옥화구곡도 마찬가지이다. 옥화구곡이 만들어지기 위해서는 기본적으로 아름다운 자연산수가 전제되어야 하지만, 설정 주체로서 성리학적 지식과 자연관을 가진 지식인의 발길이 이어져야 한다.

옥화구곡이 위치한 청주시 미원면을 흐르는 박대천 주변은 이미

15~16세기에 함양 박씨, 파평 윤씨 등이 정착해 삶의 터전을 일구어 놓은 곳이다.

함양 박씨는 15세기부터 옥화구곡이 있는 금관리와 계원리를 중심으로 삶의 터전을 일구었다. 이곳에서 태어난 박곤원(朴坤元, 1547~1607)은 이득윤의 아버지인 이잠의 문하에서 공부하였다. 그는 벼슬을 그만둔 뒤 고향으로 내려와 서당을 짓고 후학을 가르쳤다. 이것을 계기로 함양 박씨는 더욱 번창하여 오늘날까지도 옥화구곡의 대표적인 성씨로 자리 잡고 있다.

함양 박씨 다음으로 박대천 주변에 삶의 터전을 잡은 것은 파평 윤씨이다. 만둔암 윤사석(尹師晳)은 1501년 연산군에게 정치의 잘못을 극언하였음에도 듣지 않자 옥화대로 낙향하였다. 그는 옥화대에 만경정(萬景亭)이란 초가를 짓고 살면서 문인들과 교유하고 제자를 양성하였다. 그의 제자가 72명이나 되었다. 이를 계기로 후손들이 옥화대를 중심으로 옥화구곡 곳곳에 파평 윤씨 집성촌을 이루며 살게 되었다.

이런 상황에서 임진왜란 이후 정치가 혼란해지자, 이웃 마을에 살던 서계 이득윤이 옥화대로 이주하여 '옥화구곡'을 설정하였다. 이득윤은 1592년 임진왜란이 일어났을 때도 문도(門徒) 수백 명과 함께 옥화동(玉華洞)으로 들어와 독서를 한 일이 있었다.

임진왜란이 끝난 뒤 1606년에 벼슬을 그만둔 이득윤은 산림에 은둔할 생각으로 옥화동(玉華洞)으로 거처를 다시 옮겼다. 그의 나이 56살이던 1608년이다. 옥화동은 옥화구곡 가운데 5곡이다. 일찍부터 파평 윤씨

이득윤이 1608년에 은둔한 옥화대. 이득윤은 1609년에 옥화구곡을 설정하고, 5곡인 옥화대에 춘풍당과 추월헌을 짓고 학문에만 전념하였다.

들이 집성촌을 이루며 성리학적 지식 기반을 축적한 곳으로, 그의 첫째 부인 역시 파평 윤씨이다.

특히 이득윤이 옥화동으로 거처를 옮긴 것은 그곳이 마치 푸른 낭떠러지가 병풍처럼 둘러 있는 듯하고 물이 연못을 이루어 주자의 무이구곡과 같았기 때문이다. 그래서 1609년에 옥화구곡을 설정한 뒤, 주자가 무이구곡에 무이정사를 짓고 뜻을 펼친 것처럼, 옥화대 위에 춘풍당(春風堂)과 추월헌(秋月軒)이란 집과 서실을 짓고 책을 가득 채워 놓은 뒤 혼탁스러운 세상 사람들과 거리를 둔 채 학문에만 전념하였다. 당대 최고의 성리학자였던 사계 김장생과는 편지를 주고받으며 성리학과 주역에 관해 의견을 나누었다.

그는 독서하는 틈틈이 옥화구곡을 거닐면서 아름다운 삶과 자연을 '옥화육가'(玉華六歌)로 표현하였다. 그가 본 옥화대 자연의 아름다움, 삶의 즐거움은 다음과 같은 시에 잘 나타나 있다.

구름 따라 걷는 한 가닥 오솔길 갈수록 깊고
양쪽의 숲에 봄 그늘 무성하도다.
힘 없어 풀 깔고 눕자 벗도 따라 누우니
꽃 사이로 조용히 들리는 것은 온갖 새소리뿐

이 시를 통해 옥화구곡에서 신선과 같은 삶을 영위한 이득윤의 삶, 이득윤의 눈에 비친 아름다운 자연 경관을 느껴볼 수 있다. **이득윤이 발견한 옥화구곡은 그렇게 아름답고 자연과 하나가 된 몰아일체, 자연합일의 유토피아 공간이다.**

옥화구곡에 서린 풍류와 문화

1608년에 옥화대로 거처를 옮긴 이득윤이 설정한 옥화구곡이 각각 어디였는지, 각 곡의 명칭이 무엇이었는지는 현재 구체적으로 알 수 없다. 그 이후 옥화구곡 주변 마을에 살던 지역민 중심으로 옥화구곡이 오랜 시간 숙성되고 음미되면서, 옥화구곡은 인문 공간으로 자리매김되어 문학으로 형상화되곤 한다.

옥화구곡

옥화구곡을 처음 설정한 이득윤의 먼 후손인 이필영(1853~1930)은 옥화구곡 시에서 "하늘이 감춰 두고 땅이 비밀로 했던 곳에 옥화구곡이 펼쳐졌다"고 하면서 "가을 달빛 비친 구곡의 여울물에 고기 잡는 사람 감히 뱃머리 되돌리지 못한다"라는 표현을 통해 30리에 걸쳐 펼쳐진 구곡의 아름다움을 노래하였다. 이필영의 발길을 따라 옥화구곡 풍류기행을 떠나보자.

옥화구곡 제1곡은 만경대(萬景臺)이다. 그곳이 어디인지는 불명확하나, 유일한 단서는 이필영이 1900년경에 지은 다음과 같은 시이다.

일곡이라 푸른 병풍 같은 만경대,
뭇 산이 깎아지른 듯 서 있고 물이 감싸도네.
유람객을 속세의 꿈에서 깨어나게 해주는데,
문득 신령스런 구역으로 들어가니 눈이 확 트이네.

이필영이 본 만경대는 뭇 산이 깎아지른 듯 서 있어 푸른 병풍 같고 그 앞을 물이 휘감아 돌아나가는 곳이다. 또한 마치 꿈속에 본 선경처럼 눈이 확 트일 정도로 아름다운 경관을 가진 곳이다. 그래서 그의 아들 이규익(1884~1972)도 옥화구곡 시에서 갈대꽃 핀 달 밝은 밤 바라본 만경대를 신선들이 옥피리 불던 곳으로 표현하였다. 그곳은 어디였을까?

괴산군 후평리와 미원면 귀만리 사이에 있는 만경대를 옥화구곡 제1곡으로 보기도 하나, 만경대의 느낌이 없다. 오히려 이필영 부자가 그린 만경대의 모습은 지금의 박대소와 일치한다. 따라서 박대소를 옥화구곡 제1곡으로 보아야 할 것이다.

옥화구곡 제2곡은 후운정(後雲亭)이다. 후운정은 미원면 계원리 후운정 마을 입구에 있었던 정자로 지금은 터만 남아 있다. 후운정의 '운' 자는 고운 최치원을 상징한다. 전설에 의하면, 고운 최치원이 마을 뒷산 신선봉에 은거했었다고 한다. 계원이란 지명의 '계'(桂)자 역시 최치원의 문집인 『계원필경집』 계자와 동일시하고 있다. 그래서 고운 최치원의 뒤를 이어 신선이 되고자 한 꿈을 담아 정자를 지은 사람이 있으니, 그가 바로 홍석기(1606~1680)이다.

홍석기는 청주 미원면 수산리에서 태어났다. 17세기 천재 시인으로 일컬어지던 백곡 김득신, 당대 최고의 성리학자였던 우암 송시열 등과도 교유하였다. 특히 옥화구곡을 처음 설정한 이득윤의 아들 이홍유(李弘有, 1588~1671)와 손자 이만헌(李萬憲, 1622~?)과는 외척 형제지간으로 매우 절친하게 지냈는데, 서로 주고받은 글이 수백 편에 이를 정도이다.

이런 인연으로 홍석기는 여러 벼슬을 거친 뒤 1648년에 대간의 탄핵을 받아 파직되어 미원 산수리 고향으로 내려온 뒤 후운정이란 정자를 짓고 시름을 달래었다.[1] 신선봉을 등지고 있는 후운정 마을은 앞으로 화천(花川, 당시 지명)이 굽이쳐 흐르고 산수가 아름답고 한적하여 속세를 떠나 노닐 만한 곳이었다. 중요 무형문화재로 지정된 신선주 술도 이 마을에서 빚던 전통주였으니, 신선이 살 만한 곳이다.

신선이 사는 무릉도원에 지은 후운정은 마루와 온돌방이 있었고 네 벽은 도배를 하지 않았다. 두 개의 창문을 달아 아름다운 경관을 감상할 수 있게 만들었다. 지붕은 기와를 덮었는데, 그 꼭대기는 흰 돌을 갈아 덮어 마치 한 쌍의 학이 날개를 펴고 춤을 추는 것 같았다. 앞으로는 화천이 굽이쳐 흐르고 뒤로는 신선봉이 감싸고 있는 곳에 있는 후운정, 가히 신선과 노닐 수 있는 무릉도원과도 같은 곳이다. 그래서 정자 이름도 고운 최치원의 뒤를 잇겠다는 꿈을 담아 '후운정'이라 지은 것이다.

1650년대에 후운정을 지은 홍석기는 남원부사를 끝으로 다시 후운

1 후운정 건립 시기를 홍석기가 대간의 탄핵을 받고 낙향한 1648년 이후로 추정하는 것은 1659년에 홍석기가 후운정에서 이만헌을 만나 후운정 기문을 부탁한 기록에서 유추할 수 있다.

꽃피는 옥화구곡을 걷다

1 **산이 병풍처럼 펼쳐지고 물이 병풍을 감싸돌아 장관을 이루고 있는 박대소.** 이곳이 옥화구곡 1곡 만경대로 추정된다.
2 **멀리 바라다보이는 신선봉.** 신선은 찾을 길 없고 후운정 마을 이름만이 그것을 기억하고 있다.
3 **옥화구곡 제3곡 어암의 아름다운 봄 풍경.** 물고기 잡는 바위로 흰 빛을 띠고 있다. 멀리 신선봉 아래 후운정 마을이 보인다.
4 **옥화구곡 제6곡 천경대.** 바위 절벽이 시냇가를 따라 병풍처럼 펼쳐진 곳으로, 이곳에서 바라본 삼라만상이 그림 같다고 한다.
5 **옥화구곡 제7곡 오담 용소.** 깍아지른 절벽 아래에 용 모양의 바위가 있는데, 물길이 바위를 휘감고 돌아가고 있다.

정으로 내려와 여생을 마치었다. 이때 그는 각건(角巾)과 도복(道服)을 입고 날마다 후운정에서 노닐며 유유자적하였다. 때로는 30리 거리에 있는 화양동으로 송시열을 찾아가, 진리를 탐구하고 고금의 일을 담론하면서 시국의 혼란스러움을 개탄하였다. 때로는 술을 마시고 감회를 시로 표현하기도 하였다. 그렇게 송시열과 나눈 시가 거의 수백 편에 이른다. 또한 천재 시인 김득신과 옥화구곡을 설정한 이득윤의 아들 이만헌과도 후운정에서 시를 짓고 풍류를 즐기면서 자주 노닐었는데, 지금도 두 사람이 지은 후운정 기문이 남아 있다.

이것으로 보면 옥화구곡을 처음 설정할 당시 옥화구곡의 제2곡은 후운정이 아니었다. 이득윤의 아들과 손자인 이홍유와 이만헌, 홍석기 등이 남긴 문집 어디에도 옥화구곡에 관한 언급이 없다. 오늘날 알려진 옥화구곡 아홉 곡의 위치와 명칭은 후대, 적어도 이득윤의 먼 후손인 이필영 부자가 옥화구곡 시를 짓는 1900년 전후에 완성된 것으로 보아야 한다.

옥화구곡 제3곡은 어암(漁岩)이다. 어암은 물고기 잡는 바위로 흰 빛을 띠고 있었다. 어느 날 아이들이 석양 멀리서 부르는 소리에 잠을 깬 이필영의 눈에 비친 어암은 "노에 기대어 어부가 한낮에 단잠을 자고 백조 한 쌍이 날아가는" 평화로운 곳이었다.

옥화구곡 제4곡은 호산(壺山)이다. 물길이 병모양으로 굽이치면서 형성된 곳으로 암벽으로 이루어져 있다. 깍아지른 절벽이 수백 미터 이어지고 양쪽으로 물길이 흐르는 지형 구조이다. 이곳은 마치 인적이 드

물고 꽃이 만발한 무릉도원과 같은 심산유곡인지라, 호산을 찾은 이필영은 "꽃을 꽂고 버들개지 노래하느라 겨를이 없네"라고 표현하였다. 접근성이 떨어지나, 옥화구곡 가운데 절경을 이루는 곳이다.

옥화구곡 제5곡은 옥화구곡을 설정한 이득윤이 1608년에 자리를 잡고 춘풍당과 추월헌이란 집과 정자를 지은 옥화대이다. 이득윤이 5곡인 옥화대에 집을 지은 것은 주자가 무이구곡 5곡에 정사를 지었기 때문이다. 그러므로 5곡은 구곡의 중심 공간으로, 옥화대 역시 옥화구곡에서 가장 핵심 공간으로 자리잡고 있다.

이득윤이 당(堂)과 헌(軒)의 이름을 각각 봄바람 '춘풍'(春風)과 가을 달빛 '추월'(秋月)이라 지은 것도 오곡이 중앙에 위치해 있어 사계절을 한 눈에 볼 수 있고 전체를 구비한 아름다운 경관이기 때문에, 봄과 가을 춘추 두 글자를 택해 음양의 조화를 꾀한 중용의 이름을 지은 것이다. 그곳은 옥화구곡의 중심부이자 청풍명월의 상징 공간이었다.

그 때문에 옥화대에는 자취를 알 수 있는 문화유산이 많이 남아 있다. 먼저 숙종대인 1696년(혹은 1717년)에 건립된 옥화서원이 있다. 이곳에는 옥화구곡에서 성리학과 유교문화를 진흥시킨 이득윤(1553~1630), 박곤원(1447~1607), 윤승임(1583~1699), 윤사석(?~?) 4명이 배향되어 있었으나, 지금은 윤사석을 제외한 3명만 제향을 올리고 있다. 또 옥화대를 거쳐 간 성리학자들이 세운 정자 3개가 중수 또는 복원되어 있다. 윤사석이 건립한 것으로 전해지는 만경정(萬景亭), 이득윤이 1609년에 건립한 추월정(秋月亭), 윤승임이 1646년에 세운 세심정(洗心亭)이 있다. 이들 정자는 서원과 함께 옥화대의 역사 문화를 그대로 보여 주고 있다. 그 밖에 파평 윤씨 후손들이 입향 시조인 만돈암 윤사석을 기리기 위해 설립한 경모사(景慕祠) 사당도 있다. 1909년 10월에는 의병장 한봉용 등 5명이 미원 헌병분견소 정찰대 4명을 저격한 일도 있었다.

또한 조선후기 김득신·송시열 등을 비롯한 많은 성리학자와 시인 묵객들이 옥화대를 찾아 글을 남긴다. 그 가운데 우암 송시열이 옥화대 주인이라 할 수 있는 윤승임을 위해 써준 글이 있는데, 당시 옥화대의 모습을 엿볼 수 있다.

옥화구곡 제6곡은 천경대(天景臺)이다. 옥화대 건너편 물가 오른쪽에 위치해 있다. 바위 절벽이 시냇가를 따라 병풍처럼 펼쳐진 이곳에서 바라보는 자연 경관이 빼어났다고 한다. 그래서 이필영은 천경대에서 바라본 삼라만상이 마치 그림 같다고 그의 옥화구곡 시에서 읊고 있다.

옥화구곡 제7곡은 오담(鰲潭)이다. 청주시 미원면 옥화리와 운암리 경계 지점에 있다. 이곳은 깍아지른 절벽 아래에 용 모양의 바위가 있는데, 물길이 바위를 휘감고 돌아가면서 깊은 못이 만들어져 있다. 그래서 이필영은 그의 옥화구곡 시에서 "깊고 깊은 오담에서 파르스름한 아지랑이 물방울이 피어오른다" 고 하였다. 그의 아들 이규익 역시 옥화구곡 시에서 "여울물 푸른 웅덩이로 흘러들고 찬 물결 땅 가득 푸른 아지랑이 피어오른다" 고 오담의 모습을 문학적으로 형상화하였다.

옥화구곡 제8곡은 인풍정(引風亭)이다. 청주시 미원면 운암리에 있었던 정자로, 지금은 없어졌다. 이곳에서 바라본 풍광은 10리나 될 정도로 앞이 탁 트이고 청색을 띤 돌다리가 있었다. 또한 지형상 바람이 잘 부는 곳이었다고 한다. 그곳이 과연 어디였을까? 지금은 인풍정 마을만 남아 있을 뿐 그 자취를 찾을 수 없다.

옥화구곡 제9곡은 봉황대(鳳凰臺)이다. 이곳은 보은군 내북면 봉황리에 속해 있다. 봉황이 깃들어 산다는 전설이 전해지고 있다. 이필영은 옥화구곡 시에서 봉황대를 보고 펼쳐진 경관이 넓디넓은 화폭과 같다고 하였다.

이와 같이 **옥화구곡은 30리에 걸쳐 제1곡 만경대에서 제9곡 봉황대까지 달천 물줄기를 따라 펼쳐져 있다.** 그곳은 시내를 따라 기암괴석으로 이루어진 절벽, 푸른 물줄기가 굽이치면서 만들어진 아름다운 못, 물결과 물빛과 어우러진 바위로 이루어져 수많은 시인묵객들의 눈길과 발길을 묶어 두곤 하였으니, **자연미가 문학 예술미로 승화된 것이다.**

이러한 옥화구곡은 1609년에 설정된 이후 적어도 근대화의 바람이 불기 전인 20세기 전반까지도 유지되었던 것으로 보인다. 그러다 서구화의 영향으로 구곡의 전통이 끊기고 관심이 멀어졌다. 청원군은 1990년에 옥화구곡을 다시 설정하면서 '옥화구경'이라 하였다.

'옥화구경'은 기존의 구곡 가운데 3곳만이 일치할 뿐이다. 그 이유는 옥화구곡 가운데 후운정과 인풍정이 없어지고, 미원면 소재가 아닌 만경대와 봉황대를 제외하였기 때문이다.

'옥화구경'을 새로 설정한 것은 나름 타당하지만, 기존의 구곡과 구별하기 위해 구경이라 한 것은 잘못이다. 구경이란 용어는 철학적으로

1990년에 새로 설정한 옥화구경

구분	명칭	위치	경관 특성	인문 자원	비고
1경	청석굴	운암리	석굴, 소	용 전설	
2경	용소	운암리	바위, 소, 계류		옥화구곡 7곡 오담
3경	천경대	옥화리	기암, 반석, 계류		옥화구곡 6곡 천경대
4경	옥화대	옥화리	기암, 반석, 숲	정자(세심정, 추월정, 만경정), 옥화서원, 서낭탑, 산신각	옥화구곡 5곡 옥화대
5경	금봉	월용리	산봉우리, 절벽		옥화구곡 4곡 호산
6경	금관숲	금관리	숲	박준덕 부부 효열각	
7경	가마소뿔	어암리	반석, 계류, 물빛	신랑신부 설화	
8경	신선봉	계원리	산	최치원 전설 서낭탑, 산신각	
9경	박대소	어암리	계류, 소, 물빛		옥화구곡 1곡 만경대

나 문화사적으로 성립되지 않는다. 전통적인 산수문화 경관 개념은 팔경이지, 구경이란 용어를 쓸 수 없다. 구곡을 구경이라 하는 것은 전통적인 장소성과 정체성을 상실한 것이다. 따라서 **'옥화구경'은 400년의 전통을 이어받아 '옥화구곡'으로 명칭을 변경해야 한다. 그래야 자연 경관과 인문적 가치는 물론 지난 400년의 역사 숨결과 이야기가 스며 있는 구곡의 위상을 제대로 평가** 받을 수 있을 것이다.

옥화구곡에서 학문과 예술을 꽃피운 사람들

옥화구곡에서 주역과 거문고를 노래한 이득윤

청주 지역에 성리학이 유입된 것은 고려말부터이지만, 뿌리를 내린 것은 16세기에 들어와서이다. 성리학을 청주에 뿌리 내린 주체는 이른

바 '낭성팔현'으로 불리어지는 8명의 유학자들이다. 이들은 청주에서 각자 특정 지역을 거점으로 학문적 교류와 혼인 등을 통해 상호 인연을 맺으며, 향약을 시행하고 신항서원을 창립하는 등 성리학에 기반을 둔 지역사회를 구축하는 데 큰 공헌을 한 인물들이다. 이들 8명 가운데 하나가 북이면과 미원면에 기반을 둔 경주 이씨 이득윤이다.

이득윤이 옥화구곡과 인연을 맺게 된 것은 그의 선대가 미원면 가양리 수락동에 정착하였기 때문이다. 이득윤의 증조할아버지 이공린은 연산군 때 유배되었다가 풀려나 그의 처 고향인 청주 수락동(현 미원면 가양리)으로 내려와 여생을 보냈는데, 그의 막내아들 이곤이 대를 이어 수락동에 살았다. 이곤은 이른 나이에 사망하였으나, 그의 아들 이잠(1528~1575)이 수락동에서 학문에 전념하여 1567년(선조 1년)에 진사가 되었다. 그럼에도 벼슬에 나아가지 않고 청주 북이면 석화리로 거처를 옮겨 학문을 연구하고 후학을 가르치는 데 전념하였다.

이잠은 성리학 지식이 깊어 율곡 이이 등과 교유하면서, 서당을 세워 71명에 이르는 후학을 양성하였다. 이곳을 왕래하면서 수학한 인물도 22명이나 되었다. 그 가운데 과거 급제자가 10명, 사마시 입격자가 19명이나 나올 정도였다.

그런 아버지에게서 성장한 이득윤은 자연히 성리학을 깊이 공부하지 않을 수 없었다. 7살 때부터 아버지에게서 성리학을 공부하여 어린 나이에 뛰어난 학문 수준을 보였다. 1570년에는 18살 어린 나이에 낭성팔현의 한 사람인 조강 · 변경수와 함께 충청도에서 두 번째로 유정서원

(현 신항서원)을 창건하는 데 참여하였다.

그 뒤 36살이 되던 1588년에 진사시에 입격하였다. 그럼에도 아버지처럼 관직에 나아가지 않고 학문 연구와 강학 활동에만 전념하였다. 그의 제자가 이덕수 · 이시발 · 홍석기를 비롯해 28명이나 되었고 과거 급제자도 9명이나 된다. 청주는 물론 충주 · 제천, 충남 연기 · 회덕, 서울, 전라도 임실 등지에서도 찾아와 그에게 배움을 청하였을 정도이다.

이득윤은 임진왜란이 일어나자 제자들과 함께 옥화동 안심곡(安心谷)으로 거처를 옮겨 동서재(東西齋)를 짓고 독서와 강학에만 몰두하였다. 그의 나이 45살이었던 1597년에는 북이면 석화리에서 선대가 터를 잡은 미원면 수락동으로 거처를 옮기었다. 모친상을 당해 시묘살이를 하기 위해서이다. 시묘살이를 하면서도 시냇가 옆에 완역재(翫易齋)라는 글집을 지어놓고 학문, 특히 역학에 매진하였다.

그는 주역에 매우 밝은 인물이다. 임진왜란이 한창이던 1594년 선조가 "선비 가운데 역학을 하는 자가 있는가"라고 하니, "청주 사람 이득윤이 역학을 알고 있습니다"라는 답변을 들었을 정도이다. 그래서 1602년에 선조의 명으로 『주역』에 주를 다는 프로젝트가 추진되었는데, 이때 이득윤이 발탁되어 참여하였다. 그는 당대 최고의 역학자이자 『주역』에 능통한 인물이었다.

이득윤은 주역 프로젝트에 참여한 공로로 여러 벼슬을 제안 받았으나, 모두 뿌리치고 다시 미원으로 내려와 학문 활동에만 전념하였다. 그러다 1604년에 의성현령에 제수되어 선정을 베풀어 선조 임금으로부터 옷 선물을 받기도 하였으나, 1606년에 사직하고 청주 미원으로 다시 내려왔다.

그는 벼슬을 그만둔 이후 전원생활을 꿈꾼다. 드디어 1608년 광해군이 즉위하자 정치에 환멸을 느끼고 은둔하고자 찾은 곳이 바로 옥화동이었다. 옥화동으로 거처를 옮긴 이득윤은 중국 송나라 주자가 그랬던 것처럼 1609년에 옥화구곡을 설정하고 오곡에 춘풍당과 추월헌이라는 정사를 짓고 그곳에 은거하면서 이상적인 선비의 삶을 살고자 하였다. 이곳은 이미 15세기 최고의 성리학자 가운데 한 사람이었던 충암 김정(1486~1521)도 3년 동안 머물렀던 곳이다.

옥화동으로 은둔한 이득윤은 당시 충청도 최고의 성리학자로 평가받던 김장생과도 서신 교류를 통해 태극도와 역학에 관한 토론을 벌였다. 또한 여러 번에 걸친 고사에도 불구하고 청주 지역 유림들의 강력 천거로 유정서원(현 신항서원) 원장을 맡았다. 1617년에는 김장생이 이득윤이 머물던 미원 수락동 완역재로 찾아와 맹자에 관해 논했을 정도로, 이득윤의 성리학과 역학 수준은 대단하였다. 그는 학문 연원을 주자에게 두면서 이황을 가장 모범적인 학자로 보았다.

특히 주목되는 것은 이득윤이 옥화대에 머물면서 거문고에 심취하였다는 점이다. 그는 독서를 하다 「악기」를 읽고 음악에 관심을 갖던 중 이웃사람이 가져다 준 거문고 악보책인 『양보』(梁譜)를 보고 주역의 원리가 음악의 악보와 일치함을 깨달았다. 그래서 직접 오동나무를 베어 거문고를 만들어 운율을 시험하고 금명(琴銘)을 지었는데, **"주역은 소리**

1609년에 옥화구곡을 설정한 이득윤이 세운 추월정. 이득윤이 주역을 읽는 소리와 거문고 소리가 들려오는 듯하다.

없는 거문고요, 거문고는 바로 소리 있는 주역이다"라고 하였다. 거문고에서 주역의 원리를 발견한 것이다. 주역은 팔괘를 통해 우주만물의 이치를 담아내고 거문고는 석 자 크기의 다섯 내지 일곱 줄에 우주만상의 이치를 담아내는 것으로 보았다.

옥화대 정자에서 거문고를 타는 이득윤! 그는 거문고를 타면서 "펼치면 양이 되고 합하면 음이 되어 한 번 당기니 깊이 양의(兩儀)의 소리와 부합되네"라고 하면서 감회를 읊고 있다. 양의란 음양의 조화이다. 세상만물과 현상이 음양의 조화이듯이, 거문고 역시 음양의 조화를 통해 오묘한 소리가 나는 것이다. 그에게 있어서 거문고는 곧 우주가 담겨 있는 주역책이다. 그래서 거문고에 관한 글을 수집 · 정리하여 한국 음악사에서 길이 남을 『현금동문류기』(玄琴東文類記)라는 책을 남겨 오늘날까지 전해지고 있다.

이렇게 **거문고 소리에 젖은 옥화대는 우주의 중심이자 세상의 모든 소리가 퍼져 나가는 울림통이었다. 옥화구곡이 자연 공간에서 인문 공간으로, 인문 공간에서 예술 공간으로 승화된 것이다.**

평생 역학과 거문고에 심취한 이득윤은 1624년 그의 나이 72세에 괴산군수를 역임하였다. 이때 괴산군민의 폐단을 시정하고 향약법을 시행하여 백성의 윤리를 돈독히한 뒤, 미원 수락동으로 은퇴하였다. 이곳에서 말년을 보낸 뒤 78세인 1630년에 당대 최고의 역학자답게 죽음을 순리로 받아들이면서 세상을 떠났다. 현재 그의 묘소는 미원면 가양리에 있으며 신항서원과 구계서원 · 옥화서원에 배향되어 있다.

시와 노래로 삶을 아름답게 수놓은 선비 이홍유

이홍유는 옥화구곡을 설정한 이득윤의 아들이다. 아버지를 따라 옥화대에 가서 글을 배웠다. 주로 청주 미원면 가양리와 북이면 석화리에서 살았다. 그가 남긴 문집인 『둔헌집』(遯軒集)에 실린 명승지가 주로 화양동, 남석교, 선유동, 문장대, 상당산성 등이다. 그 밖에 옥화대, 옥화정사, 후운정 등도 등장하는 것으로 보아, 어린 시절 인연을 맺은 옥화구곡도 오가며 시를 짓고 자연을 노래하였다.

그는 청주의 아름다움을 노래한 시인으로, 남들이 다 탐하는 벼슬

살이에 큰 관심을 기울이지 않고 평생 은둔의 삶을 산다. 그래서 호도 둔헌(遯軒)이다. 그에게 부귀영화보다 더 소중하였던 것은 자연과 함께 청정하면서도 담백한 삶을 사는 것이었다. 안빈낙도(安貧樂道)를 실천하고 도학과 예술이 일치하는 삶을 살았던 전형적인 선비이다. 또한 할아버지 · 아버지 대를 이어 청주 지역 산장(山長)을 맡은 것으로 보아, 청주 지역 산림(유림)을 대표할 만큼 학문 실력과 인품을 지닌 인물이다. 그는 당대 최고의 성리학자인 우암 송시열과 동춘당 송준길, 당대 최고의 시인 백곡 김득신, 신독재 김집, 지천 최명길 등과도 활발한 교류가 있었다.

그러나 그가 진심으로 벗한 것은 자연과 함께 하는 시와 거문고와 노래였다. 그는 수백 편의 시를 남겼다. 모두 자연을 노래한 시이다. 시 소재도 주로 국화, 달, 매화, 복숭아꽃, 살구, 앵두, 소나무, 구름, 버드나무 등으로 아주 평범하면서도 질박한 표현으로 자연을 노래하였다. 그것은 다음과 같은 시가 잘 말해 주고 있다.

> 생계는 담박하나 마음은 절로 편안하고
> 본디 부를 바라지 아니하여 영예도 없어라.
> 풍월강산에 남들이 상관하지 않아서
> 내가 오로지 받을 수 있으니 그 누가 다투리. (하략)

자연과 벗하며 유유자적 살아가는 이홍유에게 또 다른 벗이 되어준 것은 거문고이다. 거문고는 이미 아버지가 악보를 집대성해 놓은 것이 있는데다 거문고에 심취한 아버지 밑에서 성장하였기에 자연히 가까이할 수 있었다. 특히 **선비들에게 있어서 거문고는 단순한 악기가 아니다. 그것은 수행과 소통의 수단이며 자신의 굳건한 기개와 절조를 지키는 마음의 표현이었다.**

이렇게 시를 짓고 거문고를 타며 일생을 보낸 그가 부른 노래는 '육가'(六歌)라는 시조였다. 거문고는 시와 음악을 결합한 것이나, 한시는 글로 표현할 뿐 부르거나 악기로 탈 수가 없었다. 입으로 부르기에 좋은 것은 한글로 된 시조였다.

육가는 17~18세기 유행하던 연작 시조이다. 크게 나누어 두 종류가 있다. 하나는 속세를 떠나 자연과 벗하며 세상을 비판한 육가와, 또 하나는 성리학적인 도학의 풍취를 시적으로 표현한 육가였다. 전자는 옥화구곡을 설정한 이득윤의 선대부터 이어져 온 전통이었고, 후자는 전자를 비판하여 퇴계 이황이 지은 「도산12곡」이 그 예이다.

이득윤은 집안의 육가 전통을 이어받아 「서계육가」와 「옥계육가」를 지었다. 그의 아들 이홍유 역시 속세를 떠난 회포를 시조로 풀고자 「산민육가」(山民六歌)를 지어 마음을 달래었다. 이는 이별의 「장육당육가」, 이정의 「풍계육가」, 이득윤의 「서계육가」와 「옥화육가」 등 4대째 경주 이씨 집안에서 연이어 내려온 육가 창작이다. 5수 가운데 1, 2수는 다음과 같다.

이 몸이 한가(閒暇)하여 산수 간(山水間)에 절로 늙어
부귀공명을 뜻밖에 잊었으니
차중(此中)에 청유(淸幽)한 흥미를 혼자 좋아하노라.

조그만 이 내 몸이 천지 간(天地間)에 혼자 있어
청풍명월(淸風明月)을 벗 삼아 누웠으니
세상의 시시비비를 나는 몰라 하노라.

이를 통해 속세를 떠나 청풍명월을 벗 삼아 한가롭게 살아가는 이홍유의 심정을 읽을 수 있다. 이홍유는 세상을 탐하지 않고 청주 미원 수락동과 부친이 설정한 옥화구곡 시냇가에서 노닐며 자연과 벗 삼아 살아갔다. 그는 그 시대 진정한 청풍명월인이었다.

조선 최고의 여성 성리학자 윤지당 임씨를 길러낸 옥화구곡

옥화구곡의 중심 공간인 옥화대는 파평 윤씨 집성촌으로, 윤사석이 연산군의 폭정을 피해 낙향한 이후 성리학적 지식 기반이 갖추어진 곳이다. 특히 1608년에 이득윤이 은거하여 옥화구곡을 설정한 이후 더욱 학문과 문학 및 풍류 공간으로 자리잡아 나갔다.

이득윤의 뒤를 이어서는 그의 제자인 윤승임(尹承任, 1603~1688)이 옥화대에서 학문의 꽃을 피웠다. 윤승임은 옥화구곡을 설정한 이득윤의 문하에서 성리학을 공부하였다. 그가 6살이었던 1608년에 이득윤이 옥

화대로 은거하자 어린 나이에도 새벽부터 밤늦게까지 이득윤 밑에서 글 공부를 하였다고 한다. 그래서 그의 성리학 공부는 일취월장하여 도학을 연구하고 후학을 양성하여 청주 지역 사림의 종장이 되었다.

여러 벼슬살이를 거쳐 옥화대로 낙향하니, 스승이신 이득윤의 자취는 없고 잡초만 무성하였다. 그래서 스승의 뒤를 잇고자 잡목을 베고 계단을 수리하여 집을 지었다. 그것이 1646년에 세운 세심정으로 보인다. 윤승임은 아침저녁으로 세심정에 올라 옥화대 주변의 아름다움을 즐기면서 삶을 마감하였다. 이는 우암 송시열이 윤승임을 위해 써준 옥화대명(玉花臺銘)에 잘 나타나 있다.

윤승임의 뒤를 이어 옥화대가 낳은 꼭 기억해야 할 인물은 조선시대 최고의 여성 성리학자로 평가 받고 있는 윤지당(允摯堂) 임씨(1721~1793)이다. 그는 남성 중심의 유교 문화가 뿌리내린 조선 사회에서 어느 남성 성리학자들보다도 뛰어난 수준의 성리학 사상과 문학적 소양을 보여 준 인물이다.

윤승임이 1646년에 세운 세심정. 몸과 마음을 갈고 닦아 지극한 선에 이르고자 한 선비의 마음을 바람결에 느낄 수 있는 곳이다.

윤지당이 옥화구곡과 인연을 맺은 것은 집안 내력 때문이다. 그의 집안은 당대 최고의 노론 명문가였으나, 청주에서 이인좌 반란사건이 터진 1728년에 부친이 전염병으로 죽은 이후 가세가 급격히 기울었다. 그래서 부친이 죽기 전에 집과 전답을 마련해 둔 청주 옥화대로 1729년에 이사를 할 수밖에 없었다. 그의 나이 9살 때였다.

옥화대로 이사를 온 것은 그녀의 어머니가 파평 윤씨였는데, 옥화대에 터전을 마련하고 있는 파평 윤씨와 인연이 있었기 때문이다. 옥화대는 이미 파평 윤씨 집성촌이 형성되어 있었고 옥화서원이 있어 성리학 공부를 이어갈 수 있었다.

어린 윤지당에게 성리학을 가르친 것은 그녀와 10살 차이인 친오빠 임성주(1711~1788)였다. 충북 청풍에서 태어난 그는 조선 성리학의 6대가로 불리어질 정도로 뛰어난 대학자이다. 임성주는 "16살 때 율곡의 말을 보고서 하늘과 인간이 하나가 되는 묘법을 알았고 큰 뜻을 세웠다"라고 할 정도로 성리학을 열심히 공부한 결과, 한국 유학사에서 주기설(主氣說)인 기일원론(氣一元論)을 주장하여 독보적인 기철학을 세운 인물이다.

그는 19살이던 1729년에 옥화대로 내려와서도 제사 올리고 홀어머니에게 효성을 드리는 일 외에는 오로지 유학 경전을 강독하고 침잠하여 연구할 뿐이었다. 1736년에는 큰 형 임명주와 함께 옥화대에서 『거가의절』(居家儀節)이란 책을 짓고 실천하였다. 사실상 임성주의 학문 기반은 19살부터 27살까지 기거하였던 옥화대에서 다져졌다. 이들 형제가 성리학에 몰두할 수 있었던 것은 1728년에 일어난 이인좌 반란사건으로 청주 지역이 어수선하였기 때문이다.

임성주는 성리학 공부를 하는 틈틈이 어린 동생들을 가르쳤다. 동생들 중에는 조선후기에 진취적인 경세관을 피력한 막내 동생 임정주(任靖周, 1727~1796)도 있었으나, 그는 나이 2살 때 옥화대에 왔기 때문에 주로 여동생인 윤지당에게 공부를 가르쳤다. 임성주는 윤지당에게 여러 유학 경전과 역사책을 가르쳐 주었으며, 동양 최고의 모범적인 여성이 되라는 뜻에서 윤지당이란 호를 지어 주기도 하였다.

윤지당은 어려서부터 성품이 침착하고 근면하였다. 매우 총명하여 성리학을 쉽게 익혔으며, 그 수준이 높아 주위 사람들의 사랑을 받았다. 옥화대에서 공부는 늘 다른 형제들과 함께 하였다. 형제들과 성리학 내용을 토론할 때면 인물과 정치의 잘잘못을 논평하고 당당히 자기 의견을 개진하였다.

그녀는 17살인 1737년에 여주로 이사를 가서 옥화구곡을 떠났지만, 사실상 윤지당의 성리학적 학문 기반은 9살부터 17살까지 8년 동안 살았던 옥화대에서 형성되었다고 해도 과언이 아니다. 훗날 윤지당은 어린 시절을 회상하며 다음과 같이 말하고 있다.

> 내가 조금이나마 수신하고 죄와 허물에 빠지지 않게 된 것은 오빠의 가르침 덕분이다. 남녀가 비록 행하는 것은 다르다고 하지만, 하늘이 부여한 성품은 일찍이 같기 때문에, 경전을 공부하다가 그 뜻에 의문점이 생기면 오빠가 반드시 친절하게 가르쳐 주어 내가 완전히 깨우친 다음에야 그만두셨다.

이와 같이 윤지당은 여성으로서의 삶을 인정하면서도 본래의 성품은 남자와 동일한 것으로 생각하고 그 본성의 이치를 깨닫기 위해 학문에 정진하였다. 그것이 남성 중심 사회에서 윤지당이 독보적인 여성 성리학자가 될 수 있었던 철학이었다.

윤지당이 여주로 이사를 갔지만, 옥화대 집은 그대로 있었다. 실제 임성주는 1742년 12월 옥화대로 내려와 새벽부터 밤늦게까지 성리학 공부를 한 일도 있었다.

1737년에 옥화대를 떠난 윤지당은 2년 뒤에 원주로 시집을 갔으나, 결혼 생활은 불운하였다. 남편은 결혼한 지 8년 만에 죽고, 아이도 일찍 죽어 슬하에 자식이 없었다. 게다가 시아버지도 일찍 죽고 양가와 친가 두 시어머니를 모시면서 힘든 생활을 이어 갔다. 그럼에도 낮에는 며느리로서 모범적인 여성상을 보이면서도, 밤에는 책을 놓지 않았다. 수시로 글도 쓰고 오빠·동생들과 편지를 주고받으며 의견을 나누었다.

이렇게 힘든 시집살이를 하면서도 열정과 인내심을 가지고 독서와 글쓰기를 이어가다 73세인 1793년에 삶을 마감하였으니, 조선시대 최고의 여성 성리학자로 평가 받고 있다. 심지어 윤지당이 없었다면, 조선 오백 년 동안 성리학은 남성의 전유물이 되었을 것이라고 할 정도이다. 이이와 이황의 학설을 서슴없이 비판하였을 뿐 아니라, 당시 남성의 전유물인 성리학을 여성의 시각으로 연구하고 글을 남겼다. 그가 남긴 『윤지당유고』는 여성의 손으로 쓰여진 조선 성리학 연구의 금자탑으로 평가받고 있다.

이를 기념해 묘소가 있는 원주시에서는 윤지당 기념 사업이 활발히 이루어지고 있다. 2007년부터 매년 '윤지당 얼 선양 헌다례'가 개최되고, 2015년에는 임윤지당의 얼을 기리기 위해 임윤지당선양관이 원주여성공원 옆에 건립되어 있다.

임윤지당선양관(강원도 원주시)

반면에 10대 때 8년 동안 성리학 학문 기반을 다진 청주 옥화대에서는 그를 기억하지 못하고 있다. **윤지당을 기억하는 일은 역사 무대에서 여성성을 복권하는 것이자 남성 전유물로 인식하였던 성리학 분야에서 여성의 지평을 여는 것으로, 윤지당의 학문 기반이 형성된 청주 옥화대의 장소적 가치는 매우 크다.** 청주 옥화대에서도 그를 기억하고 기념할 만한 충분한 가치가 있다.

옥화구곡 공간의 재발견

구곡은 중세 동아시아를 대표하는 유교문화의 결정체로서, 지식인들의 자연관과 문학관, 미학과 예술이 반영된 인문 경관이다. 그 때문에 구곡은 중국을 비롯해 한국에서 성리학에 기반을 둔 자연 경관을 상징하는 대표적인 문화기호였지만, 서구 근대화의 물결에 밀려 오늘날 대부분 파괴되거나 그 가치가 퇴색되어 급격히 사라지고 있는 실정이다. 옥화구곡도 예외가 아니다.

옥화구곡은 30리에 걸쳐 제1곡 만경대에서 제9곡 봉황대까지 달천 물줄기를 따라 펼쳐져 있다. 그것은 유유히 무심하게 흐르는 자연의 물줄기를 인문의 물줄기로 만든 것이다. 그런 의미에서 **옥화구곡은 달천이 흐르는 자연 공간을 인문문화 공간으로 바꾼 문화 매개체이다.**

옥화구곡은 단순히 9개의 곡으로 끝나는 것이 아니다. 1609년에 설정된 이후 400년 동안 형성된 역사의 층위와 그 사이에 스며 있는 철학과 문학과 문화가 있다. 그것은 400년 전체를 하나의 시 · 공간으로 바라보아야만 발견할 수 있는 역사문화유산이자, 현존하는 실체이다.

옥화구곡이 물성화된 하나의 유산을 넘어 현존하는 삶의 실재 공간으로 자리매김되기 위해서는 우선 옥화구곡의 시간성과 그 유산, 옥화구곡이 펼쳐진 마을에서 살아온 사람들의 삶의 이야기와 그 흔적들, 다른 지역과의 비교를 통해 확인된 차별화된 장소성 등이 종합적이고 유기적으로 인식되어야 한다. 그래야 옥화구곡 400년의 스토리를 읽고 들을 수 있다.

우리나라 대부분의 구곡은 산간 계곡을 따라 설정되어 훼손되거나 잊혀졌으나, 옥화구곡은 끊임없이 사람들과 호흡하며 전승될 수 있었다. 그 이유는 옥화구곡이 다른 구곡처럼 산간 계곡에 설정되지 않고 완만한 물길을 따라 형성되어 마을과 함께하였기 때문이다. 옥화구곡의 존재는 마을과 떼어 놓을 수 없는 존재이다.

옥화구곡에는 모두 6개의 행정리와 31개의 자연마을이 있다. 그 가운데는 15~16세기부터 형성된 파평 윤씨, 함양 박씨, 경주 이씨 등의 집성촌이 있을 뿐 아니라, 옥화리 · 계원리에서는 현재까지 이어지고 있는 오랜 전통의 탑신제를 통해 민속적 제의와 신앙심을 엿볼 수 있다. 이것은 옥화구곡과 별개가 아니라 옥화구곡과 함께한 사람들의 숨결이 고스란히 스며 있기 때문이다.

따라서 **옥화구곡은 9개의 점으로 인식해서는 안 된다. 9개의 점과 점을 물줄기 선으로 잇고, 다시 주변의 마을과 연계하여 하나의 공간으로 바라보아야만 한다.** 이러한 인식은 옥화구곡의 문화사적 존재가치를 새롭게 한다. 옥화구곡 주변 마을 사람들의 장소성과 정체성을 강화하여 내가 사는 곳의 아름다움을 재발견하고 장소 자존감을 높여 줄 것이다. 그러할 때 400년에 걸쳐 축적된 옥화구곡의 문화원형을 바탕으로 지역 중심, 주민 중심의 발전을 기약할 수 있다.

이와 같은 사례는 지역 안에서 얼마든지 찾아볼 수 있다. 그런 곳은 특정 문화유산이 있는 곳만이 아니라, 장터, 골목길, 마을 등 어느 곳에

나 있다. **지역의 여러 장소에서 수백 수십 년의 시간 속에 숨겨진 스토리를 발굴하고 현재와의 연결고리를 찾아내야 한다. 그 징검다리 역할을 하는 것이 지역학, 청주학이라 할 수 있다.**

참고문헌

김재임, 「임윤지당의 삶과 사상」, 『한문고전연구』 9, 2004.

박구원, 「옥화구경의 관광자원적 발전 특성연구」, 『경상논총』 6-1, 2013.

이상주, 「옥화구곡과 옥화구곡시」, 『충북학』 3, 충북학연구소, 2001.

조영임, 「서계 이득윤과 그의 시세계」, 『동방학문학』 37, 2008.

______, 「둔헌공 이홍유의 시세계」, 『충북학』 15, 2015.

6 | 이인좌 난의 기억과 지역의식

전통과 관행은 보존과 함께 파괴의 아름다움이 있어야 한다

이인좌 난의 기억과 지역의식

현재의 지역은 시 · 공간이 응축된 결과물이다. 그 때문에 시간이 만들어 낸 지역의 고정 관념과 편견, 왜곡된 역사의식, 낡고 병든 지역의식 등이 혼재되어 있다. 그와 같은 도그마는 그것에 기대어 웃고 있는 지역민이 있는가 하면, 그 때문에 대대로 고통을 겪거나 지역에서 소외된 지역 구성원을 낳는다. 따라서 **청주학 관점에서 올바르게 재해석하고 현재의 모순과 부조리를 찾아내 바로잡아 지역공동체를 만들어 갈 필요성이 있다.** 그 예의 하나가 바로 1728년 청주에서 일어난 이인좌 반란사건이다.

청주 지역에서 전개된 역사적 사건 가운데 오늘날까지도 영향을 미치고 있는 사건을 꼽으라면, 1728년에 일어난 이인좌 난을 들 수 있다. 이 반란사건은 15세기부터 형성된 청주 지역사회를 재편하였을 뿐 아니라, 그 이후 오늘날까지 청주 사람들의 삶과 의식에 영향을 미치고 있다.

붕당 싸움이 치열하던 1700년 전후 청주 지역은 정치 1번지였다. 노

* 이 글은 한국방송통신대학교에서 교재로 펴낸 『역사의 현장을 찾아서』(2010)에 수록된 것을 수정 보완하였다.

론의 영수 우암 송시열 때문이다. 옥천에서 태어난 우암은 1666년부터 청주목에 속한 화양동에 20여 년간 머물렀다. 그가 죽은 뒤에는 화양동에 화양서원과 만동묘가 건립되어 정치적으로나 사상적으로 무시할 수 없는 지역으로 부각되었다.

이렇게 청주 지역에서 노론의 힘이 강화되자, 자연히 지역갈등이 유발되었다. 노론의 독주로 소외된 남인과 소론 등은 점점 위기의식이 팽배해졌다. 그것은 결국 1728년에 영조를 왕위에서 몰아내려는 이인좌 반란사건으로 폭발하게 된다.

반란의 후유증은 오늘날까지 이어지고 있다. 반란을 일으킨 가문은 역적의 집안으로, 진압한 가문은 충신의 집안으로 표상되면서, 선(충신)과 악(역적)이라는 이분법적인 도그마가 생겨났다. 그것은 사당 · 사적비 등과 같은 다양한 형태로 기억되고 기념화되면서 오늘날까지 재생산되고 있다. 문제는 3백여 년 전에 일어난 사건이 청주 사람들을 충신과 역적의 중세 논리에 가두어 놓고 올바른 역사 이해를 방해하고 있다는 점이다. 이제는 그 실체를 정확히 인식하고 바람직한 청주 역사상을 재정립해야 한다.

더 나아가 이 반란사건을 자세히 들여다보면, 조선후기의 정치상이 보인다. 붕당의 실상도 엿볼 수 있다. 또한 지역 운영의 주도권을 둘러싸고 당파 간 대립 · 충돌이 얼마나 치열했는지도 알 수 있다. 이는 과거의 문제가 아니다. 오늘날에도 지역의 주도권을 둘러싸고 여러 세력들 사이에 다양한 형태의 권력 투쟁이 전개되고 있다. 그러므로 **이인좌 반란**

사건을 대하는 우리의 관점은 현재적 시각에서 재해석하려는 문제의식이 필요하다. 이것이 청주학을 해야 하는 이유이다.

청주에서 이인좌 난이 일어나다

충(忠)과 역(逆), 시대의 갈림길

왕조시대에 우리는 수많은 충신과 역적을 만날 수 있다. 충신과 역적을 나누는 기준은 무엇일까? 그것은 왕에 대한 태도 여하에 따라 결정될 뿐이다. 정의와는 관계없이 왕과 종묘사직을 위해 목숨을 바치면 충신이요, 왕에게 반기를 들면 역적이 되는 것이다.

그와 같은 **충신과 역적을 만들어 낸 조선후기 최고 · 최대의 반란사건, 임진왜란 이후 격화된 붕당의 최종 대회전이었던 정치 투쟁이 바로 '이인좌 난'**이다. 또는 1728년인 무신년(戊申年, 영조 4)에 일어난 사건이라 '무신란'(戊申亂)이라고도 하며, 청주에서는 '신천영 난'이라고도 한다.

이 사건은 이인좌를 비롯한 소인과 남인의 일부 세력이 영조와 노론을 제거하고 밀풍군(密豊君) 탄(坦)을 추대하고자 했던 반란사건이었다. 이인좌 등은 노론들이 경종을 독살하고 나서 숙종의 친아들이 아닌 영조를 왕위에 앉혔다는 명분을 내세워, 영조를 폐한 뒤 밀풍군을 왕으로 추대하려 하였다. 밀풍군은 인조의 맏아들인 소현세자의 증손자이다. 이 사건은 17세기 격화된 붕당의 결과 영조가 노론의 주도로 왕위에 오르자, 소론과 남인이 연합해 대반격을 시도한 사건이다.

그럼에도 지금까지 이 사건에 대한 관심은 높지 않았다. 반란사건이라는 부정적 이미지 때문이다. 또한 위대한 치적을 남긴 영조이지만, 그 이면에는 반란의 그림자가 짙게 드리워져 있었다. 그가 사도세자를 죽인 것도, 탕평책을 쓸 수밖에 없었던 것도 이 사건과 무관하지 않았다.

특히 이 사건을 계기로 수많은 충신과 역적이 생겨났다. 반란을 일으킨 남인과 소론, 그리고 그들의 지역 기반이었던 충청도 청주 지역과 경상우도 및 호남 일부 지역은 반역 고을이 되어 출세의 길이 제한되었다. 반면에 이들 지역에서 반란군 진압에 공을 세운 집안은 충신의 집안으로 분류되어 세력을 떨치고 그들 집안 중심으로 사회질서가 재편되었다. 그것은 도도히 흐르는 역사의 강줄기 가운데 놓인 거대한 바위와 같은 것으로, 그 바위로 말미암아 충과 역이라는 두 물줄기가 생겨났다. 그리고 그 물줄기는 지금도 흐르고 있다.

청주 고을에 몰아닥친 붕당의 소용돌이

17세기 초까지도 청주 고을은 조용하였다. 당시 청주에서 노론 계통으로 집성촌을 이루며 일정한 세력을 떨치던 가문은 이색의 후손인 한산 이씨, 초계 변씨, 밀양 박씨, 보성 오씨, 충주 지씨, 여흥 민씨 등이었다. 또한 소론과 남인계 가문으로 호란 때 주화론을 펼쳤던 최명길의 후손인 전주 최씨, 신숙주의 후손인 고령 신씨, 안정 나씨, 교하 노씨, 안동 권씨, 경주 이씨 등이 각각 일정한 장소에서 살았다. 이들 집안은 대부분 15~16세기에 청주 지역으로 내려와 뿌리를 내린 가문으로, 당파와는 관계없이 사이좋게 지냈다.

그러나 붕당의 소용돌이가 청주 고을에 밀어닥치자, 이들 집안 사이에 갈등이 생겨났다. 바로 신항서원에 배향하는 인물의 순서를 놓고 서로 대립한 것이다. 신항서원은 1570년(선조 3)에 호서 지역 두 번째, 청주 지역 첫 번째로 '유정서원'이라는 이름으로 건립되었다. 1695년에 화양서원이 세워지기 전까지 청주 지역을 대표하는 서원으로, 청주 지역의 정치 1번지, 학문과 여론의 중심지였다.

17세기 조선 최고의 사상가이자 정치가인 우암 송시열(송정훈 소장품: 국립청주박물관 보관). 청주는 우암의 처가가 있던 곳으로, 그로 인해 17~18세기 정치 1번지로 부상할 수 있었던 반면, 극심한 붕당의 소용돌이에 휘말리게 되었다.

이곳에 당쟁의 소용돌이가 몰아닥친 것은 노론의 영수인 우암 송시열(1607~1689)이 등장하면서부터이다. 처음 신항서원은 송인수 · 박훈 · 경연 세 사람을 서열 없이 나란히 배향하다, 김정 · 한충 · 송상현 · 이득윤을 차례로 추가 배향하였다. 이들은 모두 15~17세기 청주 지역을 대표하는 사림들로서 성리학을 숭상하고 지역에서 본보기가 될 만한 인물들이다.

그런데 1656년에 송시열의 문인이자 외척인 지약해의 건의에 따라, 이색과 율곡 이이를 추가로 배향하였다. 이 두 사람은 청주 출신이 아니었다. 이것이 분쟁의 발단이 되었다. 그리고 1660년(현종 1)에 신항서원으로 사액을 받고, 1662년에 서원을 중수하면서 이이를 주향으로 정하고, 3년 뒤에는 사우를 새로 지으면서 이이의 신위를 별도로 모셨다. 즉, 청주와 특별한 인연이 없는 이이를 첫 번째 서열로 내세우고 청주 지역 세거 성씨의 조상인 경연, 김정, 박훈, 송인수, 한충, 송상현, 이색, 이득윤 등 8명은 이이 다음에 나란히 모셨다. 이 일들은 모두 율곡 이이를 중심으로 호서 사림의 정통을 세우려는 우암 송시열이 직·간접으로 관여하였다. 그에 따라 소외된 후손 집안은 불만을 느끼게 되었다.

당시 청주 지역에서 송시열의 영향력은 점점 커지고 있었다. 그는 1625년에 청주에 세거하던 한산 이씨 딸과 혼인을 맺어 지역 연고를 마련하고, 신항서원 운영에 깊숙이 관여하였다. 신항서원에 이이를 주향으로 모신 1665년(현종 7)에는 경기도 고양에 있던 정철 묘소를 청주 인근으로 옮겨 세력을 확장하였다.

더욱이 송시열은 1666년에 괴산 화양동으로 거처를 옮겨 살면서 신항서원에 더욱 깊이 관여하였다. 송시열과 그의 제자들이 신항서원 원장을 독점하였다. 또한 송시열은 전라도 정읍에서 사약을 먹고 죽기 4년 전인 1685년(숙종 11)에 신항서원에 묘정비를 세워 배향 인물의 순서를 영구히 하고자 하였다. 이에 따라 **신항서원은 노론이 주도하는 청주 지역의 대표 서원으로 자리잡지만, 소론과 남인계 집안은 신항서원 운영에서 배제된 채 소외**된다.

청주 지역 노론 집안은 자기들끼리 더욱 결속을 다져 나간다. 을축년생인 한산 이씨 이후직을 비롯한 11명은 그들이 36세가 되던 1660년에

'을축갑계'(乙丑甲契)를 조직하여 청주 보살사를 중심으로 매년 모임을 가졌다. 그들이 62세가 되던 1686년에는 보살사에 모여 후손들과 친목을 다지고 나서 그것을 기념하는 그림을 그린 뒤 다음 해 송시열의 발문을 얻어 더욱 정치 세력화하였다. 이처럼 송시열을 후광으로 한 노론계의 결속은 점점 강화되었다. 그에 따라 반노론계 세력의 반발 역시 점점 커져만 갔다.

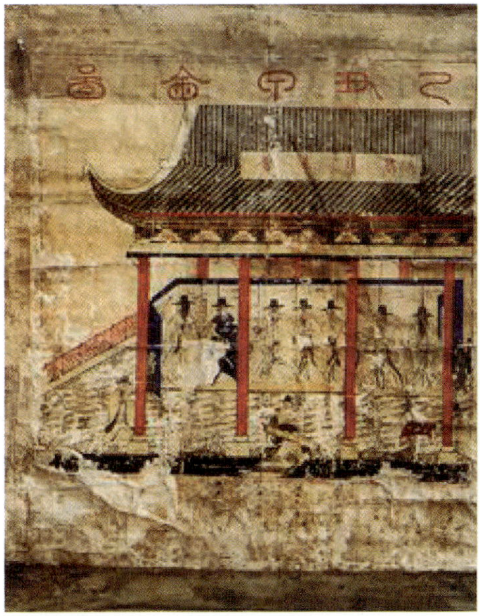

청주 노론들의 친목 모임인 을축갑회도(1686, 충북 유형문화재)

반노론계의 반격은 효종의 부인이자 현종의 어머니인 인선왕후의 죽음으로 촉발된 1675년 2차 예송논쟁으로 우암 송시열이 귀양을 가면서 표출되었다. 현종이 죽고 숙종이 왕위에 올라 남인들이 권력을 장악하자, 청주 지역도 정치 세력 사이에 힘의 균형이 이루어졌다. 이 틈을 타고 청주 지역 남인들은 노론을 공격하였다. 남인들은 지약해의 후사 문제로 지봉익 등 3인을 신항서원의 유적(儒籍)에서 삭제하였다. 지약해는 신항서원에 율곡 이이를 제향할 때 주도적인 역할을 했던 인물이다. 그러자 은진 송씨를 비롯한 노론들도 양주 조씨인 조익관 등을 유적에서 삭제하는 보복을 가하였다.

이러한 대립 양상은 서원 건립을 둘러싸고도 일어났다. 당시 서원

조선후기 청주 사림의 본산 신항서원. 1700년 전후 청주 붕당정치 1번지로서, 위차 문제로 청주 지역 사림들 사이에 갈등과 대립이 극심하였다. 이는 끝내 이인좌 반란으로 이어졌다.

은 재지 사족들의 정치적 기반이었다. 세력 확장을 위해서는 서원을 건립하고 관련 인물을 제향함으로써 지역사회의 주도권을 장악해야만 하였다. 신항서원이 건립된 이후 청주 지역에는 모두 14개의 서원이 건립될 정도로, 당시 집안의 영광과 문중의 주도권을 놓고 당파 간 싸움이 치열하였다.

드디어 1675년에 우암 송시열이 귀양을 가자, 소론들은 명재 윤증의 주도로 신항서원 배향 순서를 재조정하려 하였다. 조광조와 이황을 이이보다 위에 제향하려 하였다. 이 시도는 무산되었는데, 1680년(숙종 6)에 경신환국(庚申換局)으로 남인이 물러나고 노론이 재집권하였기 때문이다. 귀양을 갔던 송시열은 석방되어 다시 권력을 행사한 반면, 남인이었던 이인좌의 처조부 윤휴 등은 역모에 가담한 죄로 죽임을 당하였다.

그 뒤 1689년에 우암 송시열이 정읍에서 사약을 먹고 세상을 떠나자, 청주 지역에서는 또다시 서원을 둘러싼 갈등이 첨예화된다. 그동안 소외되었던 남인과 소론의 반격이 시작된 것이다. 고령 신씨, 교하 노씨, 진주 유씨 등 청주 지역 남인들은 1695년에 신식(신천영의 5대조)을 신항서원에 제향하여 노론 세력을 견제하려고 하였다. 이 역시 노론의 반대로 뜻대로 되지 않았다. 그러자 남인들은 별도로 쌍천서원을 세워 신식을 단독으로 배향하였다. 또한 같은 해 당시 소론의 영수였던 최석정의 주도로 송천서원이 건립되었다. 그 밖에 청주 지역에서는 소론과 남인이 연합하여 1699년에 기암서원을, 남인들은 독자적으로 1701년에 체화서원과 1702년에 봉계서원을 각각 건립하였다.

이렇게 남인과 소론은 서원을 건립하여 노론에 대항하였으나, 노론의 독주를 막을 수는 없었다. 1694년에 숙빈 최씨 밑에서 영조가 태어나자, 노론은 다시 권력을 장악하고 1695년에 당시 청주목 소속이었던 화양동에 화양서원을 건립하였다. 특히 1701년 숙종의 총애를 받던 장희빈이 사약을 먹고 죽자, 노론이 권력을 완전 장악하고 1704년에 우암 송시열의 유지를 받들어 화양서원 옆에 만동묘를 건립하여 명나라 신종과 의종을 모셨다. 신종은 임진왜란 때 조선을 도왔고, 의종은 명나라 마지막 황제이다.

이렇게 세워진 화양서원과 만동묘는 노론의 중심 서원으로 위세를 떨쳤다. **우암 송시열의 후광을 등에 업은 노론의 기세는 날로 확대되었다. 남인과 소론은 점점 소외되어 큰 위기 의식을 갖게 되었다. 특히 화양서원과 만동묘가 위치한 청주 지역은 다른 어느 지역보다도 노론 권력의 진원지와도 같은 곳으로, 붕당 사이에 갈등과 대립이 더욱 고조**될 수밖에 없다.

청주를 거쳐 한양을 점령하라

남인과 소론의 위기 의식은 1724년에 장희빈의 아들인 경종이 죽고 숙종과 숙빈 최씨 사이에 태어난 영조가 노론을 등에 업고 즉위하면서 더욱 고조된다. 노론들은 전에 노론들을 죽음에 이르게 한 남인 김일경과 목호룡 등을 사형에 처하였다. 이를 계기로 박필현과 이유인 · 심유현 등 남인과 소론 과격파들은 경종의 독살설, 숙종과 무수리 최씨 사이에 태어난 영조의 출생 배경 등에 관한 유언비어를 퍼뜨리는 동시에, 서울을 비롯해 경기도 여주, 양성, 충청도 청주와 충주, 경상도 안음과 상주, 전라도 태인 등 전국에서 반란 동지를 규합하였다.

숙종과 숙빈 최씨 사이에 태어나 출생 문제로 시달린 영조(국립고궁박물관 소장)

이인좌(1695~1728)도 1726년경에 상주에서 박필현을 만나 반란 모의에 참여하였다. 이인좌는 화양서원 인근인 송면 이평(현 충북 괴산군 청천면 이평리)에 살던 명문 남인 가문으로, 세종의 네 번째 아들인 임영대군의 10세손이었다. 그의 아내는 소론의 영수였던 윤휴의 손녀였다.

이인좌 집안은 노론이 주도하는 당파 싸움에 철저히 희생되었다. 더욱이 1694년(숙종 20) 갑술환국으로 남인이 실각하자, 전라감사로 있던 이인좌의 조부 이운징도 권력에서 밀려났고 백조부 이의징은 사사되었다. 노론이 집권하는 이상, 이인좌는 관직에 나아갈 길이 막혀 있었다. 더욱이 조부와 백조부가 죽은 이후 가세가 기울어 외가인 상주로 옮겨 살았으니, 노론에 대한 원한은 뼈에 사무쳤을 것이다. 그 때문에 이인좌 집안은 세 형제를 비롯해 친가와 외가 및 처가까지 모두 24명이나 반란에 적극적으로 참여하였다.

이렇게 남인과 소론 주도의 반란이 은밀히 준비되던 상황에서, 영조는 1727년에 불안한 정국을 알아차리고 온건한 소론을 등용하는 등 정계를 개편하였다. 그에 따라 반란을 추진하던 남인과 소론은 분열하고 온건파들이 조정에 참여하였다. 반란의 명분도 약화되어, 정변은 거의 실패한 듯하였다.

그럼에도 이인좌 등은 계획대로 반란을 강행하였다. 그들은 지역별·당파별로 반란군을 모아 전국에서 거사를 일으키면, 서울에서 호응할 것으로 기대하였다. 드디어 1728년 3월 12일 경기도 양성과 충청도 괴산에서 각각 비밀 모임을 가진 뒤, 3월 15일 청주에 집결하였다.

그에 앞서 이인좌가 이끄는 반란군은 청주로 오는 도중에 화양서원으로 들어가 우암 송시열의 영정을 훼손하려고 하였다. 이를 사전에 파악한 화양서원은 영정을 도명산 미륵암으로 옮겨 화를 모면할 수 있었다. 이것만 보아도 당시 우암 송시열과 노론에 대한 남인들의 정서를 읽을 수 있다.

이인좌가 이끄는 반란군이 청주읍성 가까이에 도착하자, 청주 지역 남인과 소론들도 대거 호응하였다. 특히 청주 지역 반란군을 이끈 신천영은 청주 지역 남인을 대표하는 고령 신씨 신숙주의 11대 후손으로, 노론들의 반대로 선조의 위패를 신항서원에 모시지 못하는 등 노론에 대한 반감이 컸다. 그래서 신천영 집안은 그의 아버지, 숙부, 2명의 동생, 사촌이 반란에 참여하였다. 이 때문에 청주 지역에서는 이 사건을 '신천영의 난'으로 부르기도 한다. 그 밖에 평소 노론과 갈등을 빚은 소론들도 적극적으로 가담하여, 전주 최씨 · 양주 조씨 · 안동 권씨 문중 인사들도 대거 참여하였다.

반란 세력이 전국에서 제일 먼저 청주에 집결한 것은 화양서원과 만동묘가 있는 청주 지역이 노론의 중심지였기 때문이다. 그만큼 남인과 소론의 불만이 팽배하여 반란에 호응할 잠재 세력이 많았다. 또한 청주에는 1651년 해미에서 옮겨온 충청병영이 있었다. 이곳은 충청도 군사령부였다. 병영을 먼저 점령하면 위협 요소를 사전에 제거할 수 있는 예방조치가 가능하고 병영 무기를 확보하여 군사력을 갖출 수 있었다. 더욱이 청주는 영남과 호남에서 서울로 올라가는 길목에 위치해 있는데다가 서울과 가까운 거리에 있어 전국 각지에서 봉기한 반란군의 집결

18세기 청주읍성의 모습. 이 지도는 이인좌 난을 거치면서 쑥대밭이 된 청주읍성이 복원되고 민생도 안정되어 평화로움이 깃든 청주 고을의 옛 모습이 잘 담겨져 있다.

과 서울 공격이 용이하였다.

이런 이유로 청주에 집결한 반란군은 이인좌를 대원수로 삼고 3월 15일 장례 행렬을 가장하여 청주읍성 북문 숲속에 이르렀다. 상여에는 시신이 아닌 무기가 숨겨 있었다. 무기를 숲속에 감추어 둔 반란군은 밤을 기다렸다. 이윽고 보름달이 뜨고 약속한 시간이 다가오자, 미리 약속을 한 충청병영 비장 양덕부와 병영 기생 월례가 성 안에서 문을 열어 주었다. 반란군은 손쉽게 성 안으로 진입하여 충청병사 이봉상, 군관 홍림, 영장 남연년 등을 체포하여 살해하고 청주읍성을 점령하였다. 이인좌는 군서봉과 신천영을 각각 청주목사와 충청병사에 임명하고 여러 고을에 격문을 보내 반란에 동참하도록 하였다. 그에 따라 평소 노론 주도에 반발하던 남인과 소론 인사들이 적극적으로 참여하였다. 무려 2백여 명의 청주 사족들이 참여하였다.

청주읍성에 이어 상당산성을 차례로 점령한 반란군은 군사와 무기를 모집하는 한편, 창고에 있던 곡식을 일반인들에게 나누어 주었다. 또한 사람을 죽이지 말 것, 민간 재물을 약탈하지 말 것, 부역을 제외하거나 감면할 것 등과 같은 강령을 내세워 민의 참여를 유도하였다. 그 결과 군관이나 향임층, 상인 등도 대거 반란군에 참여하였다. 청주읍성 객사에는 경종을 위한 복수의 깃발을 내걸고 경종의 위패를 설치한 뒤 아침저녁으로 곡배하였다.

드디어 이인좌는 신천영으로 하여금 청주를 지키도록 한 뒤 3월 21일 서울로 진격하기 위해 반란군을 이끌고 진천을 거쳐 목천, 안성, 죽산

조선후기 청주의 군사기지였던 상당산성. 1728년에 신천영이 이끄는 반란군에 의해 10여일 동안 점령된 곳이다. 1894년 동학농민군이 점령한 것을 끝으로, 군사 기능은 폐지된다.

세 방면으로 북진하였다. 북상하던 반란군은 3월 23일 안성 청룡산 전투와 다음 날 죽산 노루목 전투에서 도순무사 오명항이 이끄는 중앙 정부군에게 크게 패하였다. 이인좌 등은 죽산에서 마을 사람들에 의해 생포된 뒤 서울로 압송되어 능지처참되었다.

이인좌가 이끄는 반란군이 패하자, 청주 지역에서는 노론들이 의병을 일으켰다. 대표적인 가문은 송시열 이후 신항서원을 비롯해 여러 서원을 건립하여 주도권을 장악한 한산 이씨, 순천 박씨, 밀양 박씨, 초계 변씨, 보성 오씨, 진주 유씨, 전주 이씨 등이다. 이들 문중은 문중 인사와 노비 등을 동원하여 반란군 진압에 큰 공을 세웠다.

드디어 노론 의병을 이끄는 창의사 박민웅(순천 박씨) 등은 3월 24일

반란군이 장악하고 있던 청주읍성을 공격하여 탈환하였다. 그런 다음 신천영이 주둔해 있는 상당산성으로 향하였다. 이미 상당산성 반란군은 크게 동요하여 어찌할 바를 모르고 있었다. 그 틈을 노려 청주의 노론 인물이었던 김진희가 의병 70여 명을 모아 성내로 들어가, 술에 취한 신천영을 찾아내 목을 베고 이인좌의 셋째 동생 이기좌 등을 사로잡아 목을 베었다. 이것으로 반란군은 완전히 진압되었다.

한편, 이인좌가 반란을 일으키자, 경상도와 호남 지방에서도 호응하여 반란이 일어났다. 경상도에서는 정희량이 이인좌의 동생과 함께 3월 20일 안음에서 군사를 일으켰다. 호남에서는 태인현감 박필현을 중심으로 모의하였으나, 두 지역 모두 큰 세력을 떨치지 못하고 진압되었다. 정부에서 파견한 진압군 역시 4월 19일 서울로 돌아왔다. 이때 영조가 숭례문까지 친히 나와 영접하였다. 영조는 즉위하면서 맞이한 최대의 정치 위기를 잘 넘긴 것이다. 영조로서는 진압군의 승리가 매우 기쁜 일이 아닐 수 없었다.

이인좌의 반란은 이후 정계에 막대한 영향을 미친다. 영조는 남인과 소론 과격파가 반란을 일으켰어도, 그들을 무시할 수 없었다. 영조는 반란이라는 쓴 경험을 한 뒤 이를 거울삼아 노론 중심의 폐쇄적인 인사정책을 철회하고, 온건파를 중심으로 탕평책을 시행하여 정국의 안정을 꾀하였다. 반란을 경험한 노론 역시 영조의 탕평책을 수용할 수밖에 없었다. 그 결과 영조의 통치 기반은 안정을 찾고 과감한 정책을 통해 르네상스 시대를 열어갈 수 있었다.

영조가 탕평책을 쓴 것과는 달리, **반란의 고을 청주는 난 이후 노론 중심으로 충신의 시대가 열린다.** 반란이 진압되자 15명이 공신으로 표창을 받았다. 1731년에는 반란군에 의해 죽은 이봉상 등을 제향하는 삼충사(현 표충사)를 건립하였다. 조정에서는 사건이 일어난 지 1백 년이 흐른 뒤에도 공신을 찾아내 표창을 하거나 추승과 증직을 하고, 후손들은 사우와 정려를 건립하고 관련 기록을 편찬하는 등 충신의 시대가 열렸다. 반면에 반란에 참여한 남인과 소론은 급격히 위축되어 대외 활동을 할 수 없었을 뿐 아니라, 난에 가담한 혐의가 있으면 가차 없이 처형되었다. 그렇게 **2백 년의 세월이 흐른 오늘날에도 충신과 역적을 나누는 역사의식이 여전히 존재**하고 있다.

반란의 현장을 가다

붕당의 진원지 신항서원

1728년 영조의 즉위에 반대해 일어난 이인좌 반란사건의 현장은 먼저 1700년 전후 당파 싸움이 치열했던 신항서원이다. 1570년에 유정서원으로 건립되어 1660년에 신항서원으로 사액되었다. 배향 인물은 율곡 이이와 목은 이색, 그리고 청주 지역을 대표하는 경연 · 박훈 · 김정 · 송인수 · 한충 · 송상현 · 이득윤 등 9명이다. 이이와 이색을 제외한 나머지 7명은 청주 지역을 대표하는 인물들로서, 17세기에 네 차례에 걸쳐 차례로 추향되었다. 1665년에 송시열 주도로 이이를 주향으로 한 순차

신항서원 구현사 위패. 이곳이 1700년 전후 청주 지역 정치 투쟁의 진원지이다.

가 결정되었다. 이러한 사실은 신항서원 마당에 세워져 있는 '신항서원 묘정비'에 잘 나타나 있다. 이 비석은 1685년에 배향 순서를 확고히 하기 위해 세운 것으로 송시열이 직접 비문을 지었다.

신항서원 역시 대원군의 서원철폐령으로 1871년에 폐쇄되었다. 1957년에 다시 복원되었고, 1987년 새롭게 보수하여 오늘에 이르고 있다. 조선후기 3백 년 동안 청주 지역 정치 및 교육 · 문화의 1번지였으나, 오늘날은 찾는 이가 거의 없어 세월의 무상함이 느껴진다.

현재 청주시 상당구 용정동에 위치한 신항서원은 사당과 강당, 비각, 관리사무소인 수호사 등이 있다. 외삼문을 통해 경내로 들어가면 교육 공간인 강당이 나온다. 계개당(繼開堂)으로 이름 붙인 강당은 교육 장소 겸 제관들의 숙소로 사용되었다. 그 뒤편에는 제사 공간인 사당이 자리잡고 있다. 구현사(九賢祠)로 불리는 사당 안에는 이이를 비롯한 아홉 분의 위패가 차례대로 모셔져 있다. 이이와 나머지 여덟 분의 위패는 칸막이로 격을 달리하고 있다. 매년 3월과 9월 초정일에 율곡 이이를 비롯한 아홉 선현을 제향하고 있다.

반란군이 10일간 점령하였던 청주읍성과 상당산성

이인좌 난의 중심은 청주읍성이다. 현재 청주읍성은 1910년대에 일제에 의해 모두 헐리어 자취를 찾아보기 어렵지만, 읍성 안에 있던 동헌과 충청병영 문이 남아 있다. 청주성은 반란군에 의해 1728년 3월 15일부터 3월 24일까지 점령된 곳이다. 특히 반란군에 의해 충청병사와 영장이 죽임을 당하였다. 지금도 우뚝 솟아 있는 충청병영 문을 통해 당시를 회고할 수 있다. 충청병영은 1651년(효종 2)에 충남 해미에서 청주로 옮겨 설치되었다. 청주읍성 성벽은 숙종 연간에 몇 차례 수축되었다. 이인좌 난을 거치면서 일부 성벽이 허물어지고 훼손되었으나, 다음 해인 1729년부터 대대적인 공사를 시작하여 1735년에 완공하였다. 오늘날 전해지는 청주읍성의 옛 모습은 이 시기에 갖추어졌다.

반란군이 점령했던 곳의 하나는 상당산성이다. 상당산성은 통일신라 때 처음 축성되었다. 숙종 때 대대적인 개축공사를 하여 오늘날과 같은 모습을 갖추었다. 이곳에 주둔했던 반란군은 3월 24일 진압되었다. 반란군을 이끈 신천영과 이인좌 동생 등도 잡혀 목이 잘렸다.

이곳 성벽에는 양덕부(梁德溥)라는 이름 석 자가 새겨져 있다. 그는 충청병영 소속 비장으로 1720년(숙종 46) 산성 개축 공사 책임자였는데, 그때 동북 암문과 남문 오른쪽 성벽에 자신의 이름을 새겨 놓았다. 그는 반란이 일어나자 기생 월례와 함께 청주성 문을 열어 반란군이 손쉽게 성내로 들어올 수 있도록 도왔다. 그것을 예견이나 한 듯 성벽에 이름을 새겨 후세에 자기 존재를 알린 것일까?

표충사

이인좌 난과 관련된 가장 큰 유적지는 표충사(表忠祠)이다. 표충사는 반란군 진압에 앞장서 일등공신이 된 이봉해(한산 이씨)의 건의로, 반란군에 의해 죽은 충청병사 이봉상, 비장 홍림, 영장 남연년의 넋을 기리기 위해, 사건 발생 3년 뒤인 1731년에 건립된 사당이다. 원래 삼충사(三忠祠)라 하였다. 1736년에 표충사로 사액 받아 오늘에 이르고 있다. 표충사는 처음 이인좌가 이끄는 반란군이 진입한 청주읍성 북문 안쪽에 있다가 1939년 청주 도시계획에 따라 현재의 위치로 이전되었다.

표충사는 대원군의 서원 훼철 때도 유지된 47개 사우 가운데 하나였을 정도로 귀한 대접을 받았으나, 오늘날은 사람들 관심 밖으로 밀려나 있다. 정면 3칸, 측면 2칸의 사당과 삼문이 있다. 이 사당의 주인공인 이봉상의 묘소는 충무공 이순신의 현손으로 이순신 묘소 왼쪽에 있다. 다산 정약용이 충신으로 칭송한 남연년은 충북 음성군 원남면 상노리 출신으로, 그의 묘소는 진천군 문백면 명암리에 있다.

표충사. 이인좌 난 때 희생된 세 충신을 모신 사당으로 1731년에 세워졌다. 내부 여러 비문을 통해 당시 권력의 실상을 엿볼 수 있다.

사당 동편에는 1731년에 세운 '삼충사사적비'와 함께 기생 해월(海月)의 열녀문이 있다. 사당 안에 열녀문이 세워져 있어 눈에 띈다. 해월은 당시 충청병영에 소속된 기생 16명 가운데 한 명이었다. 난이 일어났을 때 비장 홍림의 아이를 가져 따라 죽지 못하고 아이를 낳고 나서 자결하여 열녀로 추앙 받았다. 그녀의 묘소는 표충사가 내려다보이는 우암산 순환도로 바로 위쪽에 있다.

영조 태실

청주는 영조와 인연이 깊은 곳이다. 그의 태가 묻혀 있는 곳에서 반란이 일어난 것이다. 영조 태실은 이인좌 난과 직접적인 관련이 없지만, 이인좌 난 전후의 정치 상황을 이해할 수 있는 역사 현장이 아닐 수 없다.

영조 태실은 청주시 낭성면 무성리에 있다. 영조가 태어난 다음 해인 1695년(숙종 21)에 이곳에 태를 묻었다. 1695년은 청주에서 서원 건립을 둘러싸고 노론과 남인 · 소론 사이에 갈등이 고조된 때였다. 그해 청주 지역에 화양서원을 비롯한 4개의 서원이 건립되었으니, 영조의 태는 불길한 기운 속에 묻힌 것으로 보인다. 현재 영조의 「태실가봉의궤」(胎室加封儀軌)가 남아 있어, 태실을 어떻게 새롭게 단장했는지 소상히 알

영조 태실. 1694년에 태어난 영조의 태를 묻은 곳이다. 왜 청주에 태를 묻었을까? 그 답은 우암 송시열 제자들에게 있다.

수 있다.

일반적으로 왕의 태실은 즉위 즉시 왕의 태실 규모와 구조에 맞도록 다시 봉축하는 것이 관례이다. 그러나 영조 태실은 즉위한 지 무려 5년, 이인좌 난이 진압된 다음 해에 가서야 새롭게 꾸밀 수 있었다. 이렇게 영조 태실의 봉축이 늦어진 것은 아마도 청주 지역에 감돌던 반란의 기운 때문이 아니었을까?

이인좌 난이 청주에 미친 영향 – 기억과 굴레

이인좌의 난은 조선후기 최대의 반란사건이다. 정치적 충격과 여파도 컸다. 특히 난의 중심지였던 청주 지역은 이인좌 난 이후 정치적 책임을 물어 사건 발생 4년 뒤인 1732년(영조 8)에 청주목에서 서원현으로 강등되었다. 그 이듬해에는 도 이름도 충청도에서 공홍도로 바뀌었다. 이는 행정 단위가 목에서 현으로 강등된 것일 뿐 아니라, 청주라는 고유의 지명을 사용할 수 없게 된 것이다. 그것은 청주를 반역의 땅으로 낙인 찍어 지역 전체를 죄인으로 묶어 두는 상징적인 효과가 있었다. 자기의 고유한 지명을 쓸 수 없게 되었으니, 지역 입장에서는 불명예스러운 일이다.

이 조치는 8년 뒤 다시 청주목으로 복권되었지만, 반역의 땅 청주는 연속된다. 그 이후에도 조선 조정을 위협하는 사건으로 4번씩이나 서원현으로 강등되었다. 이인좌 난 이후 청주는 늘 불안한 지역이었다. 특히

1826년에는 "홍경래가 죽지 않았다. 홍경래의 보기는 시작에 불과하고 진짜 난리가 날 것이다"라는 대자보가 청주읍성 건물 벽에 나붙어 세상을 놀라게 하였다. 이처럼 청주는 체제에 저항하고 새 날을 꿈꾸는 이들이 많았던 것으로 보인다.

이 때문에 **이인좌 반란사건 이후 청주 출신으로 중앙 정계에서 크게 활약한 인물이 없다. 이인좌 난을 겪으면서 16세기 이후 튼실하게 다져진 청주의 학문 기반이 약화되고 집단지성의 힘이 무너진데다, 청주가 반역의 땅이 되면서 정치적 출세길이 제약** 받았기 때문이다. 그야말로 17세기에 조선의 정치와 사상의 1번지로 부상했던 청주가 변방으로 밀려난 것이다.

특히 **이인좌 반란사건은 청주 지역사회를 노론 중심으로 재편하였고, 충신과 역적이라는 이분법적인 틀 안에 지역민을 가두어 놓았다.** 반란을 계기로 충신의 가문이 된 노론들은 지역사회의 주도권을 장악하고 청주를 대표하는 집안으로 자리잡았다. 그를 위해 후손들은 여러 사적비나 신도비 · 사당을 세워 난을 기억하고 기념하면서 지역의 헤게모니를 재생산하였다.

그래서 청주와 주변 지역에는 오늘날에도 이인좌 반란군을 진압한 인물들의 사적비나 신도비 등이 길옆에 세워져 있어 지나가는 사람들의 시선을 끄는 곳이 있다. 반면에 난에 가담했던 남인과 소론의 후손들은 숨죽이며 살아야 했다.

아직도 청주 지역에서는 이인좌의 난을 객관적으로 재평가하려는

상당산성 무신창의비. 청주 지역 유지들이 2008년에 세운 이인좌 반란군 진압 기념비이다. 미래 유산의 관점에서 기념의 의미를 되새겨 볼 필요가 있다.

노력 없이 덮어 둔 채 중세적인 충신과 역적의 논리가 주류를 이루고 있다. 그 단적인 증거가 상당산성 남문 입구에 있는 '무신창의사적비'이다. 이 비는 2008년 청주 유지들이 건립하였다. 이인좌 반란군을 진압한 것을 기념하기 위한 것으로, 나라가 위기에 처했을 때 충의로써 떨쳐 일어난 것을 본보기로 보여 주기 위한 기념비이다. 문제는 건립 의도와는 달리, 반란군을 진압한 가문에게는 또 한 번 영광이 돌아가겠지만, 그 반대로 반란에 참여한 집안에게는 다시 한 번 역적의 가문으로 낙인 찍는 결과를 초래할 가능성이 있다. 지난 250년 넘게 역적의 집안으로 살아온 후손들에게 너무나 무거운 역사의 죄값을 치루게 하는 것이 아닐까, 그것도 21세기에. 당시의 논리대로 충(忠, 충신)과 역(逆, 역적)을 나누는 정의의 기준이 무엇이고 그 가치가 어디에 있는지 곱씹어 볼 일이다.

이와 같이 **이인좌 반란사건은 지난 3백 년 가까이 끊임없이 재생산된 역사의 굴레요, 지역사회 질서를 유지하던 속박**이었다. 아니, 습(習)이 되고 업(業)이 되었다. 한 사람의 삶이 그러하듯이, 지역공동체 역시 역사가 만들어 낸 굴레가 있어 자유롭지 못하다. 이는 공동체의 역기능이다. 이제는 모순을 풀고 업을 해체할 때이다. **현대적인 가치관과 미래 지향적인 지역 만들기 차원에서도 역사가 만들어 낸 모순과 굴레를 해체해야 한다. 그것이 청주학이 해야 할 일이다.**

참고문헌

고수연, 「1728년 무신란과 청주 지역 사족 동향」, 충북대학교 박사학위논문, 2008.

이정우, 「17-18세기 초 청주지방 사족 동향과 서원 향전」, 『조선시대사학보』 11, 조선시대사학회, 2000.

임동철, 「신항서원의 역사와 배향 인물」, 『우암논총』 2, 충북대 우암학연구소, 2009.

7 | 사주당 이씨를 아시나요

생명의 길, 성안길

사주당 이씨를 아시나요

일반적으로 지역학에서 중점적으로 다루는 주제의 하나는 지역 출신 역사인물이다. 훌륭한 역사인물 조명을 통해 지역정체성을 강화하고 지역민의 삶의 좌표로 삼기 위해서이다. 그러나 상당수의 **지역 역사인물이 왕조나 국가·민족 관점에서 표상화되기 때문에, 실제 지역 없는 지역인물, 미래 없는 과거 인물인 경우가 대다수이다.**

지역학에서 다루는 인물은 철저히 지역의 관점에서 접근하고 지역을 주체로 재해석하고 미래지향적 관점에서 접근해야 한다. 그리고 지역에서의 활동과 관계성을 주목해야 한다. 지역학이 고고학·역사학이 아닌 만큼, 역사인물의 삶과 업적 등이 현재적 의미가 있어야 한다. 행복한 지역공동체를 만드는 데 무엇인가 지혜를 줄 수 있어야 한다.

한 예로 전통적인 한국인의 여성성은 유교 성리학에 대한 지독한 오해와 역사가 만들어 낸 여성 젠더(gender)로 인해 왜곡되어 있다. 부족하고 약한 존재, 남성을 위한 존재, 순종, 희생 등 남성성에 대한 하위 개

* 이 글은 충북여성발전센터에서 펴낸 『충북여성인물사』(2015)에 수록된 것을 수정 보완하였다.

념으로 인식되고 있어 여성의 주체성이 의심 받곤 한다.

그러나 **성리학에서 여성성은 음의 존재로 양과 대립하거나 하위에 있지 않았다. 상호 대등하고 만물을 낳는 존재이다.** 그것은 우주의 절반을 이루는, 그리고 양과 끊임없이 소통하고 작용하여 우주 전체를 이루는 존재이다. 음과 양, 여성과 남성은 궁극적으로 차이가 없는 하나이다.

이는 철학의 문제이자 삶의 문제이다. 문제는 여성 젠더를 만들어 내는 이데올로기를 주체적으로 재해석하고 '남과 여'라는 성의식을 극복하여 인간으로서 당당한 삶을 살아가는 데 있다. 물론 시대적 사조와 윤리 규범을 넘어서는 일은 쉬운 일이 아니지만, 그것이 가능하다는 것을 보여 준 조선시대 여성들이 있었으니, 율곡의 어머니이자 서화에 뛰어났던 사임당 신씨(1504~1551), 천재적 시인의 능력을 보여 준 허난설헌(1563~1589), 청주 옥화대에서 성장한 이후 하늘로부터 부여 받은 성품은 남녀의 차이가 없다고 주장한 윤지당 임씨(1721~1793), 순한글로 기행문과 전기 등을 저술한 시인 의유당 남씨(1727~1823), 가정 살림책인 『규합총서』를 저술한 빙허각 이씨(1759~1824), 조선 최고의 여성 선비이자 성리학자로 평가받고 있는 정일당 강씨(1772~1832), 세계 최초의 태교 책을 저술한 사주당 이씨(1739~1821) 등이 바로 그들이다. 이들 가운데 신사임당과 허난설헌을 제외하면, 모두 조선 성리학이 융성하던 1800년 전후에 살았던 여성들로서, 성리학이 남성의 전유물이 아니었다는 사실을 말해주고 있다.

이와 같이 고려 · 조선 왕조로 이어지는 전통사회 여성의 존재는 남성의 종속적 개념으로 인식되는 것이 일반적이지만, 실제는 그렇지 않았다. 사주당 이씨의 예에서 볼 수 있듯이 시대의 한계를 넘어서 인간으로서 주체적인 삶을 영위한 여성들도 많았다. 그렇다면 과연 이들 여성이 어떻게 시대적 억압을 뚫고 여성으로서 주체적인 삶의 지평을 펼쳐 나갔는지를 살펴보는 일은 참으로 흥미로운 일이 아닐 수 없다.

특히 **지난 역사는 사실상 남성 중심으로 쓰여진 역사였다. 그런 의미에서 양성 평등의 역사 회복이라는 차원에서도 청주 출신 사주당 이씨를 주목할 필요성이 있다.** 아직도 강하게 작동하고 있는 가부장사회의 잔재, 남성 중심의 여성 젠더, 남성 중심적인 역사 편견 등을 해체 · 극복하고 **생물학적인 성과 피부와 차별을 넘어 평등한 지역사회를 재구축하는 데 사주당 이씨는 많은 교훈**을 줄 것이다. 그래야 청주학에서 다루는 역사인물의 가치가 부각될 수 있다.

남성의 시대를 뛰어넘다

조선시대를 움직인 사상과 학문은 성리학이다. 성리학은 인간의 마음과 본성을 분리하여 보았다. 마음은 다시 인심(人心)과 도심(道心)으로 나누어, 도심만 하늘의 이치와 상통하는 본성으로 인정하였다. 그 때문에 성리학자들은 하늘이 내려 준 하늘 마음, 즉 도심을 닦아 성인이 되는 길을 추구하였다.

문제는 도심만 강조할 경우 상대적으로 인심, 즉 인간의 자연스러운 마음은 평가 절하되거나 차원이 낮은 개념으로 인식될 수 있다. 그럴 경우 인간의 욕구, 인간 본연의 욕망, 자연스러운 내적인 인간의 마음가짐 등은 도심보다 천하고 극복해야 할 대상으로만 바라보게 된다. 그러면 인심에 사로잡힌 보통사람은 도심을 가진 군자보다 열등한 존재가 되는 논리적 함정에 빠지게 된다.

이러한 성리학의 논리는 그 자체로 큰 철학적 논쟁을 낳았지만, 현실의 삶에서 중세라는 시대와 만나면서 중세의 사회 특질을 강화하는 수단으로 활용되었다. 중세는 철저한 신분제 사회이자 남성 중심 사회였다. 중세의 사회관계망에서 여성의 존재는 하위 개념으로 자리매김되어 여성의 존재와 삶의 가치가 평가 절하되었다. 이른바 중세 여성의 젠더가 형성되었다. 특히 **남존여비로 표상화된 중세의 여성 젠더는 18세기 이후 조선 성리학이 강화되면서 남성 중심 사회와 맞물려 보다 강화되고 일반화되는 추세**였다.

남존여비 사상은 주역의 음양오행론, 성리학의 태극론을 남성 중심으로 해석하여 철학적 정당성을 확보하였다. 인간을 비롯한 천지만물은 모두 건곤, 남녀, 상하, 귀천, 존비가 있는데, 남자는 하늘, 존귀한 존재, 강한 존재였다. 반면에 여자는 땅인지라 낮은 존재, 유약한 존재로 인식되었다. 이는 하늘 아래 땅이 있듯이 여자는 남자의 종속적인 하위 존재로 위치 짓는 중세의 신분 사상을 낳았다.

이러한 차별적 남녀 인식은 고려시대부터 사회 및 가정 윤리에 적용되기 시작하였다. 이것이 본격화된 것은 퇴계 이황과 율곡 이이 등에 의해 성리학이 뿌리내리는 16세기부터이다. 특히 임진왜란과 호란을 겪은 1600년 전후를 지나면서 철저히 남성 중심의 국가 질서, 사회 및 가정 질서로 재편되면서 보다 확대 강화되고 기층 사회 저변으로까지 확산되고 적용되기에 이른다. 그 결과 부창부수(夫唱婦隨), 삼종지의(三從之義), 여필종부(女必從夫), 칠거지악(七去之惡) 등으로 대표되는 남존여비 사상이 확대 강화되고 남성의 하위 개념으로 여성의 존재가 자리잡게 된다.

그러나 원론적으로 성리학의 우주관은 남자와 여자를 같은 위치로 보았지, 여자를 남자의 종속적인 존재로 보지 않았다. 우주만물이 양과 음의 작용에 의해서 이루어지듯이, 인간의 탄생 역시 양인 남자와 음인 여자와의 동등한 관계에서 형성된다. 그 작용에는 상하도, 귀천도 없는 대등한 음양의 조화이다. 하늘과 땅과 사람은 종속적 개념이 아니라 수평적인 우주적 존재이다.

도심과 인심의 문제 역시 성리학자들 사이에도 양자의 관계를 둘러싼 철학적 논쟁이 있었다. 양명학의 경우 도심 못지않게 인간 본연의 마음을 매우 중요한 대상으로 보았다. 따라서 인심에 대한 해석과 사회 적용은 얼마든지 다양한 해석과 차이를 낳을 수 있다.

문제는 철저한 신분제 사회였던 중세의 시대 담론과 젠더를 극복하고 얼마나 철학적 본질에 닿느냐에 달려 있다. 그것은 시대를 뛰어넘어 주체적으로 원전을 재해석하고 어떻게 실천적인 삶을 영위하느냐에 달려 있다. 그 본보기를 보여 준 것이 바로 사주당 이씨(師朱堂 李氏, 1739~1821)이다.

사주당 이씨는 남존여비라는 성 불평등 의식이 강화되고 가례(家禮)의 보급으로 가부장사회 질서가 한층 강화되던 18세기에, 시대를 뛰어넘어 성리학의 본질을 꿰뚫고 시대적 성 담론을 넘어 남녀평등관을 가졌던 여성 사상가이자 선비이다. 그럼에도 불구하고 사주당 이씨는 남편과 아들은 물론 당대 그를 아는 모든 남성의 존경을 받았다. 후대 그를 아는 모든 이들로부터도 칭송을 받은 남녀 평등주의자였다. 인간의 됨됨이는 어머니 뱃속에서 시작된다는 생각에서 세계 최초의 태교 책인 『태교신기』(胎敎新記)를 저술하는 등 시대의 한계를 철저히 뛰어넘은 여성이다.

사주당의 삶과 학문의 길

삶과 죽음

사주당 이씨의 본관은 전주이다. 조선 태종의 첫째 서자인 경녕군 이배(1395~1458)의 11대손으로, 사주당의 고조 때 청주 지역과 깊은 인연을 맺었다. 사주당의 고조부가 이천배(1621~1695)였는데, 그의 부인은 청주 지역에서 세력을 떨치던 이덕사의 딸이었다.

이덕사는 딸이 세 명 있었다. 사위는 우암 송시열과 정용, 이천배였다. 송시열과 이천배는 14살의 차이가 있었지만, 첫째와 셋째 동서지간이다. 특히 이덕사는 청주 주성(酒城)에 이유당(怡愉堂)을 짓고 거처했던 이덕수(1577~1645)의 종형이다. 사주당의 조부가 청주의 유명 집안이었던 한산 이씨 이덕수의 사위가 되고, 특히 우암 송시열과 동서지간이었다는 것은 사주당 집안 역시 비록 선대에 정치적으로 현달했거나 학문적으로 두각을 보인 인물이 없을지라도, 사주당이 태어나던 18세기 청주 지역에서는 일정한 기반을 가졌을 것으로 보인다(박용만, 2013, 30쪽).

그렇지만 사주당 집안에서 크게 출세한 인물은 없다. 사주당 부친도 마찬가지이다. 청주에서 살던 사주당의 아버지 이창식(1705~1758)은 좌랑을 지낸 강덕언의 딸(1700~1780)과 결혼, 2남 5녀를 두었다. 사주당이 태어나기 10년 전에 큰아들이 태어났고, 사주당 출생 4년 뒤에 다시 남동생이 태어났다. 사주당의 오빠와 남동생 모두 벼슬을 하지 않았다.

사주당은 1739년(영조 15) 12월 5일 유시(酉時)에 청주 서면(西面) 지동(池洞) 집에서 출생한 것으로 알려져 있다. 서면 지동이 구체적으로 어느 곳인지는 알 수 없다. 사주당의 선대 조상들 가운데 고조부인 이천배의 묘가 청주 서강내면에 있었고, 이후 증조부, 조부, 부친과 형제들의 묘 또한 이곳에 있었다. 이것으로 보아 사주당 이씨가 태어난 곳은 청주 서강내면이 확실하고, 그곳은 지명으로 보아 연못이 있었던 마을이다.

사주당은 비록 가난한 집안에서 태어나 경제적으로 어려웠지만, 어려서부터 총명하고 몸가짐이 단정하였다. 스스로 책 읽는 것을 매우 즐겼다. 『소학』·『가례』·『여사서』 등을 길쌈하면서도 등잔불 밑에서 거듭 외우고 익힐 정도로 공부벌레였다. 그래서 15세에 이미 사서삼경을 섭렵하여 미묘한 이치를 깨달았는데, 문중 어느 선비들보다도 높은 학문적 식견을 갖추었다.

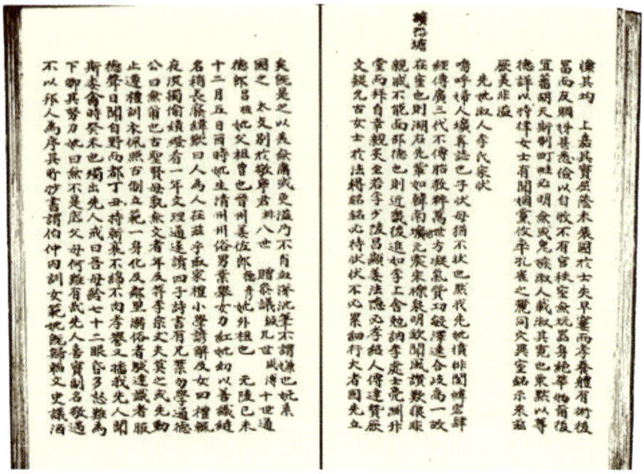

사주당의 아들 유희(柳僖)가 지은 「선비숙인이씨가장」(先妣淑人李氏家狀).
사주당의 생애가 잘 기록되어 있다.

집에서는 아버지를 위해 고기를 먹지 않고 솜옷을 안 입고 옛 교훈을 마음에 지니고 실천에 옮겼다. 사주당의 행동은 모두 예의와 교훈을 따랐기에, 그 향기로움이 인근 고을에 전해졌고 명성과 칭송이 먼 곳까지 미쳤다. 그래서 사주당에 관한 소문을 들은 선비들이 감탄하고 칭찬하지 않는 사람이 없었다고 한다.

이러한 소문은 용인에 사는 유한규(柳漢奎, 1718~1783)에게도 전해졌다. 유한규는 27세 때에 소과 진사에 합격한 뒤 32세부터 참봉으로 관직을 시작하였는데, 주역과 성리학은 물론 시문과 서예에도 능한 인물이다. 유한규는 잇달아 아내를 잃은 뒤 네 번째 부인으로 사주당을 맞아들였다. 사주당이 25세가 되던 1763년이다.

유한규의 첫째 부인은 23세에 자식 없이 세상을 떠났고, 둘째 부인은 1755년에 남편이 죽었다는 잘못된 소식을 듣고 두 딸을 남겨 놓은 채 자결하였다. 셋째 부인은 아들 하나를 낳고 사주당과 결혼하기 1년 전에 사망하였다.

유한규가 셋째 부인을 잃고 사주당과 결혼할 당시 나이는 46세였다. 원래 유한규는 잇달아 부인을 잃어 결혼할 뜻이 없었으나, 사주당이 유학에 밝고 행실과 재능이 남보다 뛰어나다는 소문을 듣고 "이 사람은 틀림없이 우리 어머니를 잘 모실 것이다"라는 판단 하에 결혼을 결심하고 청혼하였다. 그 당시 유한규는 벼슬에서 물러나 용인 구성에 있는 선영 아래에 살고 있었을 때였다.

사주당은 꽃다운 나이 25세에 46세인 유한규의 네 번째 부인으로 결혼하였다. 그것도 전처 소생이 3명이나 되고 늙고 병든 시어머니도 모셔야 하는 힘든 조건이었다. 그럼에도 사주당은 어려운 생활환경을 모두 받아들이고 아내로서, 어머니로서, 며느리로서의 역할과 본분을 다하였다. 그래서 시댁 여러 사람들이 사주당을 칭송하였을 뿐 아니라, 명문가 출신인 손아래 동서나 부유한 작은 시누이도 사주당을 공경하고 어려워하여 마치 귀한 손님 대하 듯하였다. 유한규 역시 사주당을 아내로서 벗으로서 진심으로 사랑하였는데, 사주당을 올곧은 난초에 비유하면서 함께 청초하고 고고하게 살아갈 것을 다짐하였다.

사주당은 결혼한 지 10년 뒤인 1773년에 아들 희(僖, 초명은 경(儆))를 낳았다. 딸 세 명도 차례로 낳았다. 그 무렵 유한규는 경능령(敬陵令)을 거쳐 1779년에 목천현감으로 부임하였으나, 3개월 만에 그만두고 돌아와 더 이상 벼슬에 나아가지 않았다.

이렇게 사주당은 유한규와 결혼한 뒤 경제적으로 어려운 살림살이를 꾸리면서도 1남 3녀를 낳아 잘 기르고 유유자적한 일상생활을 하면서 학문을 게을리하지 않았다. 이러한 사주당의 생활 모습은 다음과 같은 시에 잘 나타나 있다(박용만, 2013, 31쪽).

앞의 시에 차운하다(次前韻)

案上閑看女四書 책상 위 한가로이 여사서를 보면서

千秋尚友古賢妻 천 년 전 옛 어진 아내를 벗 삼는다네.

荷竿之子斜陽返 낚싯대 메고 갔던 아들 석양에 돌아오니

笑受下機貫柳魚 웃으며 베틀에서 내려와 버들로 꿴 물고기 받는다네.

사주당은 한가롭게 독서를 하면서 옛 어진 아내들을 벗 삼으며 살았다. 율곡 이이의 어머니 사임당 신씨가 바로 그런 벗의 하나였다. 사주당은 가난한 삶을 살면서도 자식을 기르며 한가로운 전원의 삶을 누렸다.

그러나 한가로운 삶은 오래 가지 못하였다. 남편인 유한규가 목천현감직을 그만두고 돌아온 다음 해인 1780년에 청주의 친정어머니가 작고하였다. 사주당의 나이 42살이었다. 3년 뒤인 1783년에는 남편마저 세상을 떠났다. 사주당에게는 결코 순탄한 인생길이 아니었다.

특히 어머니의 죽음은 사주당에게 큰 슬픔으로 다가왔다. 결혼한 이후 사주당은 늘 청주에 계신 어머니를 그리워하였다. 사주당은 막내딸로 태어나 어머니와의 정이 각별한데다가, 결혼하기 전 19살 때 이미 아버지는 돌아가시고 어머니만 홀로 남겨 놓고 시집을 왔기 때문이다. 늘 고향에 두고 온 어머니가 그립고 눈에 밟혔다. 다음과 같은 시가 그런 사주당의 마음을 전한다(박용만, 2013, 32쪽).

고향을 그리며(思鄕)

孤燈一點昔時面　한 점 외로운 등불에 비친 모습은 옛적 얼굴인데

母子他鄕魚鴈阻　어미와 자식 타향에 떨어져 물고기와 기러기도 막혔구나.

遠望向南山疊疊　멀리 남쪽을 향해 바라보매 산은 첩첩

仰天問月含情語　하늘을 우러러 달에게 정을 담은 몇 마디 묻노라.

이 시에는 어머니에 대한 그리움이 강하게 나타나 있다. 사주당은 자기 모습은 옛 모습 그대로인데, 어머니와 헤어져 있고 소식은 전할 길 없어, 단지 고향이 있는 남쪽 청주만을 바라보지만, 첩첩 산으로 가려져 볼 수가 없음을 안타깝게 여기고 있다. 그래서 하늘에 떠 있는 달에게 보고 싶은 정을 담아 어머니의 안부를 물을 뿐이다.

청주 고향에 계신 어머니에 대한 그리움은 다음의 시에도 잘 나타나 있다. 이 시는 눈 내린 겨울날 지은 것으로 보인다(박용만, 2013, 32쪽).

영설(詠雪)

東岳妙磨千片玉　동쪽 산은 잘 갈아 놓은 천 조각의 옥과 같고
西林爛發萬枝花　서쪽 숲은 흐드러지게 핀 만 가지의 꽃이어라.
長天一點南飛鴈　긴 하늘엔 한 점 남으로 날아가는 기러기
難繫尺書越我家　편지를 묶어 우리 집에 보내기 어려워라.

사주당은 눈 덮인 집 주변 설경을 바라보며 동쪽 산과 서쪽 숲을 매우 아름답게 표현하고 있다. 그때 마침 고향 청주가 있는 남쪽으로 날아가는 기러기를 보고, 고향에 계신 어머니 생각이 나서 편지를 기러기에 묶어 보내고 싶지만 현실은 그렇지 못하여 안타까운 마음을 드러내고 있다.

이와 같이 **사주당은 청주에 계신 어머니에 대한 그리움이 간절**하였다. 그 간절함이 얼마나 절실하였으면, 죽을 때 어머니로부터 받은 편지를 함께 묻어달라고 유언하였을까. 그런 만큼 어머니의 죽음은 큰 슬픔으로 다가왔다. 게다가 곧이어 벗이자 학문 도반이었던 남편마저 세상을 등졌으니, 그의 슬픔은 연속이었다.

이렇게 결혼 생활 20년 만에 남편을 잃은 사주당은 전처 소생인 장남에게 부담을 주지 않으려고 어린 네 자녀를 이끌고 남편의 묘소가 바라다보이는 용인 모현면 매산리로 분가하였다.

그러나 너무나 가진 것이 없어 필요한 의식주마저 구하기 힘든 상황이었다. 이때부터 혼자 농사를 짓고 길쌈을 하여 힘든 나날을 보냈다.

그러면서도 자식들 공부는 게을리하지 않았다. 사주당은 어려운 생활형편임에도 바른 자세를 잃지 않았고 맡은 도리를 다하였다. 자녀들도 바르게 자라나자, 원근에서 사주당을 칭찬하는 사람들이 많았다.

마침내 자녀들도 모두 바르게 성장하여 자립하였다. 실학자이자 음운학자인 아들 유희(柳僖, 1773~1837)는 어려서부터 총명하였다. 일찍부터 문리가 트였던 그는 수학 · 주역 · 성리학 등을 두루 공부한 뒤 조선후기 대표적인 실학자로 성장하였다. 특히 음운학에 정통하여 훈민정음의 자모를 분류한 한글학자로 유명하다. 『언문지』(諺文志) 등 1백여 권의 책을 펴내 한국 국문학사에 큰 족적을 남겼다. 그가 1824년에 저술한 『언문지』는 한글 역사에서 길이 빛날 업적으로, 한글 문자 음운을 새롭게 해석하고 표기하여 한자음을 표현할 수 있도록 하였다.

세 딸도 모두 품성이 뛰어났고 결혼한 이후에도 행실이 좋아 칭송을 받았다. 뒷날 사주당이 『태교신기』를 저술하자, 아들 유희와 함께 첫째와 둘째 딸도 어머니를 사모하는 애절한 글을 발문으로 남겼다. 그 문장이 뛰어난 것으로 보아 딸들도 문장에 밝고 식견이 높았던 것으로 보인다.

사주당은 며느리를 맞이한 다음 해인 1792년에 큰 병을 얻어 고생하였다. 설상가상으로 1794년 2월에는 결혼한 지 2년밖에 안 된 아들 유희가 과거시험 사건에 연루되어 전라도 해남으로 귀양을 갔다가 이듬해 2월 돌아왔다. 1797년에는 용인 모현촌(慕賢村) 관청동(觀靑洞, 현 용인시 처인구 모현면 왕산리 관창마을)으로 거처를 옮겨 농사를 지었다. 그의 나이

59세였다. 71세가 되던 1809년부터는 한때 유희를 따라 단양의 장림(長林)으로 옮겨 살기도 하였다.

1814년 6월에 며느리 전주 이씨가 세상을 떠났다. 그해 12월에는 전처 소생인 장남이 운명을 달리하였다. 그리고 이듬해에는 장남의 아들인 손자마저 죽는 등 집안 형편이 어려웠다. 그러자 사주당은 1819년 6월에 단양의 거처를 정리하고 선영을 지키기 위해 용인으로 되돌아왔다.

사주당은 80세가 넘으면서 고질병이 있어 3년 정도 고생을 하였는데, 그 와중에도 책을 손에서 놓지 않았다. 1821년 9월 22일 세상을 떠나니 그의 나이 83세였다. 그해 11월 20일에는 용인 모현촌 관청동 당봉

사주당 이씨와 남편 유한규의 합장묘. 한국외국어대 용인 캠퍼스 뒤 당봉산 중턱에 있다(용인시 처인구 모현면 관청동). 묘소 주변으로 용인 태교의 숲이 조성되어 있다.

(鏳峯) 아래 자리를 정하고 다른 곳에 있던 남편 유한규의 묘를 옮겨 합장하였다. 사주당의 유언에 따라 청주 어머니가 안부를 물은 편지 1축, 유한규의 「논성리」(論性理) 1축, 손수 베낀 『격몽요결』(擊蒙要訣) 1권을 상자에 담아 함께 묻었다. 죽어서도 청주 어머니에 대한 그리움과 사랑을 품고 잠들었을 뿐 아니라, 한 남자의 아내이자 성리학자로서 눈을 감았다.

학문의 길

사주당이 주목 받는 것은 참으로 어려운 삶의 역경 속에서도 높은 학문적 성취를 이룬 점이다. 사주당은 남편과도 학문을 논하고 시문을 주고받았다. 아들 유희가 자신의 학문 스승으로 삼았을 정도였다. 당대 여러 젊은 학자들도 사주당에게서 학문적 가르침을 받을 정도이니, 사주당의 학문적 깊이와 식견을 짐작할 수 있다.

사주당은 태고난 학자이다. 사주당 역시 다른 여자 아이처럼 어릴 때 처음 익힌 것은 길쌈과 바느질이었다. 그것도 인근에 소문이 날 정도로 솜씨가 좋았다. 그럼에도 사주당은 길쌈과 바느질이 자신이 추구해야 할 길이 아님을 직감하였다. **여성은 무조건 길쌈과 바느질만 하며 공부는 남성만 하는 것이 아니라는 사실을 깨치고, 과감히 학문의 길**에 들어섰다.

사주당은 어린 나이에 공부를 시작한 지 1년 만에 성리학의 기본 텍스트인 『가례』(家禮), 『소학언해』(小學諺解), 『여사례』(女四禮) 등을 독파하였다. 그에게 밤은 없었다. 머리도 영민하였다. 부모님의 배려도 큰 몫을 하였다. 다른 형제들이 여자가 무슨 공부냐 하면서 핀잔을 줄 때, 부모님, 특히 사주당의 아버지는 "아니다. 옛 성현의 어머니 가운데 누가 글을 남기지 않은 분이 있느냐" 하면서 사주당의 든든한 후원자가 되어 주곤 하였다. 그 결과 특별한 스승도 없이 혼자 공부를 시작한 지 몇 년 안 되어 사서삼경을 읽고 이치를 스스로 깨달아, 15살 무렵에 이미 집안 문중 어느 남자들보다 뛰어났을 정도이다.

이러한 사주당 이씨의 학문적 열정과 지향은 그의 당호에서도 알 수 있다. 처음 당호는 희현당(希賢堂)이었는데, 나중에 '사주당'(師朱堂)으로 고쳤다. 사주당이라 함은 최고 · 최대의 성리학자인 주자를 스승으로 모시겠다는 의미이다. 이는 율곡 이이의 어머니인 사임당 신씨(師任堂申氏, 1504~1551)와 비교된다. 사임당의 당호는 주나라 문왕의 어머니인 태임(太任)을 본받고자 한 것으로, 그 지향점은 어진 어머니로서 성현을 기르는 현모양처를 이상형으로 삼은 것이다. 반면에 사주당은 대학자인 주자를 이상형으로 삼았다. 사주당은 시대가 준 여성성을 뛰어넘어 보편적인 인간으로서 보다 주체적인 지향점을 가지고 있었다.

그렇지만 사주당은 사임당을 매우 존경하였다. 다음과 같은 시가 있다(박용만, 2013, 31쪽).

사임당의 시에 차운하다(次師任堂韻)

欲淸河水曜臨瀛 맑아지고 싶은 황하의 물이 반짝이며 바다에 도달하듯

東國文祥先應情 우리나라 혼례의 예법은 먼저 뜻에 응한다네.

長世徽音焉獨擅 긴 세월 아름다운 평판을 어찌 홀로 마음대로 하랴?

春閨芳李一枝靑 봄날 규방 앞 향기로운 오얏꽃 한 가지가 푸르네.

이 시는 사임당이 쓴 '울면서 어머니를 이별하다'(泣別慈母)라는 칠언절구 한시를 차운한 것이다. 아마도 결혼 이후 고달픈 시집살이를 하면서 친정어머니가 그리워 특별히 이 시에 차운한 것으로 여겨진다. 이 시는 사임당이 율곡 이이의 외할머니이자 자신의 어머니와의 이별을 읊은 것이다. 사주당은 이 시를 읽고 같은 여성으로서 공감을 하면서 사임당이 오래도록 높은 평판을 받는 인물로 존경을 표하고 있다. 그러면서 봄날 자기 방 앞에 피어난 오얏꽃을 보고 사임당의 아름다움을 떠올리며 그 향기를 시에 담아 내었다.

사주당은 어린 나이에 학문적 성취만 이룬 것이 아니라 예의범절도 잘 지켰다. 의복도 격식을 갖추어 입었다. 일상의 규범도 올바르게 처신하여 소문이 이웃에 자자하였다. 아들 유희는 자신의 어머니야말로 학문이 깊고 행동거지가 올바른 선비 중에 선비라고 칭송할 정도였다.

그러한 소문과 칭송은 용인까지 전해져 유한규와 결혼하게 되었지만, 그의 학문적 성취는 결혼하기 전에 이미 높은 수준에 이르렀다. 유한규가 1763년 4월 결혼하기 위해 사주당이 사는 청주 집에 갔을 때, 사주

당의 방에 들어가 상자를 열어 보니, 『소학』과 『가례』에서 뽑아 기록한 책이 눈에 띄었다. 이 책은 여자들이 스승 삼고 본받을 만한 것을 한문과 한글로 베껴 만든 책으로, 사주당이 쓴 서문까지 있었다. 그 책에는 다음과 같은 사주당의 시가 적혀 있었다(박용만, 2013, 23쪽).

四卷小子學 소자가 배우는 4권의 책이지만
中有成人事 그 안에는 성인이 되는 길이 있다네.
閨裏無賢師 규방 안에는 어진 스승이 없나니
私淑古君子 옛 군자를 사숙한다네.

이 한시에서 알 수 있듯이, 사주당은 당시 시대적 제약으로 여성들이 다닐 학교(향교 · 서원)도 없고 그렇다고 개인적으로 스승을 둘 처지도 아니었다. 사주당은 이런 현실을 매우 안타깝게 여겼다. 그렇지만 **길쌈과 바느질만 하는 평범한 여성의 길을 거부하고 책 속에서 스승을 찾고 성인이 되는 길을 추구**한다. 그 결과 남편이 될 유한규와 서로 시문을 주고받을 정도로 이미 결혼하기 전에 학문적 깊이가 있었다. 결혼한 이후에도 학문을 게을리하지 않아 경서를 읽고 시문을 짓는 등 당시 남성의 전유물이었던 학문에서 단연 두각을 나타내었다.

실제 당시 대표적인 성리학자였던 한원진(韓元震)이나 송명흠(宋明欽) 등과 같은 유학자들도 사주당의 명성을 듣고 찬탄하면서 직접 만나볼 수 없음을 안타깝게 여겼다. 일부 젊은 학자들은 직접 사주당을 찾아가 가르침을 받거나, 아들 유희를 통해 궁금한 점을 물어보기도 하였다. 유희 역시 어머니를 스승으로 모시고 학문을 하였고 그 결과 경학을 깊이 이해하고 넓은 지식을 습득할 수 있었다. 사주당의 학문 수준은 다음과 같은 글을 통해서도 알 수 있다.

> 『중용』의 천명지성(天命之性)이나 『맹자』의 성선지성(性善之性)은 애당초 분수(分殊)의 경계까지 논의해 들어가지 않았으므로 다만 성의 본체만 본 것입니다. 사실은 『중용』을 저술한 자사(子思)와 『맹자』를 저술한 맹자가 어찌 인간의 삶을 초월하여 별도로 본연의 순선함을 토출(討出)할 수 있었겠습니까? 또한 칠정(七情)의 욕망은 그 당연(當然)을 논하자면 곧 도심(道心)이요, 아울러 발하여 절도(節度)에 맞지 않으므로 인심(人心)에 속하게 되는 것이니, 도심이 어찌 일찍이 인심에서 분리되어 홀로 존재하며, 욕망이 어찌 두 개의 욕망이 있을 수 있겠습니까?

이 글은 사주당이 남편인 유한규에게 보낸 편지 내용의 일부이다. 사주당은 『중용』과 『맹자』 등을 명료히 이해하고 여러 주석을 비판적으로 재해석하여 자신만의 학문적 견해를 피력하였다. 특히 이 글에서 주목되는 것은 도심(道心)과 인심(人心)에 대한 해석이다. 당시 조선 지식인의 일반적인 견해는 당연히 도심과 인심을 구분하였으나, 사주당은 인심도 도심에서 나온 것으로 보았다. 칠정의 욕망이 절도에서 벗어나, 도심이 인심이 된 것이다. 그러면서 도심과 인심, 심지어 인간의 욕망도 모두 도심의 관점에서 바라보았다.

이런 견해는 인간을 보다 순수한 관점에서 바라본 것으로, 인간의 존재를 보다 주체적으로 인정한 것이다. 이것은 **인간 본연의 욕망마저 도심의 일부로 인정한 데서 알 수 있듯이 인간주의적인 관점에서 성리학을 재해석한 것으로 볼 수 있다. 이는 남존여비라는 성 차별을 극복하고 인간 본연의 욕망을 순수하게 받아들이는 철학적 바탕**이 되었다.

사주당은 수많은 사람들을 죽음으로 몰고 간 붕당정치에 대해서도 비판적인 정치관을 피력하였다. 붕당의 정점에 있었던 우암 송시열에 관해서도 다음과 같은 의견을 제시하였다.

> 무릇 우암같이 도덕과 문장이 뛰어나 혁혁하게 명성이 있는 분이라도, 반은 남인을 잃어버리고 또 반은 소론을 잃어버려서 한 나라의 종사(宗師)가 될 수 없었으니, 이는 불행이다. 그리고 명재 윤증처럼 도덕과 문장이 뛰어나고 담박하고 온화한 기질로도 한번 자기 스승인 송시열에게 겸손하게 물러나지를 못해서 끝내 생삼사일(生三事一, 아버지 · 스승 · 임금을 하나같이 섬김)의 가르침을 어기게 되었으니, 이것은 불행이다. 옛날의 군자는 그 은택이 천하 만민에게 더해졌거늘, 지금의 군자들은 다른 사람 이기기를 좋아하고 남을 원망하는 행실이 세간의 도리에 해를 끼치고 있으니, 어찌 애석해하지 않으랴.

사주당은 여성주의적인 시각에서 붕당에 대해 매우 비판적인 견해를 피력한다. 친정어머니의 고조부가 우암 송시열과 동서지간임에도 불구하고 송시열과 윤증의 불화로 노론과 소론이 붕당하고 남인과 대립한 것을 비판하였다. 사주당은 붕당의 원인을 군자들이 서로 원망하고 싸우는 행실에 있다고 지적하면서, 이러한 현실을 매우 안타깝게 여겼다.

세계 최초의 태교 책 『태교신기』를 쓰다

『태교신기』를 짓다

『태교신기』는 사주당이 62세였던 1800년(정조 24)에 아기를 가진 여자들을 위하여 한문으로 글을 짓고, 아들인 유희가 음의(音義)와 언해를 붙여 1801년(순조 1)에 펴낸 책이다.

사주당은 아이 교육에 관심이 많았다. 특히 **사주당은 인간 품성이 어머니 뱃속에 있는 기간 동안 결정되는 것으로 보았다. 어머니 뱃속에 있는 10개월의 교육이 출생 이후 10년의 교육보다 더 중요**하였다.

그래서 사주당은 결혼 뒤 아이를 임신할 때마다 틈틈이 태교를 익혀 실천하고 옛 선현의 좋은 말씀과 음식에 관한 것, 임산부가 금해야 할 의학 지식 등을 수집하여 꼼꼼히 한글로 적고 자신의 생각을 덧붙였다. 그리고 여러 경전에서 어린아이들을 가르치는 데 도움이 될 만한 말을 메모해 두었다. 이렇게 사남매를 낳고 기르면서 태교 관련 글이 모아지자, 유한규는 사주당의 글을 묶어 한 권의 책자로 만들었다. 책 이름은

『교자집요』(敎子輯要)였다. 말 그대로 자식을 가르치는 글모음 책이다. 태교 외에 부록으로 아이 교육 관련 글이 있었기 때문에, 책 이름을 '교자'(敎子)라 한 것이다.

이렇게 한 권의 책으로 묶었지만, 이 책은 더 이상 빛을 보지 못하였다. 그러는 사이 사주당의 극진한 태교와 교육을 받은 사남매는 잘 자라 어른이 되었다. 사주당도 어느덧 환갑을 지나 62세가 되었다. 아들 유희가 전라도 해남으로 유배되는 등 우여곡절을 거친 뒤 용인 모현촌 관청동으로 거처를 옮겨 평온한 삶을 살 때였다. 조선후기 문예를 융성하게 한 정조가 죽고 순조 임금이 왕위에 오른 1800년이었다.

어느 날 우연히 넷째 딸의 책상자를 열어 보니, 상자 안에 20여 년 동안 빛을 보지 못한 『교자집요』가 있는 것이다. 그 책은 사주당이 사남매를 임신하고 기른 고통과 애환이 스며 있는 보물상자나 다름없다. 그냥 묻어 두기에는 내용이 매우 중요하다고 생각한 사주당은 그 책을 꺼내 다시 손질하였다. 부록으로 있던 아이 양육 관련 글을 제거하고 태교에 관한 내용만을 뽑아 재정리하였다. 『소의』(少義), 『내측』(內側), 『열녀전』(烈女傳), 『대대례기』(大戴禮記), 『황제내경』(皇帝內經) 등에서 태교에 관한 단편적인 기록을 일일이 찾아 참작하여 보충하였다.

사주당이 특별히 태교에 관심을 둔 것은 태교 관련 책이 없었기 때문이다. 명나라 유씨가 저술한 것으로 부녀자들이 지켜야 할 규범을 수록한 『여범』(女範)에 "옛날에 현명한 여인이 임신하였을 때 반드시 태교를 하여 몸가짐을 삼갔다"라고 하였지만, 세상에는 태교 책이 없었다.

더욱이 사주당은 직접 네 차례 임신하여 태교를 통해 아이를 낳고 기른 경험도 있었다. 이런 이유로 사주당은 여성들에게 도움을 주고자 태교 책을 새롭게 엮게 되었다. 그래서 책 이름도 『태교신기』라 하였다.

이를 지켜본 아들 유희는 어머니가 엮은 『태교신기』 목차를 다시 편제하고 주석을 붙였다. 그리고 음의(音義)를 한글로 해석하여 『태교신기장구대전』(胎敎新記章句大全)이란 이름으로 편집하였다. 1801년이다. 1810년에는 사주당의 큰딸과 둘째 딸이 발문을 한글로 달았다. 이 책이 오늘날 알려진 『태교신기』이다.

『태교신기』가 세상에 널리 알려지기 시작한 것은 사주당의 외숙모인 빙허각 이씨가 1809년에 지은 『규합총서』(閨閤叢書)이다. 『규합총서』는 부녀자를 위해 한글로 엮은 생활 지침서로, 『태교신기』 내용이 수록되어 있다. 한말 애국계몽운동이 활발히 펼쳐지던 1908년에는 기호흥학회월보에 『태교신기』 내용이 7회에 걸쳐 연재되기도 하였다. 이것이 정식 출판된 것은 1937년으로, 사주당의 아들인 유희의 현손인 유근영이 석판본으로 『태교신기언해』를 간행하였다.

『태교신기』 구성과 가치

『태교신기』는 모두 10장 35절로 구성되어 있다. 제1장은 모두 6절로 구성되어 있는데, 자식의 기질이 부모로부터 온다고 하면서 태교의 중요성을 역설하였다. 사주당은 **“스승의 십 년 가르치심이 어머니가 열 달 기르심만 못하고 어머니가 열 달 기르심은 아버지가 하루 낳아 주심만**

못하다"라고 하면서 태교의 중요성을 언급하였다. 특히 제2절에서는 아버지의 도리를 어머니의 도리보다 먼저 강조하였다.

제2장에서는 여러 사례를 통해 태교의 효험을 설명하였다. 제3장에서는 옛날과 달리 오늘날은 태교가 부족하여 그 자식들이 자질과 능력이 떨어진다고 하였다. 제4장에서는 구체적으로 태교 방법, 즉 임산부가 어떻게 보고, 듣고, 앉고, 거처하며 걷고, 잠자야 하는지 등을 설명하였다. 제5장에서는 재차 태교의 중요성을 말하면서 반드시 태교를 할 것을 권하였다. 제6장에서는 태교를 하지 않았을 경우 닥치는 폐해를 언급하였다. 제7장에서는 미신이나 잘못된 태교 방법에 현혹되지 말 것을 경고하였다. 제8장에서는 이런저런 인용을 통해 태교의 이치를 증명하였고, 제9장에서는 옛 사람들이 일찍이 행한 태교 방법을 인용하였다. 제10장에서는 거듭 태교의 근본을 역설하였다.

이런 내용을 가진 **『태교신기』는 태교 관련 기존 자료를 모두 참조하고 사주당 자신이 네 아이를 낳고 기르면서 경험한 바를 바탕으로 저술**한 것이다. 그래서 『태교신기』의 내용과 가치가 높은 것으로 보인다.

특히 **사주당은 태교가 단지 아이를 잘 낳는 차원에서 한 발 더 나아가, 우주적 인격체를 길러 내는 첫 출발점으로 태교를 바라보았다.** 기존 태교는 단지 태교가 의식주를 잘 하는 수준에서 더 진전되지 않았으나, 사주당은 좀 더 우주적인 관점에서 철학적으로 태교에 접근하였다. 태교를 매우 신성한 부모로서의 도리이자 의무로 보았을 뿐 아니라, 외형적인 의식주 외에 바른 몸가짐과 마음가짐 같은 내면의 태교를 강조하였다.

또한 태교가 어머니 혼자만의 도리가 아니라, 아버지, 더 나아가 가족 모두의 책임으로 여겼다. 사주당은 제4장 제1절에서 "태를 기르는 사람은 어머니 자신 한 사람만이 아니다. 온 가족이 항상 조심하여야 한다"고 하면서, 가족 모두가 태교에 임해야 한다고 보았다. 그리고 마지막 제10장에서는 남자에게도 태교 책임이 있으니, 부인에게 태교를 가르쳐야 한다고 주장하였다. 태교에서 남자의 역할을 다시 한 번 강조하면서 책을 끝맺고 있다.

이러한 지적은 태교 생태학적인 관점에서 볼 때 매우 중요한 지적이다. **태교는 여성 외에 남성, 더 나아가 가족 모두의 책임이다. 그것은 자라나는 미래 세대를 위한 생명 사랑이다.**

사주당의 가치와 의의

사주당의 위대함은 모든 것을 스스로 깨닫고 이루어 냈다는 점이다. **남성의 전유물이었던 성리학 공부에 심취하여 이치를 깨닫고 여성주의적 시각에서 세태를 비판하였다. 그것이 가능하였던 것은 여성으로서의 주체성 자각이 있었기 때문이다.** 그것은 어려운 현실적 삶을 초월하고, 생명의 관점에서 태교를 주목하고, 주체적으로 성리학을 공부할 수 있었던 원천이 되었다.

그래서 사주당은 평생 바느질과 길쌈만을 일삼는 당시의 여성성을 어린 나이에 극복하고 학문에 심취, 상당한 유학 지식을 연마할 수 있었다. 결혼한 이후에도 책을 손에 놓지 않았다. 몸과 마음가짐을 바르게 하면서 주어진 역할에도 충실하였다. 사주당은 치매에 걸린 시어머니를 지극정성으로 모셨다. 21살 연상의 남편과는 부부로서 또는 학문적 도반으로서 사이좋게 지냈으며, 어머니로서 네 자식을 낳아 모두 잘 길러냈다.

특히 태교의 중요성을 인식하고 네 아이 모두 정성으로 태교를 하면서 낳고 길렀다. 그러한 경험은 성리학적 식견을 바탕으로 『태교신기』 저술로 이어졌다. 그 당시 태교법을 소개한 단편적인 기록은 있었으나, 태교 전문 서적은 동서양을 망라해 『태교신기』가 처음이다.

더욱이 사주당은 인간의 심성 발달과 인격 형성에 있어서 어머니 뱃속 10달이 매우 중요함을 인식하고 네 아이를 임신하였을 때 직접 시행한 태교법을 토대로 『태교신기』를 저술한다. 그 때문에 이 책의 가치와 중요성은 더 크다 할 수 있다. 특히 **사주당은 태교를 철학적인 견지에서 수신의 한 범주로 다룬다. 태교가 단지 10달 동안 몸 조심하여 좋은 아이를 출산하는 방편이 아니라, 궁극에는 나의 몸과 마음을 닦고 그것이 미래 세대까지 이어지는 지속 가능한 생명 사랑의 표현**이다.

오늘날에도 『태교신기』는 비록 200년 전에 저술된 책이지만, 그 내용이 사실에 부합할 뿐 아니라 중요성이 인식되어 애독되고 있는 실정이다.

특히 사주당 이씨가 세계 최초의 태교 책을 저술할 수 있었던 것은

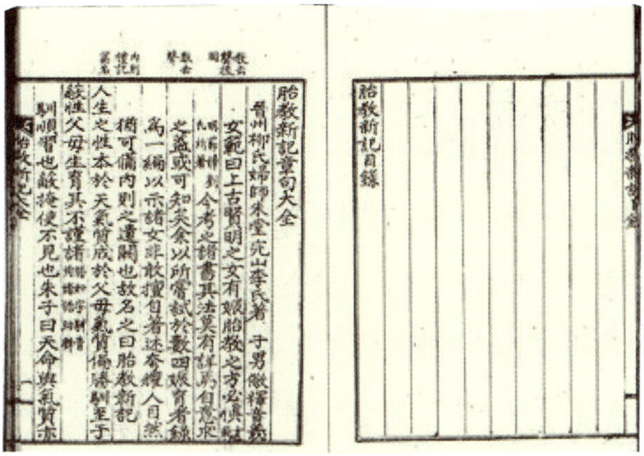

1937년에 유근영이 편찬한 『태교신기장구대전』(胎教新記章句大全)

모든 생명을 중시하고 여성으로서 주체적인 삶을 살았기 때문이다. 당시 남존여비 사상이 강화되고 여성의 삶이 남성에게 철저히 종속되어 가던 시대적 상황에서, 시대의 이데올로기와 억압 및 사조를 뛰어넘는 일은 쉬운 일이 아니다. 아니, 매우 힘든 일이 아닐 수 없다. 그럼에도 불구하고 **사주당 이씨는 사회적 젠더를 극복하고 인간으로서 주체적인 삶을 영위하였다. 여성인 자신에게 주어진 사회적 역할에도 충실하면서 조화로운 삶**을 살았다. 그 결과 세상 사람들의 비난 대신 존경을 받을 수 있었고, 자신의 신념과 경험에 기초하여 『태교신기』를 저술할 수 있었다.

사주당의 자취를 찾아서

사주당 이씨가 태어난 곳은 청주 서강내면 지동 마을이다. 지동이란 지명을 찾아보니, 실제 조선시대에 청주군 서강내일하면(西江內一下面)에 지동리가 속해 있었다. 이곳은 1914년 이후 청주군 강서면 지동리에 편입되고, 오늘날 이곳은 청주시 흥덕구 지동동 일원으로 보인다. 현재의 지동동이 사주당이 태어난 고향으로 판단되는 것은 조선시대부터 전해 오던 지명 외에 실제 지금도 꼬꼴랭이방죽, 공말방죽, 피악골방죽 등과 같은 저수지가 지동동에 소재하고 있다.

그러나 지명을 추적하여 사주당이 태어나고 성장한 고향이 어느 곳인지 파악할 수 있지만, 보다 구체적으로 어느 곳인지 번지수는 파악이 불가능하다. 당연히 생가 터도 알 수 없으며 어떠한 흔적도 찾아볼 수 없다.

반면에 사주당이 결혼을 하여 출가한 용인은 사주당의 흔적을 완연히 찾아볼 수 있다. 사주당이 결혼하여 극진한 태교를 통해 네 아이를 낳고 기른 곳은 현재의 경기도 용인시 처인구 모현면 왕산리 관창마을이다. 이곳에는 사주당 부부 묘와 아들 유희의 묘소가 있어, 이곳이 사주당이 살던 곳이란 것을 알 수 있다.

용인시에서는 다양한 사주당 기념 사업을 추진하고 있다. 2010년 11월에 여성발전토론회 및 여성 역량강화 특강으로, 사주당 이씨의 태교신기 영상물을 상영하고 '용인의 큰 여성 사주당 이씨'를 주제로 역사

속 용인 여성 재조명 토론회를 개최하였다. 2011년에도 용인 여성발전 토론회 일환으로 '사주당 이씨와 태교신기 210년의 잠에서 깨어나다'라는 주제의 학술토론회를 개최하였다. 2011년 3월 25일에는 용인 인사들을 주축으로 '이사주당기념사업회'가 창립되어, 사주당과 태교 관련 기념 사업을 추진하고 있다. 2014년 10월 18일에는 경기도박물관에서 태교 음악회를 여는 등 활발한 활동이 추진되고 있으며, 사주당이 묻혀 있는 용인 당봉산에는 태교의 숲이 조성되어 있다.

반면에 사주당이 태어나 성장한 청주는 그의 존재가 알려져 있지 않았었다. 다행히 2013년도에 충북의 역사문화 인물로 선정되어, 10월에 충북학연구소에서 사주당 재조명 학술회의를 개최하고 놀이마당 울림 주관으로 '사주당 기념 태교축제'를 열었다. 그러나 청주시는 물론 지역 인사들의 무관심으로 일회성 행사로 끝나, 사주당은 재조명되는 듯하다 다시 고향에서 그의 존재가 잊혀지고 있다.

지역을 빛낸 인물은 지역의 문화상징이자 지역이 나아갈 길을 밝혀 주는 등불과도 같은 존재이다. 조선시대에 여성학자로서 당당한 모습을 보여 주고 세계 최초의 태교 책을 저술한 사주당 이씨는 다른 어느 인물보다 청주를 빛낸 인물이자, 청주의 가치를 더욱 높여 줄 수 있는 역사문화 인물이다. **앞으로 청주에서도 사주당의 존재에 귀기울이고, 그의 존재를 통해 주체적인 여성의 삶과 생명 정신을 이어받았으면 한다. 그것은 청주가 생명문화도시로 가는 여정**이 될 것이다.

참고문헌

박용만, 『충북의 역사문화인물』, 충북학연구소, 2013.

배병철, 『다시 보는 태교신기』, 성보사, 2005.

이혜순, 『조선후기여성지성사』, 이화여대 출판부, 2007.

박용옥, 「한국에 있어서의 전통적 여성관-이사주당과 태교신기를 중심으로-」, 『이화사학연구』 16, 1985.

심경호, 「사주당 이씨의 삶과 학문」, 『한국고전여성문학연구』 18, 2009.

8 | 근대의 관문 청주역의 슬픈 이야기

기억 너머 철길을 걷다

근대의 관문 청주역의 슬픈 이야기

지역학에서 자주 다루는 키워드의 하나는 '기억과 기념'이다. 지역에는 과거의 흔적들이 남아 있다. 어떤 경우에는 변형되어 있거나 왜곡된 형태로 남아 있다. 장소의 흔적들은 추체험을 제공하거나 회상을 통해 기억을 재생산하고 사라진 시간들을 연장시킨다. 때로는 흔적들이 아무런 자취도 남기지 않고 사라지는 경우가 허다하다. 그것은 장소의 살해이다.

그러나 의미 있는 장소와 그 흔적들은 대부분 보존하거나 다양한 상징기호로 기념하고 있다. 문제는 어떻게 기억하고 기념할 것인가이다. 이 지점에서 현재 살고 있는 지역민의 인식 수준, 역사관, 가치관, 권력관계 등이 고스란히 표출된다. 그 때문에 **지역학에서는 무엇을 어떻게 기억하고 기념할 것인가가 중요한 과제로 부각**될 수밖에 없다.

실제 이곳에서 다루고자 하는 옛 청주역의 기억에서도 좋은 사례를 찾아볼 수 있다. 일제강점기 식민지 도시 청주의 관문으로 1921년에 개

* 이 글은 한국방송통신대학교에서 교재로 펴낸 『역사의 현장을 찾아서』(2010)에 수록된 것을 수정 보완하였다.

통된 청주역은 그것을 기억하고 있는 수많은 유산이 오늘날까지 남아 있다. 그 유산에는 근대성과 식민지성이 중첩되어 있고, 청주역만의 장소성을 가지고 있다. 과연 청주 시민은 옛 청주역을 어떻게 기억하고 그 장소성을 어떻게 살려 상징화할 것인지, 이는 청주학의 과제가 아닐 수 없다.

20세기 철도는 근대 문화의 꽃이었다. 그것은 자본주의의 세계 팽창과 궤를 같이하는 것으로, 근대와 식민을 동반하였다. 우리나라도 예외는 아니다. 1921년부터 달리기 시작한 충북선 기차도 거대한 역사의 수레바퀴에서 자유로울 수 없다.

과연 충북선과 청주역에서 무엇을 발견할 수 있을까? 단지 추억과 낭만으로만 청주역을 대하기에는 그 역사가 가슴 아프다. 우리는 **청주역을 어떻게 기억하고 기념해야 할 것인지 그 답을 청주학에 묻는다.**

근대와 식민이 타고 온 기차

> 화륜거의 소리는 우뢰와 같아 천지가 진동하고 기관차의 굴뚝 연기는 하늘 높이 솟아오르더라. 차창에 앉아서 밖을 내다보니 산천초목이 모두 움직이는 것 같고 나는 새도 미처 따르지 못하리.(독립신문, 1899. 9. 19)

위 신문기사는 우리나라에 처음으로 기차 바퀴가 구른 다음 날 독립신문에 실린 내용이다. 그것은 충격이다. 화륜거, 기차 소리는 천지를 진동하고 너무나 빨라 새도 따르지 못할 정도였다니, 기차를 처음 본 사람들의 문명 충격은 대단하였다.

실제 기차는 단지 문명의 충격으로만 끝나는 것이 아니다. 기차는 19세기에 일어난 가장 혁명적인 사건 가운데 하나이다. 1804년 영국의 발명가 리처드 트레비직에 의해 처음 만들어졌다. 그 뒤 1825년에 조지 스티븐슨이 증기 기관차 '로코모션'을 실용화함에 따라, 석탄만 운반하던 기차는 사람까지 운송하는 철도의 시대를 열었다.

철도는 단지 교통과 운송 수단에 불과한 것이 아니다. 철도가 놓이고 그 위로 기차가 달리면서, 엄청난 사회경제적 변화와 생활양식의 변모를 초래하였다. 기차에 실려 온 자본주의 상품은 새로운 일상의 체험을 강요하고, 기차에 실려 간 생산품은 새로운 경제에 적응해야만 하였다. 기차를 타고 오가는 사람들로 전통적인 사회는 해체되고, 이전에 상상할 수 없는 지역과 소통이 이루어졌다. 그것은 곧 전통적인 공간과 시간의 소멸을 의미한다. 철도는 시간을 단축하여 지역과 지역을 하나로 연결하고 공간을 무한히 확장하면서, 미지의 세계와 사람들을 하나로 만들어 갔다. 그 과정에서 빼앗는 자와 빼앗기는 자가 생겨났다. 성장하는 세력과 몰락하는 세력이 나타났다. 기차가 철도 위를 거침없이 달려가듯이, 철도는 거센 자본주의 물결을 따라 세계로 세계로 뻗어 나갔다. 그것은 제국주의 침략으로 이어졌다.

드디어 기차는 우리나라에도 도달한다. 스티븐슨이 증기 기관차를 발명한 지 74년이 지난 1899년 9월 18일, 인천 제물포역과 서울 노량진역을 오가는 3.2km 경인선 철도가 개통되자, 기차는 천지를 울리고 거센 증기를 내뿜으면서 한반도 곳곳을 거침없이 내달리기 시작하였다.

이렇게 충격으로 시작된 **철도는 근대 문명이기 이전에 '근대'를 수반한 침략과 수탈의 레일**이다. 우리나라도 철도에 관심을 갖고 그 필요성을 논의한 것은 1889년 주미대리공사였던 이하영이다. 그는 귀국하면서 철도 모형을 가져와 철도 부설을 역설하였다. 그러나 자본과 기술이 부족하여 결실을 맺지 못하고, 1896년 3월 미국인 모스에게 경인철도 부설권을 넘겨 주었다. 그러나 호시탐탐 한국 침략을 엿보던 일본이 1898년 12월 모스에게 거액의 돈을 주고 경인선 부설권을 양도 받아 1899년 9월 18일 경인선 철도를 개통하였다.

일본인의 손에 의해 놓인 첫 기차는 굴절된 근대 문명을 실어 날랐다. 결국 일본은 철도를 앞세워 한국은 물론 중국 대륙으로의 침략과 수탈에 나섰으니, 일본의 한국 침략은 철도의 역사와 함께한다.

일본은 1901년에 서울과 부산에서 각각 경부선 철도 기공식을 갖고 1904년 12월 27일 완공하였다. 드디어 경부선 철도가 1905년 1월 1일 개통되었다. 같은 해 9월 11일에는 경부선과 일본 철도가 부관(釜關) 연락선을 매개로 연결되었다. 1906년에는 경의선도 개통되었다. 그에 따라 사실상 일본 열도와 한반도 및 중국 대륙은 철도로 연결되어 침략과 수탈을 위한 동맥이 구축되었다. 이는 1911년 11월에 만주까지 직통 급행열차가 운행된 사실만 보아도 알 수 있다.

호남선은 1896년에 프랑스가 부설권을 요구하였으나, 우리 정부가 거절하였다. 정부는 우리 손으로 건설하고자 1904년 6월에 '호남철도주식회사'에 강경-군산 간 철도와 공주-목포 간의 철도 부설권을 인허하였다. 그러자 일본은 군사상 중대한 의미를 지닌 경목선(호남선)을 개인에게 허가하는 것은 부당하다는 이유로 압력을 넣어 부설권을 취소하도록 하였다. 결국 호남선은 1910년 1월 1일 일본에 의해 착공되어 1914년에 개통되었다.

철도 주요 연표

1899.	9.	18	경인선(인천-노량진) 개통
1905.	1.	1	경부선(영등포-초량) 개통
1906.	7.	1	통감부 철도관리국 설치, 철도 국유화
1906			경의선 개통
1911			만주까지 열차 운행
1914.	1.	22	호남선 개통
1928.	11.	25	함경선 개통
1931.	8.	1	장항선(천안-장항) 개통
	7.	1	금강선(철원-내금강) 개통
1936.	12.	16	경전선 개통, 이리-여수 구간을 전라선으로 개칭
1939.	11.	1	부산-북경 간 대륙호 운행 개시
	7.	25	경춘선(성동-춘천) 개통
1942.	4.	1	중앙선(청량리-경주) 개통
1943.	5.	15	경의선(서울-신의주) 복선 개통
1945.	9.	11	남북철도 운행 중지

그 뒤에도 일본은 한반도를 침략하는 수단으로 끊임없이 철도 길이를 확장하여, 우리나라를 지배하는 동안 5천여km의 국유 철도와 1천 4백여km의 사설 철도를 부설하였다. 특히 일본은 대륙 침략을 위해 일본-한국-중국을 잇는 남북 종관(縱貫) 철도, 즉 경부선과 경의선을 연결하여 한반도를 종단하도록 하였다. 그런 다음 경부선과 경의선 지선으로 사설 철도를 부설하여 기차가 한반도 곳곳을 달리도록 하였다.

기찻길이 놓이면서 전통적인 공간구조는 해체되었다. 조선왕조 5백 년 동안 번창하던 영남대로는 사라지고 경부철도를 중심으로 한 공간구조로 재편되었다. 종래 포구나 장시를 중심으로 발전하던 도시는 쇠퇴하고 기차역 중심으로 신흥 도시가 점점 발전하였다. 경부선 기차역이 있는 천안과 대전은 날로 발전하여 새로운 식민지 도시로 성장하였다. 기차를 통해 실려 오는 공산품은 시골 농민들을 새로운 생산 유통구조에 강제로 편입시켜 나갔으며, 토지는 점점 기차를 타고 온 일본인 자본가의 손에 넘어가기 시작하였다.

그것은 어디까지나 침략과 수탈을 위한 물류 동맥을 구축한 결과이다. 1905년 이후 경인선과 경부선 기차를 타고 온 일본인과 일본에서 생산된 자본제 상품은 전국으로 파고들었다. 전국 각지에서 생산된 곡물은 기차에 실려 일본으로 값싸게 실려 나갔다. 또한 일본은 러일전쟁은 물론 그 뒤 중일전쟁과 태평양전쟁에 필요한 막대한 인적 · 물적 자원을 기차를 통해 전쟁터에 쏟아부었다. 이런 비운의 역사는 다음과 같은 노래에 잘 나타나 있다.

화물차 가는 소리

신고산이 우루루 화물차 가는 소리에
지원병 보낸 어머니 가슴만 쥐어뜯고요
어랑어랑어허야
양곡 배급 적어서 콩깻묵만 먹고 사누나

신고산이 우루루 화물차 가는 소리에
정신대 보낸 어머니 딸이 가엾어 울고요
어랑어랑어허야
풀만 씹는 어미소 배가 고파서 우누나

신고산이 우루루 화물차 가는 소리에
금붙이 쇠붙이 밥그릇마저 모조리 긁어 갔고요
어랑어랑어허야
이름 석 자 잃고서 족보만 들고 우누나

위 노래처럼 기차 가는 소리는 고통과 슬픔의 소리였다. 때로는 고통과 슬픔이 기쁨으로 승화되기도 하였다. 시골 아이가 도시로 유학을 올 때, 독립군이 항일 투쟁을 위해 만주로 넘어갈 때, 일자리를 찾아 서울로 떠난 젊은이들이 명절 고향을 찾을 때, 서울 대학생들이 농촌운동을 위해 먼 시골로 갈 때, 기차를 탔다. 그렇게 일제의 침략과 수탈 너머에 우리의 근대 문명이 동트고 있었다. 1등석에 탄 일본인들이 쾌락을 즐길 때, 3등석에서 책을 보던 젊은이들은 민족의 새날을 준비하였다.

이렇게 명암이 교차된 우리의 기차는 해방 이후 국유화된다. 그렇지만 일제에 의해 부설된 철도는 기본적으로 한국의 지역 발전과 물류 유통 구조에 대한 고민이 없이 부설되었기 때문에, 해방 이후 점차 기능이 축소되었다. 특히 1970년 경부고속도로가 개통된 이후에는 급격한 도시화와 이농, 도로 중심의 교통 정책으로 인해, 기찻길은 하나둘 사라지고 기차는 더 이상 달릴 수 없는 곳이 늘어났다. 고속철도로 2시간 만에 서울-부산을 오가는 시대, 과연 한국의 기차는 어디로 달려가야 하나?

충북선 부설

일본은 경부선 철도를 중심으로 한반도 곳곳에 철도를 부설한 뒤 침략의 손길을 시골 구석구석까지 미치도록 할 계획이었다. 그를 위해 일본인 자본가를 적극 끌어들여 철도를 놓도록 하였다. 실제 조선총독부는 앞으로 부설해야 할 철도와 관련 정보를 조사·수집하여 1912년부터 일본 기업가들에게 제공하였다. 1914년부터는 보조금도 교부하는 등 일본 기업가의 자본을 적극 끌어들였다.

특히 제1차 세계대전의 특수를 누린 일본 경제는 전에 없던 큰 호황

1930년 조선 사설 철도 현황

지역	명칭	구간(출발지→종착지)	길이(km)	운수개시일
충청도	충북선	조치원-청주-청안-충주	58.4	1921. 11. 01
	장항선	천안-온양-예산-홍성-광천-남포	61.2	1922. 06. 01
경상도	동래선	부산진-동래	5.9	1909. 12. 01
	경북선	김천-상주-점촌-예촌	53.0	1923. 10. 01
	경남선	마산-군북-진주	43.4	1923. 12. 01
황해도	황해선	내토-상해	9.4	1919. 05. 20
		사리원-재령-신천-수교	38.8	
		화산-미력-하성	14.5	
함경도	함남선	함흥-장풍	17.7	1923. 06. 10
		오노-신흥-송흥	29.4	
	함북선	고무산-신참-무산	37.3	1927. 08. 20
경기도	안성선	천안-안성-죽산-장호원	43.4	1925. 11. 01
평안도		신안주-천동	22.0	1916. 05. 15
강원도		철원-금화-금성-탄감리-창도-현리-화계	57.8	1923. 08. 01

기였다. 새로운 투자처를 찾던 일본 자본가들은 한반도의 철도 사업에 관심을 갖고 철도 회사를 앞다투어 설립하였다. 그에 따라 대구-불국사-울산에 이르는 경동선은 1916년 2월 15일에, 송정리-광주-담양에 이르는 전남선과 경남선(마산-군북)은 1918년 7월 13일에, 경북선(김천-상주)은 1919년 10월 13일에 차례로 부설 면허를 받았다. 1919년에 이르면 사설 철도 부설 면허를 받은 총 연장선로가 2,024km나 되었고, 신설된 철도 회사는 7개사나 될 정도로 성황을 이루었다.

이처럼 1914년부터 일본 정부가 지급한 보조금과 일본 경제의 호황으로 조선에서의 사설 철도 부설은 매년 증가한다. 일제는 1920년대에도 조선 내륙 깊숙이 침투하기 위해 사설 철도를 계속 부설하였다. 그 결과 1930년경에 이르면 거미줄처럼 철도가 놓이게 되었다. 그것은 기차를 타고 일본인과 그들의 자본 및 상품이 한반도 깊은 곳까지 침투하여 수탈할 수 있게 되었음을 의미한다.

충북 지역에 철도를 부설하자는 논의는 1913년경부터 이루어졌다. 당시 충북 지역에는 일본인이 모두 3,578명이 살고 있었는데, 경기도에 버금갈 정도로 물산이 풍부하여 각종 농산물 중 보리, 대두, 면화와 같은 특산물과 잠업이 발전하고 임산물과 금과 같은 광산물이 풍부한 곳으로 알려져 있었다. 이를 일본 자본이 놓아 둘 리가 없다. 청주에 살던 일본인들은 경부선 철도역인 부강역부터 청주까지 먼저 도로를 뚫은 다음, 철도 건설계획을 추진하였다.

드디어 조선총독부는 일본인 자본가가 세운 조선중앙철도주식회사의 충북선 부설계획을 1917년에 허가하였다. 조선중앙철도주식회사는 3.1운동이 일어난 지 1년이 지난 1920년 3월에 조치원-청주 간 22.7km 공사를 착수하여, 1921년 11월 1일 개통하였다. 뒤이어 1922년 5월부터는 청주-증평 23.9km에 이르는 공사가 착공되어 1923년 5월 1일 청안역(현 증평역)에서 개통 축하식을 개최하였다.

그 뒤 충북선은 충주까지 연장된다. 1928년 12월 25일 충주역에서는 지역유지, 철도 관계자, 신문기자 4백여 명이 참석한 가운데 성대한 개통식이 거행되었다. 이로써 조치원-충주 간 91.7km에 이르는 충북선이 개통되었다. 이를 계기로 충주의 운송은 종래 남한강을 이용한 수운(水

옛 청주역사. 청주의 관문 역할을 한 곳으로, 근대를 실어나른 기차가 오간 뒤 청주는 식민지 도시화가 촉진되었다.

運)이 60%에 이르렀으나, 충북선 개통으로 거의 대부분 철도 수송으로 전환되었고 충주 지역 변화의 일대 전환점이 되었다. **충주역 개통으로 조선시대 5백 년 동안 유지되던 서울–충주–영남을 잇는 영남대로가 끊기고, 충주–청주를 잇는 충북선이 경부철도와 연결되어 충북 지역의 물류 체계가 경부선을 중심으로 완전히 재편**되었다. 이것으로 경부선을 중심으로 식민지 충북을 지배하려는 일제의 전략이 관철된 것이다.

충주까지 연장된 충북선은 또다시 제천을 경유하여 동해까지 연장하려는 움직임이 1929년부터 전개되었다. 충북선을 서쪽으로는 서해, 동쪽으로는 동해까지 연장하여 조선 중부 횡단 철도로 만들려는 야심찬 꿈이었다. 그를 위해 각계 요로에 청원하는 등 연장 운동을 펼친 결과, 조선총독부는 제천을 경유하여 영월까지 충북선을 연장하도록 1937년

충북선 증기 기관차

에 허가하였다.

그렇지만 조선중앙철도주식회사는 충주–영월 간 충북선 연장 부설 면허를 받아 놓고도, 1937년에 발발한 중일전쟁과 뒤이은 태평양전쟁의 여파로 공사를 착공하지 못하였다. 이것으로 충북선은 일제시대에 제천까지 연장되지 못한 채 해방을 맞이하였다.

제천까지의 충북선 연장 문제는 해방을 맞아 새로운 국면으로 전개되었다. 해방과 동시에 모든 철도는 1946년 5월 1일 국유로 귀속된 뒤, 1949년부터 대한민국 정부에 의해 철도 건설이 재개되었다.

정부는 1948년 12월에 한 · 미 간에 체결된 원조협정에 따라 경제부흥계획을 수립하고, 지하자원의 개발 등을 위해 철도를 추가로 부설하였다. 그것이 바로 지금은 사라진 영암선(영주–철암), 함백선(제천–영월–함백), 문경선(점촌–가은)이다. 또한 강원도에서 생산되는 무연탄을 각지로 운반하기 위해서는 충북선을 제천까지 연장하여 1942년 4월 1일에 개통된 중앙선(청량리–경주)과 연결시킬 필요성이 있다.

한국전쟁이 끝난 뒤 1955년에 문경선(점촌–가은)과 영암선(영주–철암)을 차례로 개통시킨 정부는 미국의 ICA 원조를 받아 1955년 11월 17일부터 충북선 연장 공사를 시작하였다. 충주에서 제천에 이르는 연장 구간은 산악지대이기 때문에 난공사이다. 공사 기간이 길어질 수밖에 없다. 총연장 3,229m에 달하는 8개의 터널을 뚫어야 했으며, 남한강을 가로지르는 426m에 이르는 교량 14개, 기차역 4개소를 건설해야만 하였다. 드

충북선 연혁

1920. 3		조치원–청주 간 충북선 착공
1921. 11. 1		조치원–청주 간 22.7km 영업 개시
1923. 5. 1		청주–청안 간 29.9km 영업 개시
1928. 12. 25		청안–충주 간 47.4km 영업 개시
1946		국유화
1958. 5. 15		충주–봉양 간 35.2km 영업 개시
1975. 10. 20		충북선 복선화 공사 착공
1980. 10. 17		충북선 복선화 113.2km 완공
1997. 5		전철화 공사 착공
2004. 12. 30		전철화 공사 완공
2005. 3. 30		전기 운전 개시

디어 1958년 12월 31일 연장 공사가 끝나자, **충북선은 1959년 1월 10일 조치원부터 제천 봉양에 이르는 충북선 94km가 완전히 개통**되었다. 그것은 경부선 조치원역에서 중앙선 제천역을 잇는 중부 내륙 횡단 철도로서, 조치원-충주 구간은 해방 이전 일본 자본에 의해, 충주-제천 봉양 구간은 해방 이후 1950년대 후반에 미국 자본에 의해 부설되는 슬픈 운명을 안고 운행되었다.

충북선 부설에 따른 지역 변화

1920년대에 일본 자본으로 부설된 충북선은 일제의 침략과 수탈을 위한 교통 수단으로 활용되었다. 충북선이 뚫리자, 일본인들이 기차를 타고 충북 오지까지 이주하였다. 일본인의 이주 정착은 일제가 식민지 조선에 대한 지배를 강화하는 가장 큰 힘으로 작용하였다. 그런 만큼 철도 건설과 제국주의의 식민지 수탈은 밀접한 함수관계를 가질 수밖에 없었다. 충북선도 예외는 아니었다.

더욱이 충북선은 외부에서 공산품이 들어오고 내부에서 농산물(쌀 · 콩 · 면화 · 연초)과 광산자원이 유출되는 부등가 교환 형태의 물류 유통구조였다. 이는 기본적으로 충북 지역이 식민지형 농업지대로 고착화된 결과로서, 곧 식민지 모국과 식민지 사이에 성립된 경제적 종속관계 내지 중심부-주변부 간의 수탈관계가 충청북도라는 공간에서 국지적으로 실현된 것이다. 즉, 일제강점기 **충북선은 제국주의 국가-식민지,**

자본주의 중심부–주변부를 잇는 파이프라인이었다. 특히 그와 같은 경제관계는 충북 지역을 농업지대로 묶어 둠으로써 근대화를 지체시키고 장기 지속적인 저발전을 낳는 구조적 요인으로 작용하였다.

장기 지속적인 저발전 구조는 해방 이후에도 지속된다. 해방 이후 충북선은 일본 대신, 미국 자본에 의해 제천 봉양까지 1959년에 연장 개통되었다. 그 일차적 목적은 충북 지역 자체의 개발을 위한 것이 아니라, 제천 · 단양 · 영월 등지의 광산물을 다른 지역으로 수송하기 위한 것이

충북선 부설과 지역 공간구조. 경부선과 중앙선을 잇는 충북선을 따라 3개 도시가 발전하면서 충북 지역의 지역 불균형이 심화된다.

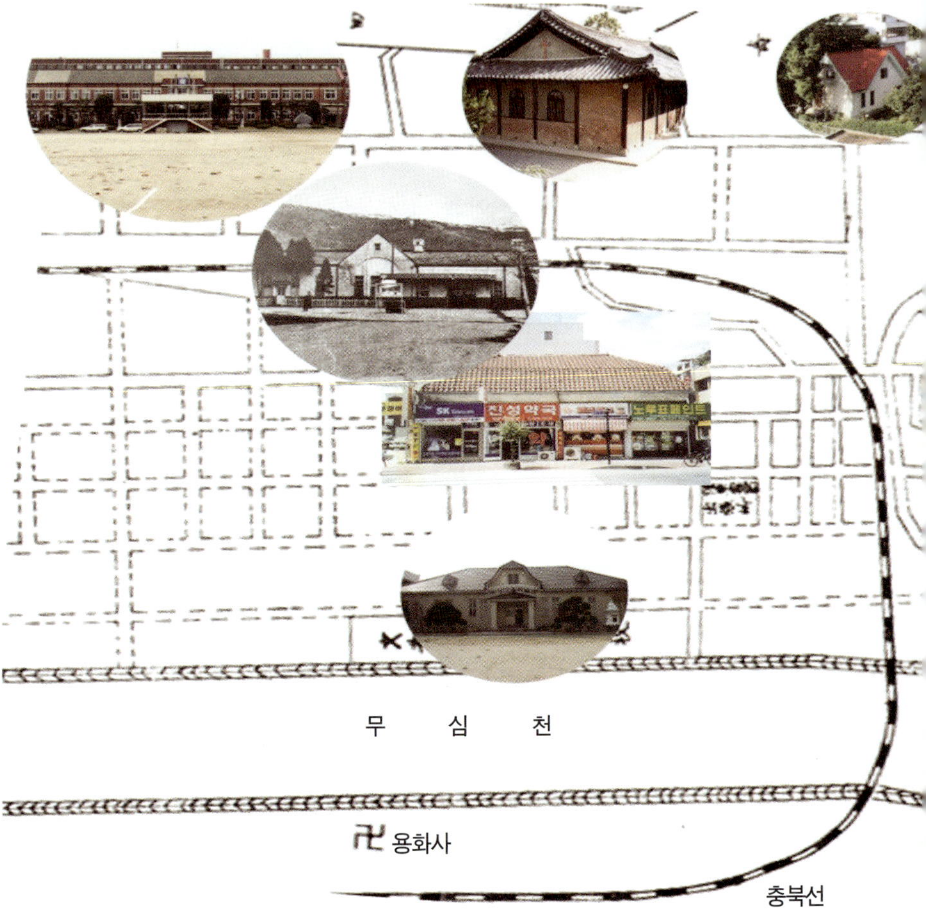

일제강점기 청주의 공간구조. 1921년 청주역이 개통되자, 청주는 빠른 속도로 식민지 도시로 성장하였다. 도시 공간구조도 청주읍성이 있었던 도심과 청주역을 중심으로 한 신흥 개발지구 두 곳으로 나뉘어 발전하였는데, 그 유산이 오늘날까지 곳곳에 남아 있다.

다. 그 때문에 일제시대 형성된 충북선의 기능 · 역할과 그에 따른 지역 변화의 틀은 큰 변동 없이 지속된다.

충북선 운행에 따른 가장 큰 지역 변동은 지역 공간구조의 재편으로, 도청 소재지인 청주를 중핵지대로 지역 공간구조가 바뀌었다. 이는 1958년에 충북선이 제천 봉양까지 연장 운행되면서, 충청북도의 북부 지역까지 확대되었다. 반면에 충북선이 닿지 않는 단양, 보은, 진천, 옥천, 영동 등지는 충청북도의 중심부에서 장기간 소외되었다. 그것은 청주 중심의 지역 불균형을 초래하였다. 그 결과 **충청북도의 발전 축은 청주를 핵으로 한 충북선 연변 중심의 공간구조로 재편되어 오늘날까지 이어지고 있는 실정**이다.

청주 중심의 지역 공간구조는 정치 · 경제 · 사회 · 교육적으로도 파급된다. 그것은 1950년대 충북 지역을 이끈 인사들의 출신 지역에서 단적으로 입증된다. 1950년대 중엽 충북 인사 394명 중 청주 출신이 38.8%로 가장 높다. 그 다음이 충주 14.0%이다. 이들의 연령층은 40대가 가장 많다. 그들은 1920년대에 10대 청소년기를 보내면서 충북선을 이용하여 학교를 다니거나 다른 지역으로 유학을 하고 직장을 다닌 근대 엘리트층이다.

반면에 충북선이 닿지 않는 지역은 1950년대에 활동한 충북 인사 비율이 2~8%에 불과하다. 단양은 2%로 가장 낮으며, 제천 역시 7.4%에 불과하였다. 그 이유는 충북선이 제천까지 연장된 1959년 이전만 해도 충청북도에서 장기간 고립되어 있었기 때문이다. 이는 충청북도의 지역 불균형을 심화시키고 통합력을 약화시키는 요인으로 작용하였다.

이와 같이 충북선의 영향 때문에 청주 중심으로 재편된 충북의 공간구조는 전통시대의 그것과는 전혀 다른 것이다. 조선시대 「대동여지도」에 나타난 충북 지역의 공간구조는 충주와 청주를 중심으로 북남형(北南形)의 종적인 지역 공간구조였다. **충북선 개통 이후에는 청주를 중핵 지대로 한 청주–충주 중심의 서동형(西東形)의 횡적인 공간구조로 재편**되었다.

이와 같은 결과를 낳은 충북선 기차는 1970년 경부고속도로가 개통되고 서울–청주를 잇는 고속버스가 운행되면서 천덕꾸러기가 되어 갔다. 충북선을 이용하는 승객은 해가 갈수록 줄어들었다. 주로 화물 운송에만 이바지할 뿐, 지역 발전과는 점점 멀어져 추억의 기차로만 남게 되었다.

이것은 식민지 수탈을 위해 부설된 식민지 유산이자 충북선의 태생적 한계이기도 하다. 즉, **충북 없는 충북선이었다.** 이는 충북이라는 공간을 소멸시키는 것으로, 독일의 유명 시인 하인리히 하이네(Heinrich Heine, 1797~1856)가 말한 것처럼, 충북선이 '충북'이라는 공간을 살해한 것으로 볼 수 있다. 그 피해는 충북선이 지나는 곳에 사는 충북 사람들이 전적으로 감수해야만 하였다.

충북선이 지역 발전에 큰 역할을 하지 못한 것은 폐역에서도 찾아볼 수 있다. 충북선이 완전 개통된 1958년 당시 충북선은 모두 27개 역이 있었으나, 1980년대부터 하나둘씩 사라졌다. 현재 사람들이 타고내리는 충북선 기차역은 12개 역에 불과하다. 모두 18개 역이 역사 속으로 사라져, 그곳을 이용하던 이들의 추억 속에만 남아 있다.

청주역의 기억

충북선의 중심은 청주역이다. **청주역은 1921년 개통된 이후 청주를 식민지 도시로 만드는 관문 역할을 한 곳**이다. 수많은 일본인이 오가고 일본 자본이 들어오고, 일본 문화가 물밀듯이 청주역을 통해 들어오면서, 청주역은 식민지화와 동시에 청주의 근대화와 도시화를 촉진하는 관문 역할을 하였다.

청주역 개통으로 기쁨과 기대감에 들뜬 일본인들은 청주를 식민지 도시로 만들기 위해, 충청북도 주도로 1922년에 '대청주 건설' 도시계획을 수립하였다. 이 계획에 따라 청주역 앞쪽(현 중앙동)은 소공업 및 가내공업지구로, 청주역 뒤쪽(현 수동)은 공업지구로, 남쪽 북문로는 상업지구로, 북쪽은 창고 및 운송업지구로 개발되었다. **청주의 식민지 도시 · 공간이 청주읍성 중심에서 청주역 중심으로 확장**된 것이다.

오늘날의 북문로가 청주역을 중심으로 신도시로 개발되는 한편, 청주읍성이 있던 남문로 성안길은 청주읍성을 철거한 뒤 청주의 행정 · 금융 · 문화의 중심 권역으로 자리잡았다. 이것은 조선시대 권위의 상징이자 토착적 커뮤니티 공간이었던 청주읍성이 사라지고, 일본인이 주도하는 식민지 도시 청주의 행정 · 금융 · 문화 복합 공간으로 재편된 것이다. 그리고 청주읍성 남문 앞에 있던 전통적인 장시인 육거리시장 주변은 청주 토착민의 생활 공간으로 자리를 잡았다. 청주향교와 당산이 있는 대성동 일대는 공원지구로 설정되어 동공원이 조성되고 일본 신사가 이전 건립되었다.

그리고 현재의 문화동은 신흥 주택지구로 설정되어 주로 일본인들이 사는 부자 동네가 되었는데, 그 단적인 기억의 유산이 우리예능원이다. 우리예능원은 청주역이 개통된 직후인 1924년에 충북금융조합 사택으로 건립된 일본식 2층 목조 함석집이다. 일제강점기 '뾰족집'으로 유명하였는데, 청주에서 가장 예쁜 집이었다고 한다. 지금도 원형 그대로 남아 있어 2002년에 근대문화유산으로 등록되었다.

이렇게 청주역 개통으로 촉발된 대청주 건설 프로젝트에 따라 현재의 북문로 주변은 사람들로 북적였다. 새로운 희망을 찾아 사람들이 모여들었다. 곳곳에 물류 창고가 들어서고 학교가 세워졌으며, 소규모 공장이 건립되었다. 1921년부터 1923년까지 대대적으로 무심천을 정비하고 상수도 시설을 도입하는 등 **청주역이 개통된 이후 식민지 도시 청주를 만들기 위한 근대 문명의 바람은 가히 폭풍노도와도 같았다.**

그에 따라 일본인들이 물밀 듯이 들어왔다. 1918년 청주에 살던 일본인 숫자는 2,104명이었다. 청주역 개통 이후 급증해 1923년에는 22.1%나 증가한 2,568명이 되었다. 5년 뒤인 1928년에 이르면 600여 명이 증가한 3,134명이었다. 이것만 보아도 청주역 개통 이후 얼마나 많은 일본인들이 청주로 이주하여 식민지 도시 경영에 앞장을 섰는지 알 수 있다.

옛 청주역을 기억하고 있는 옛 운수회사 건물. 현재 문구점, 찻집 등으로 사용되고 있다.

지금도 이와 같은 청주역의 역사를 고스란히 기억하고 있는 것은 옛 청주역 앞에 있는 운수회사 건물이다. 이 건물은 청주 상인 7명이 1921년 7월에 문을 연 뒤, 1937년부터 일본인 소유의 조선운송창고주식회사 청주 지점으로 흡수 · 합병되었다. 청주 토착 상업자본이 일본인 자본에 잠식된 결과이다. 해방 이후에는 1949년 9월부터 한국운수주식회사 청주 지점이 사용하였다. 1963년부터는 대한통운주식회사 청주 지점으로 상호가 변경된 뒤, 1968년 청주역 이전과 함께 민간에 매각되었다. 현재는 여러 점포가 입주해 있으나, 건물이 낡고 훼손이 심해 조속한 보존 및 활용 대책이 요구된다.

청주역 개통으로 부자가 된 조선인을 꼽으라면 단연코 청주대학교를 설립한 김원근(1886~1965)이다. 그는 청주역이 개통되자, 1922년에 조치원역에서 청주역으로 사업장을 옮겨 사업을 확장하였다. 1924년에는 대성보통학교를 건립하는 등 일제강점기 청주의 대표적인 사업가 겸 교육자였다. 해방 이후에는 한강 이남에서 최초의 대학인 청주대학교를 설립하는 등 지역 발전에 공이 큰 사업가 겸 교육자이나, 반민족친일파라는 극단적인 평가도 받고 있는 인물이다.

청주역 개통으로 오늘날의 북문로 일대가 개발되자, 1921년에 청주 유지들은 성금을 모아 120평 규모의 현 주성초등학교 강당을 건립하였다. 1924년에는 청주 최초의 중등 교육기관인 청주중학교가 청주역 근처에 개교하였다. 청주역 주변으로 모여든 빈민층은 청주역에서 가까운 우암산 아래에 허름한 둥지를 틀기 시작하였는데, 이것이 오늘날 수암골의 모태가 되었다.

또한 청주역 개통으로 청주가 충북의 행정 · 경제 · 문화의 중심지로 급부상하자, 성공회 역시 선교 활동의 중심지를 진천에서 청주로 옮기고자 1924년에 청주역 근처에 부지를 매입하고 건축비 기금 모금 운동에 착수하였다. 드디어 1935년에 현재와 같은 전면 4칸 측면 8칸 총 32칸의 교회 한옥 건물을 신축하였다. 이 건물은 전통 한옥을 기본으로 하면서도 서양 바실리카식 교회의 공간구조를 도입하였다. 근대 초기 서양 건축과 한국 건축이 융합되어 나타난 절충 형식으로 동서 건축의 융합 형식을 잘 보여 주는 건물로 평가되어, 1985년에 충청북도 유형문화재 149호로 지정되었다. 이와 같이 1921년에 개통된 청주역은 '대청주' 식민지 도시 건설의 계기가 되었는데, 오늘날까지도 청주시 북문로 일대에서 그 흔적을 손쉽게 찾아볼 수 있다.

그러나 **청주역은 1960년대에 이르면 더 이상 도시 발전에 도움이 되지 못한다. 오히려 청주 도심을 지나는 기찻길은 도시 발전의 방해꾼으로 인식**된다. 그에 따라 청주역은 1968년 원래의 위치를 떠나 북쪽으로 약 2km 정도 떨어진 우암동 외곽으로 옮겨 갔다. 1970년부터는 고속버스가 운행되면서 청주역을 이용하는 승객이 대폭 감소하고, 청주 도시화의 진전으로 옮긴 철로 역시 도시 개발과 교통에 여전히 방해가 될 뿐이었다. 결국 청주역은 1980년 10월에 도심에서 완전히 벗어난 곳으로 또다시 이전되어 점점 청주 시민의 관심 밖으로 밀려나 시민들의 발길이 뜸해지게 되었다.

1921년 이후 47년 동안 청주 시민과 외부 세계와의 관문 역할을 하였던 옛 청주역 자리에는 2012년부터 청주역 재현 사업이 추진되고 있다. 청주역사 공원을 조성하고 청주역을 재현하였는데, 청주역을 어떻게 기억하고 무엇을 보여 줄 것인지, 그리고 어떤 용도로 활용할 것인지 주의가 필요하다. 청주역의 장소성을 살려야 할 뿐 아니라, 20세기 중반 청주의 관문으로서 청주의 근대화와 식민지화, 도시화의 물결이 밀려들어 오고 청주인이 세계와 접촉하는 지점이었다는 장소적 의미를 되살려

옛 청주역을 기억하기 위해 재현되고 있는 청주역. 재현된 청주역 광장이 21세기 청주 문화의 관문이 되었으면 한다.

야 한다. 특히 청주역의 역사를 고소란히 기억하고 있는 옛 청주역 앞 운수 회사 건물을 매입, 청주역의 자취와 숨결을 느끼고 체험할 수 있는 기억 공간으로 만들 필요성이 있다. 또한 재현된 청주역사 앞 광장이 또 다른 의미의 광장으로 탄생하였으면 한다.

더 나아가 기차가 더 이상 청주의 발전에 도움이 안 되는지 진지한 질문을 던질 때이다. 1930년 전후 청주 유지들은 청주역을 중심으로 충북선을 서해와 동해를 잇는 중부 횡단 철도로 연장하고자 하였다. 일부는 청주역에서 출발해 보은을 거쳐 경북 함창이나 상주까지 오가는 철도를 부설하고자 하였다.

오늘날 고속철도시대가 열리면서, 철도는 앞으로 더 중요해질 것이다. 중국은 상하이-티벳을 오가는 칭짱철도를 개통하여 '중화'의 공간을 하나로 통합하고 있다. 더 나아가 중국에서 시작된 철도는 세계로 이어져 중화의 세계를 무한히 확장하려는 대야망을 꿈꾸고 있다.

반면에 우리의 철도는 일제가 침략과 수탈을 위해 연결했던 대륙으로의 철도가 분단으로 끊긴 채, 기찻길 길이가 점점 줄면서 남한에서만 맴돌았다. 은하철도 999를 타고 우주 여행을 떠나지 못하더라도, 철도를 통해 한민족의 공간을 세계로 확장할 비전을 가져야 한다. 그래서 청주역에서 기차를 타고 평양을 거쳐 베이징을 가고 모스크바를 가고 인도 뉴델리를 가는 시대를 열어야 한다. 그러할 때 '지역이 세계이다'라는 외침이 기차를 타고 세계를 향해 갈 수 있을 것이다.

참고문헌

김민명 · 김양규, 『철도, 지역의 근대성 수용과 사회경제적 변용 - 군산선과 장항선』, 선인문화사, 2005.

정재정, 『일제 침략과 한국철도』, 서울대 출판부, 1999.

김양식, 「충북선 부설의 지역사적 성격」, 『한국근현대사연구』 33, 2005.

9 | 사라진 장소 기억해야 할 그곳, 오송 용기마을

사라지는 오송 옹기마을, 밀려드는 아파트

사라진 장소 기억해야 할 그곳, 오송 옹기마을

해방 이후 한국 사회는 질풍노도와 같은 공업화와 도시화가 이루어졌다. 곳곳에 산업단지가 조성되고 신도시가 만들어지면서, 기존의 전통 마을과 경관은 하루아침에 공장과 도시 아파트에 정겨운 자리를 내주곤 하였다. 수천 수백 년 동안 형성된 시간의 켜들이 축적되어 있는 마을들은 자취도 없이 사라지고 급조된 아파트 숲에는 고향을 떠난 사람들이 새 둥지를 찾아 모여들지만, 그곳에서 장소의 기억과 숨결은 찾아볼 수 없는 것이 일반적인 현실이다.

이러한 현실은 너무나 익숙한, 그래서 당연하게 받아들여진다. 도시계획 과정에서 형식적인 문화재 조사를 거치지만, 개발의 논리 앞에 마을의 숨결과 경관 가치는 너무나 큰 사치이다. 오히려 장소의 기억을 무참히 살해하거나, 몇 권의 보고서나 박물관에 들어가 있을 뿐이다. 그나마 다행인 것은 자본과 개발의 장식품 정도로 취급하여 아파트와 도로 이름에 붙여 놓곤 한다.

지역학에서 사라지는 장소와 만들어지는 장소에 관심을 가져야 하는 이유는 현재 살아가는 주민과 앞으로 살아갈 미래 세대를 위한 일이기 때문이다. 도시를 하루아침에 만들 수는 있지만, 그 장소에 스며 있는 유형 · 무형의 유산은 사라지면 그만이다. 그것은 신기루와도 같다. 눈으로 볼 수도 없고 손으로 만져 볼 수도 없지만, 시간이 만들어 낸 것이 발산하는 감성의 힘은 놀라운 것이다. 최근 근대문화유산을 주목하고 사람들이 골목길을 즐겨 찾는 것도 그 때문이다.

도시 개발 과정에서 장소의 기억을 지우고 바둑판처럼 만든 뒤 자본의 논리대로 계획하는 것은 매우 손쉬운 일이다. 반면에 **시간과 사람의 숨결을 이어 가는 것은 매우 어려운 일이지만, 장기적인 관점에서 볼 때 오히려 생산적**이다. 그것은 분명 지역민에게 행복감으로 보답한다. 장소감이 넘치는 아파트 숲은 오래된 집이나 마을 또는 고목나무가 그렇듯이 행복감을 안겨 줄 것이다.

그런 의미에서 청주학, 더 나아가 지역학이 왜 사라지는 장소, 만들어지는 장소에 관심을 가져야 하는지 구체적으로 알아보기 위해 청주 오송에 있는 옹기마을을 주목하였다. 오송 옹기마을은 1백 년 전에 천주교 교우촌이 형성되면서 옹기를 만들던 곳으로, 이곳 역시 개발 바람을 비켜 갈 수 없었다.

오송역에서 불어오는 거센 개발의 물결

21세기 밀레니엄 시대 청주 지역, 더 나아가 충북에서 가장 큰 변화의 소용돌이에 휘말린 지역은 '오송'이다. 그 진앙지는 바로 고속철도

오송역이다. 1994년도에 충청북도가 100년의 운명을 걸고 총력전을 펴 결국 오송역을 유치한 끝에, 2011년 11월 1일 KTX 오송역이 개통되었다. 2004년에는 청주 시민은 물론 충청북도 차원에서 호남고속철도 오송 분기역 유치를 위해 사활을 건 추진 운동을 전개하였다. 이것 역시 충북의 뜻대로 2015년에 호남고속철도가 오송역에서 분기하는 성과를 얻어 냈다.

그 결과 국내 유일의 KTX 분기역인 오송역 이용객은 개통된 지 4년 만에 하루 1만 명 이상, 연간 3백만 명이 넘는 철도역으로 성장하고 있다. 더욱이 오송역을 중심으로 오송생명과학단지가 조성되고 오송첨단의료복합단지와 오송역세권 사업이 본격 추진되고 있어, 오송은 한국을 넘어 세계적인 장소로 성장하고 있다.

20세기 자본과 서구 문화를 전 세계로 실어 나른 수단은 철도였다. 철도는 분산 고립되어 있던 세계를 하나로 잇고, 시간과 공간을 압축시켜 기존의 지역을 해체하고 사람들의 삶의 형태를 바꾸어 놓는 역할을 하였다. 철도역을 중심으로 새로운 도시와 산업단지가 만들어지면서, 오랜 세월에 걸쳐 형성된 장소는 개발의 미명 하에 사라지고 사람들은 정든 장소를 떠나 낯선 곳으로 이주하여 이방인으로 살아가거나 새로운 장소에 대한 애착과 정체성 없이 소외된 인간으로 삶을 영위할 수밖에 없다. 새로운 도시화와 산업화를 위해서는 장소에 남겨진 어떠한 유산도 기본적으로 방해물일 뿐이다. 자본과 효율성에 기반을 둔 어떠한 도시계획 · 산업계획에서도 장소의 유산은 가치를 인정 받을 수 없었다.

오송 들녘을 가로지르는 KTX 경부철도와 오송역. 수천 년 동안 농사를 짓던 그곳에 오송역을 중심으로 산업단지와 아파트가 들어서고 있다.

오송역도 20세기 세계의 모든 철도역이 그러하듯이 예외가 아니다. 아니, 더 큰 개발의 물결이 휘몰아치고 있다. 오송역 주변에 들어서는 오송생명과학단지와 첨단의료복합단지는 세계적인 바이오 메카로의 발전 비전을 제시하면서, 수백 수천 년 동안 형성된 여러 장소와 그 켜는 존중되지 않은 채 산업단지와 아파트, 도로와 공원 등 새로운 장소로 바뀌어 가고 있다. **오송의 변화는 실로 놀라운 것이다. 작은 시골 마을이었던 오송이 오송역이 들어서면서 세계적인 장소로 변모**하자, 사람들은 이를 두고 청주의 자랑이요 충북의 미래라고 말하곤 한다.

그렇지만 오송의 변화를 환희의 눈으로만 바라다볼 수 없다. 오송

이 청주 지역에 가져다준 선물은 무엇인가? 아주 오래되고 익숙한 오송의 개발 방식은 최선인가? 오송역을 통해 밀려드는 자본과 사람들은 진정 고운 최치원이 다섯 그루 소나무를 심어 살기 좋고 기름진 오송이 되었다는 전설처럼, 누구나 공감할 수 있는 오송다운 새 오송을 만들어 가고 있는 것일까? 오송에 불어닥친 거센 자본의 물결 앞에 여러 의문과 우려가 꼬리를 잇는다.

그런데 **오송의 변화에 나타난 분명한 사실은 수백 년 동안 누층적으로 축적된 시간과 공간과의 단절이 심각하다는 점**이다. 시간과 공간을 잇고자 한 노력은 문화재 지표조사와 오송 지명 기념물이 전부이다.

시간과 공간의 단절은 자본의 논리대로 합리적이고 획일적인 대규모의 새 공간을 아주 손쉽게 생산할 수 있었겠지만, 뿌리가 없는 공간, 장소성을 결여한 무장소를 만들어 낼 뿐이다. 그 대가는 오로지 오송을 지켜 온 원주민과 장소감 없이 새로 옮겨 와서 사는 사람들이 무형의 형태로 지불해야만 하니, 그 또한 자본에서 소외된 인간과 지역의 입장에서 다시 한 번 생각해 볼 문제이다.

좋은 장소 만들기는 환경과 주민이 상호 소통하고 친근감을 가지며, 그를 통해 자기가 사는 장소에 대한 애정을 가지고 서로 공감할 수 있는 장소정체성을 바탕으로 이루어져야 한다. 그를 위해서는 기존의 장소성과 그 요소들을 존중해야 하고, 그 요소들을 창조적인 자원으로 활용하여 상호 유기적인 장소 만들기가 이루어져야 한다. 예를 들어, 오송을 생명과학의 요람지로 만들 목적이면, 오송 지역 생명과학의 원천들인 흙, 산, 물, 사람, 생명문화 도구 등을 존중하고 진지한 대화를 통해 오송생명과학단지의 원형과 뿌리로 삼았어야 했다.

그러나 현재 조성된 오송생명과학단지를 보면, 그 옛날 아름답던 자연은 평탄한 단지로 조성되었고, 곳곳에 흩어져 있던 시간의 흔적들은 땅 속에 묻히거나 장소를 옮겨 어느 유물 창고에 들어가 있다. 그럼에도 우리는 지난 10년간 조성된 인공적인 환경에 감탄하고 놀라워할 뿐이다.

이러한 장소 상실은 오송 봉산리 벌뫼마을 옹기점이 잘 말해 주고 있다. 옹기는 우리 조상들의 삶이요 과학이었다. 생명 그 자체였는지도

모른다. 그럼에도 **옹기점은 생명과학단지를 조성하기 위해 자신의 생명을 아낌없이 내놓아야 하였으니, 우리는 뿌리 깊은 장소의 죽음을 생생히 목격하고 기억할 필요가 있다.** 우리 지역에서 사라지는 장소와 만들어지는 장소 사이의 긴장감을 유지하고 그 간극을 메꾸기 위해서라도…….

오송 옹기점의 역사성

오송 옹기점이 있었던 봉산리(蜂山里) 벌뫼마을이 청주 지역의 한 장소로 자리잡은 것은 적어도 3백 년 이전이다. 1760년에 쓰여진 『여지도서』에는 청주읍성에서 서쪽으로 40리 지점, 드넓은 들판 한 가운데 벌집처럼 솟아 있는 산자락에 17호가 옹기종기 모여 살고 있는 마을로 기록되어 있다.

그렇게 수백 년을 살아온 마을에 천주교 신자들이 하나둘 찾아들었다. 이들이 벌뫼마을로 이주한 것은 주변에 옹기 굽기에 좋은 흙이 많았기 때문이다. 이들은 옹기를 구워 생계 수단으로 삼았다. 어느 사이 수십 명의 천주교 신자들이 모여 사는 교우촌으로 발전하자, 천주교 공주 본당의 루블레(H. Rouvelet) 신부는 1919~1920년경 벌뫼마을 교우촌에 공소를 설정하였다. 이때 천주교 신자가 45명이었으나, 이웃에 살던 옥산 산촌과 강외 옹기점 신자들도 속속 모여들어 1930년대 초에는 신자 수가 203명에 이를 정도였다.

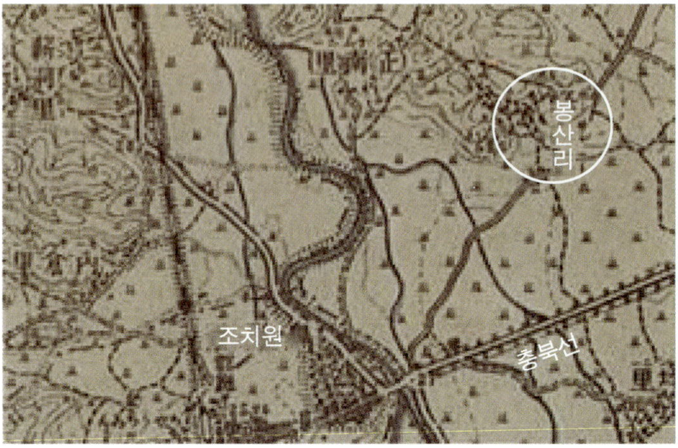

오송 벌뫼마을(1923). 경부선과 충북선 철도가 지나가고 미호천이 굽이굽이 흐르는 미호평야에 나즈막하게 솟은 동산 위로 벌뫼마을 교우촌 옹기점들이 자리잡고 있다.

1932년에는 공소 경당을 완공하여 8월 15일 성모승천대축일에 괴산 고마리 본당 윤의병 주임신부의 집전으로 낙성식을 가졌다. 교우촌 신앙공동체의 구심점이 만들어진 것이다. 그 다음 해인 1933년에는 청주 본당(주임: 박일규 안드레아 신부)이 설립되면서 청주 본당 관할 공소로 편입되었다. 그 사이에 신도 수는 급증하여 258명에 이르렀다. 공소 강당은 봉산리 344번지에 있었다.

이렇게 **벌뫼마을에 교우촌으로 옹기마을이 형성된 것은 한국 천주교 역사에서 매우 중요한 사례**를 보여 준다. 19세기 이래 천주교 탄압을 피해 산골로 피신한 신도들은 옹기를 구워 생계를 유지하며 자신의 신앙을 지켜 왔다. 이런 사례는 오송 옹기점이 마지막인지도 모른다. 그런 면에서 오송 벌뫼마을 옹기점은 19~20세기 천주교 역사와 민중생활사에서 중요한 장소성과 역사성을 가진 곳이다.

그러나 **오송 옹기점은 근대화 바람이 휘몰아치면서 플라스틱이 범람하고 새로운 일자리가 늘어나면서 점점 쇠퇴**하기 시작한다. 천주교 공소도 1970년대 어느 무렵 폐지되었다. 천주교 신자들은 하나둘 마을을 떠나갔고, 공소에 걸린 종도 누군가 떼어가 더 이상 마을에 종소리가 울리지 않게 되었다.

오송 옹기점의 위기와 저항

오송 벌뫼마을 옹기점의 부침은 옹기의 역사와도 통한다. 옹기는 조선시대 가장 중요한 생활도구였다. 생명의 그릇이었다. 특히 19세기부터 증가한 인구는 20세기 전반 옹기 수요가 급증하고 옹기점도 늘어났다. 벌뫼마을도 그 하나이다.

그러나 우리의 생명 그릇이었던 옹기는 산업화 · 근대화의 파고를 넘을 수 없었다. 1970년대부터 범람하는 플라스틱 그릇은 더 이상 옹기가 설 자리를 허락하지 않았다. 옹기점은 하나둘 폐업을 하고 옹기업자들은 직업을 바꿔 생계를 꾸려 가야만 하였다. 그것은 힘겨운 생존투쟁이었다. 오송 옹기점도 예외는 아니다.

그럼에도 오송 옹기의 명맥을 잇고자 한 이가 있었으니, 그가 바로 오송 봉산리 345번지에 옹기 가마를 소유하고 있는 박재환(1937년생)이다. 그는 2003년에 충청북도 무형문화재 제12호 옹기장으로 지정 받았

살아 있는 옹기박물관 박재환 옹(충북 무형문화재)

다. 오송 벌뫼마을 옹기점의 산증인이라 할 수 있다.

옹기장 박재환의 뿌리는 아주 오랜 세월 거슬러 올라간다. 그의 6대조 박예진(1813년생)이 처음 오송 벌뫼마을에 정착하였다고 하는 것으로 보아, 적어도 1830년대부터 옹기를 굽기 시작한 것으로 볼 수 있다. 아마도 이것이 구심점이 되어 1900년 전후 하나둘 천주교 신자들이 벌뫼로 찾아들어 함께 옹기를 구운 것으로 추측된다. 그의 건축물관리대장에도 옹기 건조장과 가마시설이 1920년과 1935년에 지어진 것으로 되어 있다. 이들 시설은 그의 부친 박원규(1908년생)가 경영하던 시설이다.

박재환의 부친은 동복형제에게는 칠기 기술을, 친아들인 3형제에게는 옹기 기술을 가르쳐 생업으로 삼도록 하였다. 1960년대에 들어와서는 칠기업이 사양길에 들어, 모든 형제가 옹기를 구워 생계를 꾸려 나갔다. 이때 박재환은 1970년 전후 오송을 떠나 인천 경서동 옹기점에서 일하면서 열효율이 높은 개량식 칸가마를 배운 뒤, 고향으로 들어와 1972년경에 전통적인 통가마를 칸가마로 개량하였다고 한다.

그것은 생계가 달린 박재환으로서는 어쩔 수 없는 선택이다. 1970년대에 들어와 옹기업은 급격한 사양길에 들어서고 있었다. 1959년까지만 해도 벌뫼마을 옹기점에는 5기의 옹기 가마와 1기의 칠기 가마가 있었으나, 1970년대에 들어와서는 단지 2기의 가마만 남아 있었을 뿐이다. 플라스틱 그릇이 시골로 파고드는 것과 반비례하여, 옹기업은 급격한 사양길에 들어섰다. 게다가 1973년에 입산금지령이 내려져 땔감을 조달하기도 어려웠다.

송봉화 Documentary – 버려진 옹기골 '봉산리' 사진전

이런 상황에서 박재환은 전통만을 고집할 수 없었다. 그래서 보다 합리적이고 열효율이 높아 경제적인 칸가마 형태로 옹기 가마를 개조하였다. 칸가마는 불량률이 낮고 대량 생산이 가능한 시설이다. 그것은 대를 이어온 옹기업을 잇고자 하는 생존의 몸부림이자, 플라스틱 바람에 맞선 저항의 몸짓이기도 하였다. 그 결과 1980년대 중엽 충북 지역에는 옹기점이 단지 4곳 남아 있었는데, 당시 벌뫼마을 옹기점은 박재환이 유일하였다. 박재환의 옹기 가마는 총길이 20m, 너비 2~3.6m, 높이 1.5m의

개량 칸가마로 6명의 대장(大匠)과 3명의 건아꾼이 일하고 있었다.[1] 가장 최근인 2003년 조사에 의하면, 벌뫼마을 옹기점에는 개량 칸가마 3~4기가 있었고 옹기 공장을 운영하던 사장이 3명 있었다고 한다.

이렇게 **플라스틱으로 대변되는 산업화와 서구화가 밀어닥치면서 점점 설 땅을 잃어 가던 오송 벌뫼마을 옹기점의 운명을 마지막으로 끊은 것은 다름 아닌 오송생명과학단지**이다. 오송 봉산리 일대가 제2오송생명과학단지 부지로 편입되면서, 일정한 장소적 가치와 역사성을 가진 벌뫼마을 옹기점은 사라지고 그곳에는 아파트가 들어설 계획이다.

참으로 거센 개발의 물결이다. 몇 차례에 걸친 문화재 지표조사가 있었지만, 오송 벌뫼마을 교우촌의 흔적과 옹기점의 가치는 전통적인 가마가 아니란 이유로 인정 받지 못하였다.

그러자 2013~2015년 청주 지역 일부 언론계 · 시민단체 · 학계 · 예술계는 오송 옹기점의 가치를 공감하고 옹기점을 살리려는 활발한 노력을 기울였다. 어느 지역신문에서는 몇 차례 심층기사를 연재하고, 충북경실련에서는 충청북도 관계자가 참석한 연석회의를 개최하여 조정을 꾀하였다. 충북문화예술포럼에서는 학술 워크숍을 열어 오송 옹기의 학술적 가치를 규명하기도 하였다. 지역예술인은 옹기점의 가치를 예술의 불꽃으로 승화시키기도 하였다.

그러나 **아래로부터의 노력과 절규는 개발의 벽을 넘을 수 없었다.**

1 정명호, 『옹기』, 문화재관리국, 1987.

오송 옹기는 단지 몇 푼의 돈으로만 그 가치가 교환되었을 뿐이다.

사라진 장소, 고민의 지점들

오송 벌뫼마을은 미호천을 젖줄로 삼고 마을 앞으로 펼쳐진 미호평야를 밥으로 먹고 살던 사람들이 수백 년 동안 옹기종기 모여 살던 곳이다. 그러는 사이 유형 · 무형의 문화 켜들이 겹겹이 쌓인 삶의 지층들이 있었던 곳으로, 대표적인 것이 바로 최소 1백 년의 역사를 가진 옹기점이다. 옹기점은 천주교 신앙공동체인 교우촌과 함께 부침을 하면서 명맥을 유지하였으나, 오송역이 실어 온 개발 바람을 막을 수 없었다.

오송역 주변이 바이오 생명문화의 메카로 부상하면서, 벌뫼마을을 비롯한 주변 지역은 생명과학단지라는 새로운 공간으로 재탄생하게 되었다. 탄생의 힘은 순전히 자본이며 인위적이며 일시적이다. 그 과정에서는 일체의 지속 가능성과 자연스러움이 허락되지 않는다. 기존 장소에 대한 존중과 배려심도 찾아볼 수 없다. 그것은 자본의 논리만 관철되는 획일화되고 기획된 공간의 재생산일 뿐이다.

그러나 **원주민의 입장에서 보면, 생명과학단지는 빼앗긴 공간이다. 그곳에 살던 사람들은 대대로 축적된 시간을 잃어버린 것이며 애착을 가진 장소를 상실한 것이다. 그들은 장소성 없는 비장소의 이방인이 되거나 소외된 군상으로 살아가게 될 것**이다.

더 나아가 이와 같은 방식의 **장소 파괴는 장소성 없는 지역을 양산**

2008년 오송. 산과 들이 조화를 이룬 전통 마을이 옹기종기 모여 있다.

2015년 오송. 산과 들, 그리고 전통 마을이 사라진 곳에 KTX 경부철도가 가로지르고 있다.

하고, 결국 지역정체성의 해체로 이어지면서 지역공동체 전체에 부정적인 영향을 미칠 수밖에 없다. 이런 일은 이미 아주 익숙한 경험이기도 하다. 이런 여건에서 지역정체성을 찾고자 하는 것은 어불성설이다. 자기모순이다. **발상의 전환이 필요할 때이다. 지역 개발의 패러다임이 바뀌어야 하며, 오랜 세월 거치면서 형성된 장소를 존중**해야만 한다.

이 지점에서 우리의 고민은 깊어진다. 무엇보다도 새로운 공간의 생산을 위해 기존의 공간을 파괴해서는 안 된다. 기존의 공간은 그곳에 축적된 시간과 사람들의 숨결만으로도 존중 받을 권리가 있다. 어떤 형태로든 지속 가능성을 확보해야만 하며, 그를 위해서는 변증법적인 접근이 필요하다.

이러한 접근은 모두를 위한 것이다. 아니, 새로운 공간의 뿌리내림과 장소성을 위해서 더욱 필요하다. 문화재 지표조사와 같은 법적 규정이 있지만, 그것은 개발을 위한 고고학적인 접근일 뿐이다. 지속 가능한

아파트 부지로 자신의 바닥을 내주고 사라지는 벌뫼마을

공간의 생산과 장소 만들기는 고고학적 가치가 있는 유물 · 유적에 의해서 이루어지는 것이 아니다. 자연환경, 사회관계, 문화유산 등 장소성을 가진 모든 요소들에 의해서 좌우된다.

그런 의미에서 오송 봉산리 벌뫼마을이 흔적도 없이 사라지고 평탄해진 그곳에 아파트가 건축되는 현실은 안타까울 따름이다. 더욱이 그곳에 들어서는 새로운 공간이 생명과학단지를 표방하지 않던가? 벌뫼마을 옹기를 생명문화 원형으로 상징화하여 오송생명과학단지의 장소 정체성으로 삼고 그것을 콘텐츠로 한 장소 만들기가 이루어졌다면, 그 가치는 어떠하였을까? 그런 상상은 불가능한 일도 아니었다. 이미 벌뫼마을에는 충북 무형문화재로 지정된 옹기장과 그의 가마가 있지 않았던가. 옹기는 과학적인 바이오 그릇이자 민중의 생명 그릇이었다. 오송은 그런 옹기를 만드는 생명의 흙이 풍부한 곳이었다. 그런 땅과 문화를 가진 장소에 들어서는 생명과학단지의 장소적 뿌리를 어디서 구할 것인가? 옹기가 가치 없는 그릇에 불과하다는 의식이 아니라면, 오송생명과학단지를 조성하는 데 왜 옹기를 주목했어야 했는지 그 답은 쉽게 구해질 수 있었다.

이미 사라진 오송 옹기마을은 말이 없지만, 청주학은 말을 걸어야 한다. 옹기마을의 기억을 더듬어 재생하고 그것을 이어갈 징검다리를 놓아야 한다. 특히 옹기마을 그 자리에 들어설 아파트 숲에 살아갈 사람들을 위해, 그곳이 수백 년 전부터 사람들이 옹기종기 모여 살던 곳이란 것을, 핍박을 피해 모여든 천주교인들이 신앙공동체를 이룬 곳이란 사실을, 생명의 흙으로 옹기를 굽던 곳이란 기억을 되살려 주어야 한다.

또 하나 청주학이 해야 할 일은 지역 개발에 참여하는 일이다. 참여 방식은 개발계획 수립과 문화재 조사에 시민들이 참여하는 것이다. 특히 개발 전에 반드시 거쳐야 하는 문화재 조사 과정에 시민들이 참여하고 문화재 조사 결과에 대한 결정권을 시민과 공유할 수 있어야 한다. 그러할 때 과거와 미래를 잇는 지속 가능성을 담보하고 시민을 위한 지역 개발이 가능하다. **이것이 청주학이 지역과 아름다운 동행을 하며 가는 길이다.**

참고문헌

정명호, 『옹기(무형문화재지정조사보고서)』, 문화재관리국, 1987.

(사)충북문화유산연구회, 『옹기장』, 충청북도, 2011.

정명호, 「충북 청원군 오송옹기점 보존에 대한 건의」, 『충북문화예술포럼 워크샵 자료집』, 2013.

10 | 청주, 생명문화도시로 가는 길

생명의 길을 걷다

청주, 생명문화도시로 가는 길

청주시는 2015 동아시아 문화도시를 발판으로 생명문화도시로의 도약을 구상하고 있다. 그 상징적인 조치가 심벌 마크의 변경이다. 새 심벌 마크는 생명의 씨앗이자 창조적 가치의 원동력을 의미하는 '씨앗'을 상징화한 것이다.

생명문화도시로의 미래 비전은 21세기 새로운 문화 가치 추세로 볼 때 올바르며 의미 있는 선택이다. 문제는 청주시 스스로 밝혔듯이 **"생명과 창조의 씨앗, 청주에 무엇을 담을 것인가?"** 이다. 이는 생명문화도시를 꿈꾸는 청주가 안고 가야 할, 그리고 풀어 내야 할 화두이자 숙제이다.

생명문화도시라 함은 생명의 가치를 존중하는 도시, 인간과 자연이 조화를 이룬 도시, 생명문화와 삶이 시민의 일상생활이 된 도시 등으로 정의할 수 있을 것이다. **청주시가 이런 생명문화도시를 꿈꾼다면, 생명 가치가 내재된 여러 지역 자원을 적극 활용해 정체성을 확립하고 장소 마케팅을 통해 지역 브랜드 가치를 높여야 한다.**

특히 청주시의 심벌 마크는 씨앗을 이미지화한 것이고, 씨앗 가운데 역사문화적으로 최고의 생명 씨앗은 볍씨임에 틀림없다. 다행히 청주 소로리볍씨는 세계에서 가장 오래된 야생 볍씨로서, 생명을 살리는 밥의 기원을 이루고 있다. 이 점은 청주시가 생명문화도시로 가는 길목에서 반드시 주목해야 할 유산이자 자원이다.

청주시 심벌 마크. 밥의 기원, 소로리볍씨를 문화원형으로 한 CI로, 생명문화도시 청주의 상징기호이다.

아울러 최근 부각된 젓가락 역시 청주가 생명문화도시로 가는 데 활용 가능한 문화원형이자 중요한 자원이다. 젓가락에는 한국인의 문화유전자가 응축되어 있고, 잠재적 활용 가치도 매우 높아 긍정적인 전망을 할 수 있다.

그런 만큼 청주가 생명문화도시로 가는 길목에서, 과연 생명문화도시로서의 자기 정체성과 발전 가능성이 있는지 역사 성찰을 통해서 찾아보고, 생명문화도시 미래를 위한 문화 전략과 과제를 소로리볍씨와 젓가락을 중심으로 찾아보고자 한다.

청주, 새로운 시대마다 변화의 중심에 서다

한 지역의 정체성과 잠재력은 그 지역의 역사 속에서 확인된다. 그것은 문화의 산물이고 역사가 만들어 준 문화생태계 위에서 의미가 찾아지기 때문이다. 장기 지속적인 문화생태계는 지역의 문화유전자인 밈(meme)[1]을 통해 정보가 전달되고 축적되면서 만들어지며, 그 과정에서 다양한 형태의 문화유산이 전해지고 있다. 청주가 생명문화도시로 도약하기 위해서는 먼저 역사적인 검증이 필요하다. 그것은 청주의 역사 속에서 '생명문화'라는 밈을 찾아내는 일이자 문화의 생명력과 지향점 및 가능성을 살펴보기 위함이다.

생명의 땅과 생명의 물이 있었던 청주는 구석기시대부터 사람이 살기 시작해 3천 년 전에 이미 큰 거주 지역이 형성되었다. 3세기에는 한반도 중부 지역에서 찾아보기 힘든 큰 규모의 취락지구가 있었다. 신라는 청주 지역을 차지한 뒤 686년(신문왕 6)에 '작은 서울'이라 할 수 있는 서원경을 설치하였다.

서원경은 청주의 입장에서 중요한 의미를 지닌다. 신라의 서원경 설치는 청주 지역이 명실상부하게 정치 · 행정 · 경제 · 문화의 중심 지역으로 자리매김되는 사건이었다. 지역성과 정체성은 고유 문화와 외래 문화의 관계 속에서 형성된다. 그러므로 신라의 서원경 설치는 청주 지역 문화가 정체성을 확보하는 계기가 되었으며, 지역 경계를 넘어 타 문화와 교류하고 발전하는 토대가 만들어졌다.

그 이후 **청주 지역은 한국의 새로운 역사가 전개될 때마다 중심부에 서 있었을 뿐 아니라, 그때마다 지역문화를 크게 발전시킨다.** 신라가 망하고 고려가 성립될 즈음, 청주 지역은 왕건이 후삼국을 통일하고 고려왕조를 창업하는 데 결정적인 역할을 하였다. 문화도 한층 발전하였

1 생물체의 유전자처럼 재현 · 모방을 반복하며 이어 가는 사회 관습 · 문화를 의미한다.

청주 천 년을 지켜 온 철당간 명문. 962년부터 청주의 중심부를 지켜온 철당간으로, 청주 제일의 미래 유산이다.

다. 청주의 중심부에 962년에 세워져 오늘날까지 의연한 자태를 뽐내고 있는 철당간(국보 41호)이 말해 주듯이, 고려시대에 들어와 청주 문화는 불교문화를 중심으로 크게 발전하였다. 현재까지 불리어지는 '청주' 지명을 940년에 사용함으로써 장소적 정체성도 확보하였다.

역사 변혁기에 청주가 일정한 역할을 한 것은 고려에서 조선으로 왕조가 교체될 때도 마찬가지였다. 고려말 개혁 군주였던 공민왕은 홍

고려시대부터 청주의 대표 누정으로 자리잡고 있었던 망선루. 고려말 이곳에서 과거 시험을 치른 정도전 등이 새로운 왕조를 세우는 주역이 되었다. 이곳을 오르내린 이들은 주로 관료와 지역 유지층으로, 고려 · 조선 시대 청주 정치권력의 문화상징이었다. 이제는 모든 시민이 오르내릴 수 있도록 개방해야 한다.

건적의 침입을 피해 1362년 8월부터 다음 해 2월까지 7개월간 청주에 머물렀다. 공민왕은 나라를 이끌어 갈 인재를 뽑기 위해 1363년에 과거시험을 거행하였다. 이 시험에서 합격한 이들은 정도전을 비롯한 젊고 유능한 인재들이었다. 정도전은 사실상 조선왕조를 설계하고 그 기반을 닦은 인물이었다.

공민왕이 청주를 떠난 지 14년이 지난 1377년에는 경이로운 문화 사업이 추진되었다. 청주 흥덕사에서 금속활자로 『직지심체요절』을 인쇄한 것이다. 이 책은 현존하는 가장 오래된 금속활자본으로 인정되어

2001년에 유네스코 세계기록유산으로 등재되었다.

이와 같은 두 사건이 상징하는 바는 타락한 고려왕조의 멸망, 새로운 시대를 여는 조선왕조의 창건이다. 조선왕조 5백 년 동안 가장 뛰어난 지도력과 업적을 남긴 인물은 세종대왕이다. 세종은 한글 창제 외에 학문, 과학기술, 음악 등 다양한 영역에서 뛰어난 능력과 지도력을 발휘하여 조선왕조를 반석 위에 올려놓은 대왕이자 지도자였다. 세종은 1444년 두 차례 눈병 치료차 청주 초정에 거둥하였다. 청주에서 힐링을 통해 심신을 추스르고 궁궐로 돌아간 세종은 조세 개혁을 단행하여 공법을 제정하고 한글을 완성하여 반포하였다.

조선왕조가 위기에 처한 17세기 청주는 정치와 사상의 1번지로 부상한다. 우암 송시열이 화양동에 머물면서 조선 성리학을 집대성하고 화양서원과 만동묘가 연이어 건립되었기 때문이다. 1695년에 건립된 화양서원은 전국 서원을 대표하는 사립학교였고, 우암 송시열의 뜻을 이어받아 1704년에 창건된 만동묘는 명나라 황제를 모신 사당이었다. 이 때문에 전국의 수많은 유림과 시인묵객들이 청주 화양동을 찾았다.

특히 만동묘의 문화사상사적 상징성은 매우 큰 것이다. 만동묘에서 명나라 황제에게 제사를 지낸 것은 명나라 자체를 추앙하기 위한 사대주의적 발상이 아니라, 조선이 세계 문명의 중심이라는 상징적인 의례였다.

조선이 세계 문명의 중심이라는 문명관은 18세기 영 · 정조 시대에 우수한 문화예술을 꽃피울 수 있었던 토대였다. 그러나 19세기에 들어

18~19세기 정치와 학문의 중심지였던 화양서원과 만동묘. 조선시대에는 청주목에 속해 있어, 청주가 늘 주목 받는 곳이 되었다.

와 자기 중심적인 사고에 빠지면서 세계와 소통하는 데 실패하였다. 그 결과 조선왕조는 멸망하고 식민지라는 대가를 치루게 된다.

이처럼 **만동묘는 정체성 확립이 뛰어난 문화예술을 낳는 기반이 되지만, 세계 문화 · 사상과의 소통이 단절되었을 때 고립을 자초하여 비극적인 결과를 낳는다는 교훈**을 말해 주고 있다. 따라서 **지역문화 중흥을 위해서는 문화적 정체성을 기반으로 해야 하지만, 타 문화와의 교류와 소통을 통해서 지속 가능성을 확보**해야만 한다.

조선왕조가 멸망하고 근대로 이행하는 과정에서도 청주는 변화의 중심에 있었다. 그 단적인 예가 민족 대표 33인 가운데 5명이 청주 출신이라는 점이다. 이는 다른 지역에서 찾아볼 수 없는 사례이다. 여기서 주목해야 할 것은 5명이라는 양적 숫자가 아니라, 어떠한 지역문화가 있었

청주 3·1공원. 청주 근대의 맥이 흐르고 있는 곳으로, 왼쪽부터 민족대표 33인 가운데 신홍식, 권동진, 손병희, 권병덕, 신석구 동상이 세워져 있고 친일파 정춘수 자리는 횃불이 대신하고 있다.

기에 가능하였는가이다.

청주 출신 민족 대표 5명은 천도교 인물이 2명, 기독교 인물이 3명인데, 두 가지 의미를 지니고 있다. 동학의 3대 교주가 청주 출신 손병희였던 사실에서 알 수 있듯이, 청주는 동학의 교세가 강하였고 동학농민혁명이 활발하였던 지역 가운데 하나였다. 동학의 기본 가치는 모든 생명을 하늘처럼 대하는 인내천 사상이다. 이러한 **동학의 경험과 가치는 청주가 생명문화도시로 가는 데 있어서 중요한 역사자산**이 될 수 있다.

또 하나의 의미는 동학이라는 전통과 기독교라는 근대의 문화 물결이 조화를 이룬 점이다. **1백 년 전 청주는 전통과 근대의 조화, 자생 문화**

와 외래 문화의 접합을 통해 지역문화를 창출하고자 하였던 것이다. 이 또한 청주의 역사 속에서 찾을 수 있는 오래된 미래 가치로 볼 수 있다.

세계에서 가장 오래된 청주의 3대 생명문화유산

청주가 문화적 정체성을 기반으로 일정한 문화생태계를 이룬 것은 삼국시대 이후 최소 2천 년의 역사 위에 걸쳐 있다. 청주는 새로운 한국 역사문화가 전개될 때마다 변화의 중심에 서 있었다. 그 과정에서 축적된 경험과 문화 DNA는 무형의 문화자산이며 그 과정에서 남겨진 문화유산은 유형의 문화원형을 이루고 있다. 이것은 청주가 생명문화도시로 가는 길에 있어서 소중한 자산이자 생명력과 가능성을 보여 주는 원천소스가 아닐 수 없다.

특히 **청주의 역사 속에서 '생명문화'라는 밈을 찾고자 할 때 세계 최고(最古)인 3대 유산, 즉 소로리볍씨, 『직지』, 『태교신기』(胎教新記) 등을 눈여겨볼 필요**가 있다.

볍씨는 동아시아인의 주식인 쌀의 종자이다. 청주 오창에서 확인된 소로리볍씨는 1만 7천 년 전의 것으로, 세계에서 가장 오래된 볍씨이다. 이는 쌀의 기원을 밝혀 줄 원천 소스이다. 국제적으로 가장 오래된 것으로 인정 받은 중국 후난성에서 출토된 볍씨보다 약 5천 년이나 더 오래된 것이다. **청주 소로리볍씨는 생명의 원천인 '밥'의 가치를 밝혀 줄 인류 생명문화의 유산이자 소중한 지역 자산**이다.

세계에서 가장 오래된 소로리볍씨. 재배하기 직전의 야생 볍씨로 '밥'의 기원이다.

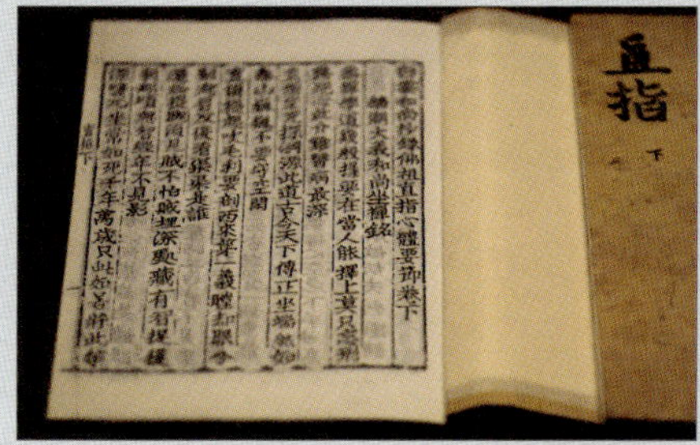

『직지심체요절』. 24.6×17.0cm. 프랑스 국립도서관 소장. 세계에서 가장 오래된 금속활자본이다.

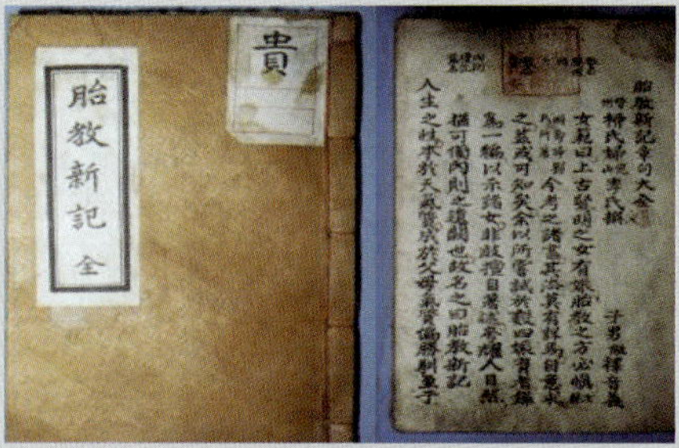

『태교신기』. 25.2×17.0cm. 한국학중앙연구원 소장. 세계 최초의 태교책이다.

직지는 일반적으로 세계 최고의 금속활자본으로 알려졌고, 그런 이유로 유네스코 세계기록유산으로 등재되었다. 이 때문에 청주는 '직지의 고장'으로 불리고 있으며 공예비엔날레가 열리고 있다.

그렇지만 직지의 가치는 금속활자본 외에 내용적 가치도 주목해야만 한다. 직지가 인쇄된 시기는 사회가 극도로 타락하고 민중들은 도탄에 빠져 고난의 시대를 보내던 때였다. 시대를 지배하던 종교였던 불교 역시 타락하고 스님들은 백성들의 고혈을 짜내던 흡혈귀와도 같았다. 이런 시대에 **직지는 모든 생명을 살리고 새로운 참 사회를 만들기 위한 수단으로 당대 최고의 지식과 기술을 동원해 만들어진 타락시대의 빛과 소금**이었다. 직지야말로 생명문화의 꽃이라 할 수 있다. 그 가치를 새롭게 재발견하기 위해서는 직지의 문화적 · 장소적 가치 담론을 재설정해야 한다.

『태교신기』는 1800년에 저술된 세계 최초의 태교 책이다. 지금도 태교 관련 필독서로 읽히고 있다. 이 책을 저술한 사람은 청주 출신 사주당 이씨(1739~1821)이다. 사주당은 남존여비라는 성 불평등 의식이 강화되고 가부장사회 질서가 한층 강화되던 18세기에, 남녀평등관을 가졌던 여성 사상가이자 선비였다. 당시 그를 아는 모든 이들의 칭송과 존경을 받았다. 특히 인간의 됨됨이는 어머니 뱃속에서 시작된다는 생각에서『태교신기』를 저술하는 등 시대의 한계를 철저히 뛰어넘은 여성이다. 비록 이 책이 용인에서 쓰여진 것이지만, 사주당의 학문과 사상은 그가 태어나 성장한 청주에서 형성되었고 용인으로 시집을 간 이후에도 늘 고향 청주와 어머니를 잊지 않고 사모하였던 만큼 청주의 지적 재산으로 활용하여도 무방하다.

태교는 인간 생명문화의 시작이다. 사주당이 인간 됨됨이는 어머니 뱃속에서 결정된다고 말한 것처럼, 태교는 참 생명, 참된 인류사회를 만드는 출발점이자 기본 덕목이다. 그런 의미에서 **청주가 낳고 기른 사주당의 존재는 청주를 생명도시, 여성친화도시, 미래 세대를 위한 육아도시로 만들어 갈 수 있는 동기를 부여하고도 남음이 있다.**

이와 같이 소로리볍씨, 직지, 태교신기는 오랜 역사를 거치면서 남겨진 유산이지만, 그 전후의 **역사적 경험과 문화들이 씨줄과 날줄을 놓아 청주의 문화유전자인 밈을 형성하고 있다. 앞으로의 과제는 잠재된 밈을 찾아내고 잠든 문화유전자를 자극하여 활성화시키는 일**이다.

생명문화자원을 활용한 문화콘텐츠 전략과 과제

소로리볍씨의 문화콘텐츠 전략과 과제

일반적인 지역 문화자원의 활용 전략은 시간과 공간 및 기술을 유기적으로 결합시켜 문화자원이 지니고 있는 가치를 동력화하거나, '상징화'와 '복합화' 전략을 통해 문화자원에 내재된 가치를 극대화시키는 방안이 있다. 시간과의 결합은 축제나 이벤트와 같은 특정 시간을 활용하는 것이고, 공간과의 결합은 문화 공간의 장소성을 살려 문화콘텐츠를 개발하는 것이다. 기술과의 결합은 IT(information technology)와 CT(culture technology)와 같은 새로운 지식 · 정보 기술과 문화자원을 결합시켜 다양한 영역과 장르에서 문화적 부가가치를 창출하는 방식이다. 상징화 전략은 CI 개발이나 지역문화 브랜드 개발 등이다.

또한 지역의 문화자원 활용 사업이 성공을 거두기 위해서는 특성화와 차별화 전략이 필요하다. 문화자원이 비록 과거의 유산이더라도, 그 활용은 현대적인 요소를 적극 수용하여 특성화와 차별화를 도모할 필요가 있다.

소로리볍씨의 특성화와 차별화는 '볍씨와 밥'에 일차적인 가치의 초점을 맞춘 뒤, 생명문화로 가치 영역을 확장해야만 한다. 소로리볍씨의 약점은 재배 볍씨가 아니라, 반재배 단계와 초기 농경 단계 사이의 순화 볍씨라는 점이다. 이는 오히려 인류 문명의 야성을 자극함으로써 강점으로 활용될 수 있다. 즉, 인간이 자연에 있는 벼를 채취하여 먹은 사실은 인간과 자연의 공존, 인류 문명의 원시성과 생태 가치 등과 연계 가능하다. 그렇게 되면 오히려 소로리볍씨에 내재되어 있는 생명문화의 자연성과 건강성을 찾아내 부가가치 높은 문화원형으로 활용할 수 있다. 더 나아가 생명문화도시 청주의 브랜드 가치를 제고하고 다른 문화자원과 융합된 콘

청주 옥산면 소로리볍씨 조형물

텐츠 개발을 통해 시너지 효과를 발휘할 수 있다.

그를 위해서는 먼저 소로리볍씨에 대한 개념 재정립이 필요하다. **소로로볍씨를 자원화하고 개발하기 위해서는 소로리볍씨 고유의 내재적 가치에 대한 해석과 인식이 단순 문화유산에서 정신적 · 미적 · 상징적 가치 영역으로 확장되어야 한다.** 소로리볍씨 활용 영역 역시 문화원형, 공간, 어메니티(장소), 교육 체험, 지식 정보로까지 확대되어야 한다. 공간은 좁게는 오창에서 넓게는 청주 전역, 어메니티는 소로리 지역 자원 일체를 의미한다. 이는 곧 소로리볍씨에 대한 핵심 가치를 자원화하고 브랜드 가치를 증대하는 선행 조건으로, 궁극에는 지역경제와 문화 활성화로 이어지게 된다. 이와 같은 관점에서 소로리볍씨에 대한 몇 가지 활용 방향과 과제를 제시하면 다음과 같다.

첫째, 소로리볍씨는 생태 및 역사 체험 자원으로 활용되어야 한다. 소로리볍씨가 자생하던 당시의 상황은 단풍이 물든 황금 들녘, 바람에 나부끼는 야생벼, 벼를 보고 웃으며 달려와 볍씨를 채취하는 사람들, 자루에 볍씨를 가득 담아 옮기는 아이들, 볍씨 외에 여러 과일과 열매를 따서 먹는 사람들 등일 것이다. 이것은 미호천변 들녘에 자생하던 벼와 식량을 찾던 인간의 만남이자, 그 만남을 통해 생명문화가 기원하는 실체이다. 따라서 이런 체험 요소를 활용하거나 상징화 · 서사화를 통해 생태 및 역사 체험 프로그램을 개발해야 한다.

그러나 소로리볍씨가 체험 자원 및 장소로 활용되기 위해서는 어떤 형태로든 현대성과 대중성을 확보할 수 있어야 한다. 현재적인 가치와 문화 요소를 담아 내어, 실용성과 재미 및 교육적 효과가 나타날 수 있도록 해야 한다. 그를 위해서는 소로리볍씨의 문화사적인 내적 가치를 재발견해야만 한다. 단순히 현존하는 가장 오래된 볍씨라는 사실만 가지고서는 현대인과 소통할 수 없다. 보편적 철학, 현대인도 공감할 수 있는 생명 사상과 문명사적 관점에서 볍씨의 가치를 재해석해야 한다. 이야기가 있는 체험 공간을 만들어야 한다. 그것은 죽은 자원에 생명력을 불어넣는 것으로, 그러할 때 현대인과 대화를 나눌 수 있다.

둘째, 소로리볍씨는 교육자원으로 활용되어야 한다. 소로리볍씨가 인류문화사에서 정당한 위치와 장소성을 확보할 경우 다양한 교육자원으로 활용 가능하다. 특히 교과서에 수록될 경우 초중고생의 견학 코스로 부각되고 가족 단위 여행객의 필수 여행지로 자리잡을 수 있다.

그를 위해서는 무엇보다도 오창 소로리에 체험 공간이 만들어져야 한다. 체험 공간은 기본적으로 볍씨를 테마로 한 생명문화 전시관과 야외체험장이 도입되어야 한다. 고양 가와지볍씨 박물관의 경우 볍씨와 농경문화에만 초점을 맞추어 주제의식이 약하다. 소로리는 생명문화에 초점을 맞출 경우 충분히 차별화가 가능하다. 야외체험장은 야생벼로 경관을 조성한 뒤 야생 볍씨 채취하기, 식량 찾기 서바이벌 게임, 볍씨 손으로 도정하기 등의 프로그램을 진행할 수 있다.

소로리볍씨 체험 공간 조성은 오창 소로리가 최적지이다. 이는 장소적 가치 외에 오창산업단지 문화 기반 확대를 위해서도 필요하다. 가장 바람직한 체험 장소는 발굴 현장이지만, 입지 조건이 부적당할 경우 그 인근에 체험 공간을 조성한 뒤 '소로리볍씨 창의생명학교'를 운영, 다양한 생명문화 프로그램을 통해 생명의 씨앗을 온누리에 퍼뜨리는 명소로 브랜딩하는 것이 바람직하다.

셋째, 소로리볍씨는 문화 산업의 자원으로 활용되어야 한다. 문화자산은 지역민에게 자기 정체성이나 동질성을 부여할 수 있는 매우 유용한 수단이다. 지역 산업의 경쟁력을 높이는 데 문화자산을 적극적으로 활용해야 한다. 특히 소로리볍씨가 활용될 수 있는 문화 산업 분야는 바이오 분야로, 이는 오창 · 오송 지역 발전 비전과도 부합된다.

소로리볍씨가 '생명의 씨앗' 또는 '자연과 인간의 첫 만남' 등으로 상징화되고 시각화될 경우, 소로리볍씨는 바이오 상품의 원천 소스를 제공함은 물론 브랜드 가치를 제고할 수 있다. 그를 위해서는 먼저 소로리볍씨의 상징성과 생명 가치를 확장하고 그를 토대로 문화기호화가 선행되어야 한다.

넷째, 소로리볍씨는 관광자원으로 활용되어야 한다. 소로리볍씨가 보다 매력적인 관광자원이 되기 위해서는 스토리텔링화와 아울러 명소화가 동시에 추진되어야 한다.

명소화는 특별한 그 무엇이 있어야 하고, 그것을 널리 알릴 수 있는 장소 마케팅이 있어야 한다. 특별한 그 무엇은 볼거리, 놀거리, 먹을거리 등에 의해서 좌우된다. 소로리에서만 맛볼 수 있는 체험거리 등을 개발하고 그것을 적극 홍보해야 한다. 그를 위해서는 소로리 주변 음식점, 역사문화자원(정북동토성 · 직지 · 초정 등), 생태자원(미호천 · 미호평야 · 광천

수 등) 등과 그룹핑하거나 시나리오를 개발하고 상호 연계하여 스토리가 있는 프로그램을 만들어야 한다. 특히 생명문화와 직결되어 있는 직지, 명심보감, 태교, 초정 광천수 등과 연계하여 창조적인 융합 프로그램을 개발해야만 한다.

최근 콘텐츠 개발은 스토리텔링 기법이 일반화되어 있다. 이는 소로리볍씨를 하나의 스토리로 재구성하여 이야기가 있는 문화로 콘텐츠화하고 볼거리, 놀거리, 체험거리를 만드는 것이다. 이러한 콘텐츠는 체험자나 관광객에게 보다 많은 흥미와 감동을 줄 수 있어 성공적인 집객 요인으로 작용한다.

다섯째, 소로리볍씨는 청주시의 장소 마케팅 자원으로 활용되어야 한다. 장소 마케팅이란 크게 지역에 대한 차별화 전략과 장소 자산의 활용으로 이루어지며, 이를 통해 지역 이미지 쇄신과 지역경쟁력을 확보하려는 일종의 문화 전략이다. 이는 지역이 가지고 있는 문화적 고유성과 정체성을 살림으로써 가능하다. 즉, **장소 마케팅은 지역의 고유한 특성을 바탕으로 도출한 지역의 긍정적 이미지를 지역 안팎으로 적극 홍보하여 지역 이미지 제고와 관련한 여러 커뮤니케이션 활동의 총체**라 할 수 있다. 이는 지역 이미지 쇄신을 통해 다른 지역과의 차별성과 비교우위를 확보함으로써 대외적인 지역경쟁력을 강화하고, 내부적으로는 자긍심과 소속감을 증대하여 지역사회의 통합을 촉진하는 효과를 기대할 수 있다.

현재 청주시는 직지, 공예비엔날레 등을 통해 장소 마케팅을 추진

장소 마케팅 유형과 형태

구분	산업적 장소 마케팅	문화적 장소 마케팅	생태적 장소 마케팅
자산	산업자산	문화자산	생태자산
유형	입지 조성	이벤트, 축제, 영화제, 스포츠, 상징 기념시설	생태축제, 생태환경
효과	기업 유치 고용 창출	지역민 자긍심 고취 지역정체성 강화 문화관광 활성화	생태관광 촉진 지역민 자긍심 고취
성공 사례	대전 대덕연구단지	Hi Seoul 페스티벌 충남 대백제전 백제 세계문화유산 부산 국제영화제	제주 올레길 보령 머드 괴산 산막이길

하고 있다. 기존의 직지와 공예비엔날레 등도 생명문화도시라는 비전에 초점을 맞추어 기획되고 지속 가능한 스토리 마케팅이 이루어져야 한다.

특히 청주시는 이미 볍씨를 상징화한 심벌 마크를 제정하고 생명문화도시를 지향하고 있다. **소리볍씨를 장소 자산으로 활용하여 문화와 생태를 결합한 장소 마케팅을 적극 추진**해야만 한다. 그를 위해서는 장소 마케팅에 필요한 상징과 관계 수단을 적극 활용해야만 한다.

소로리볍씨를 상징 수단으로 한 장소 마케팅을 위해서는 현재의 심벌 마크를 바탕으로 '볍씨-씨앗-생명-문화'를 키워드로 한 CI, BI, 캐릭터, 슬로건, 상징시설, 랜드마크, 공공 디자인 등이 개발되어야 한다. 이것들은 심벌 마크의 연장선장에서 접근하면 된다. 상징시설은 오창 소로리 체험 공간과 연계하여 구상할 필요가 있다. 소로리 체험 공간은 단지 소리리볍씨를 전시하고 체험하는 곳에 머물지 말고 생명문화도시 청주를 상징화하고 체험하는 곳으로 설계되어야 한다.

아울러 소로리볍씨를 소재로 한 이벤트·축제와 같은 관계 수단을 활용하여 장소 마케팅이 이루어져야 한다. 그를 위해서는 호평을 받고 있는 연천과 공주 구석기축제를 벤치마킹하거나, 농특산물 중심의 청원생명축제를 생명문화축제로 확대 개편하여 생명문화도시 청주를 상징하는 대표 축제로 육성하는 것이 바람직하다. 공예비엔날레 주제 역시 일정 기간 생명문화에 집중, 생명문화도시 청주의 장소 마케팅 수단으로 활용해야만 한다. 앞으로 소로리볍씨를 창작 원형으로 한 세계적인 공예품이 나오기를 기대한다.

젓가락 문화콘텐츠 전략과 과제

21세기 문명의 패러다임이 서양에서 동양으로 옮겨 오면서 동양 문화에 대한 관심이 고조되고 있다. 그에 따라 수천 년에 걸쳐 형성된 동양인의 경험과 지혜의 산물인 문화 요소들이 주목을 받고 있다. 그 가운데 하나는 음식 문화이다.

동양의 음식 문화에서 공통의 아이콘은 젓가락이다. 젓가락은 중국 전국시대(B.C. 4세기경)에 만들어져 4세기 전후 한국과 일본으로 전래되어 정착된 이후, 3국의 자연환경과 사회적·문화적 환경에 따라 각각의 특징을 갖게 되었다. 한국의 젓가락은 중국과 일본과는 달리 쇠 젓가락이다. 젓가락 길이는 중국과 일본의 중간 크기인 22~23cm이며, 형태도

한 · 중 · 일 3국의 젓가락

구분	한국	중국	일본
기원	4세기 전후	B.C. 4세기 전후	4세기 전후
재질	금속	나무	나무
식사법	숟가락과 함께	젓가락 중심	젓가락 전용
길이	22~23cm	25~30cm	18~20cm
특징	넓직함	뭉툭함	끝이 뾰족

넓적한 특징을 보이고 있다. 이와 같이 동양 3국의 젓가락이 비록 다른 특징을 지닐지라도, 기본적으로 젓가락은 동아시아를 대표하는 문화상징이자 동양인의 지혜와 숨결이 담긴 결정체이다.

그러므로 젓가락은 단순한 음식 도구가 아니다. 한국을 비롯한 동아시아의 문화원형으로서 많은 가치를 내포하고 있다. **젓가락은 독특한 조형미를 가진 공예품이자 화합, 조화, 상생의 정신이 깃든 정신의 산물이며 품격 있는 식사 예절을 통해 인성을 함양하는 도덕적 매개물**이기도 하다. 또한 집중을 요하는 젓가락 사용법은 동양인의 DNA으로 체화되어 오늘날 놀라운 경제 성장의 지적 동력으로 작용하고 있다.

청주시는 2016년 동아시아 문화도시 사업의 일환으로 추진된 젓가락 페스티벌을 계기로 젓가락을 생명문화도시 청주의 핵심 아이콘으로 자원화하고자 하고 있다. 문제는 젓가락이 청주의 고유 자원이 아니라는 점이다. 한국 어느 지역이나 일반화된 보편적 자원이다.

그렇지만 청주시가 먼저 젓가락을 선점한 만큼, 젓가락을 활용한 도시 마케팅은 청주시에 우선권이 주어진 것으로 볼 수 있다. 문제는 앞으로 **청주시가 어떠한 젓가락 정체성을 확보하고 문화콘텐츠를 만들어 내느냐에 따라, 젓가락이 생명문화도시 청주의 핵심 브랜드로 자리매김** 될 수 있을 것이다. 따라서 청주를 한국의 대표적인 젓가락도시로 만들기 위한 진지한 고민과 노력이 수반되어야 하며, 또 그럴 만한 충분한 가치가 있다.

그를 위해서는 **젓가락에 내재된 가치를 창조적 문화콘텐츠를 통해 확장해야 한다. 젓가락의 가치와 문화 형태가 3S(story telling, space telling, spirit telling)를 통해 현대적으로 계승·발전**되어야 한다. 젓가락 문화콘텐츠는 시간과 공간, 대상과 매체 등이 종합적으로 고려되면서 구상되어야 한다. 젓가락은 1천 년이 넘는 시간이 담겨 있고, 동아시아의 보편성과 특수성이 내포되어 있다. 문화 상품, 브랜드, CT, IT, 관광 등 다양한

문화원형으로서의 젓가락 가치

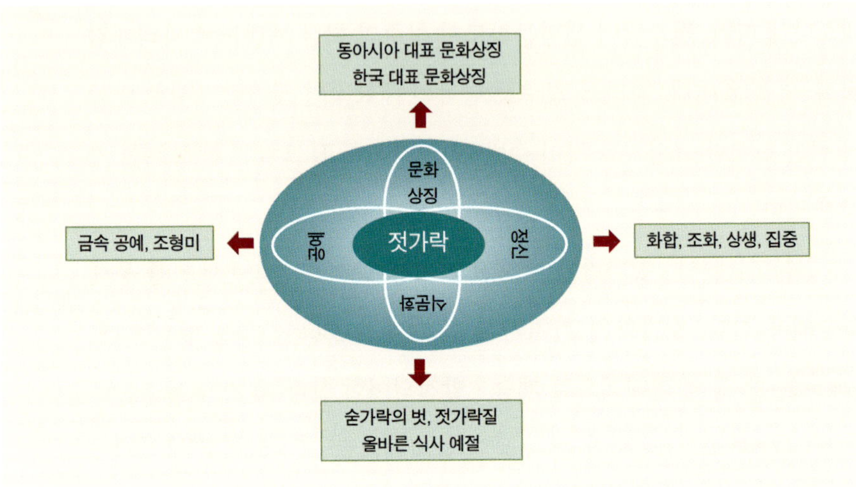

매체를 통해 여러 목적의 쓰임새로 활용될 수 있다.

다양한 젓가락 문화콘텐츠가 가능한 것은 젓가락의 잠재적 가치가 무한한 확장성을 가지고 있기 때문이다. 젓가락의 가치는 단지 음식을 먹는 도구로서 가지고 있는 기능적인 가치 외에 융복합을 통해 젓가락 문화콘텐츠의 다양한 확장이 가능하다.

먼저 젓가락은 젓가락과 떼어 놓을 수 없는 숟가락, 식기, 소반, 젓가락함, 젓가락 받침 등과 함께 콘텐츠가 개발되어야 한다. 음식 도구로서 젓가락의 완벽한 가치 실현은 숟가락과 식기 등과 조화와 균형을 이룰 때 가능하다. 그것이 젓가락 정신이자 젓가락 예절이기도 하다.

젓가락은 한류와 결합, 'K-젓가락'으로 발전되어야 한다. 젓가락을 소재로 한 노래, 영화, 드라마, 다큐가 가능하다. K-젓가락의 세계화 전

젓가락 문화콘텐츠 방향과 전략

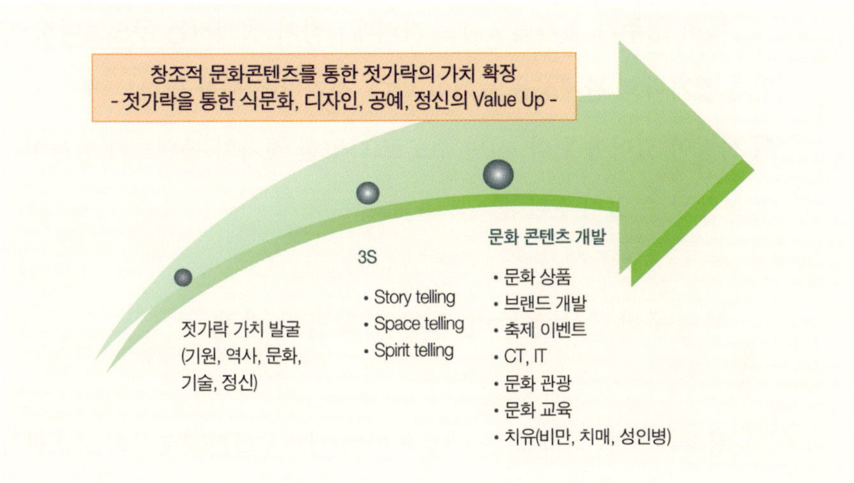

략은 한국만을 강조해서는 안 되며, 동아시아 3국의 보편성 위에서 접근해야 한다. 그러할 때 일차적으로 동아시아인의 사랑을 받고, 그를 기반으로 세계로 확대될 수 있다.

더 나아가 **젓가락 문화콘텐츠는 공예와 예술과 융복합되어 다양한 형태의 문화 상품과 젓가락 공예품, 젓가락 아트로 확대**되어야 한다. 또한 이미 여러 연구에서 입증되었듯이, 젓가락을 활용한 젓가락 테라피, 젓가락을 소재로 한 교육콘텐츠(놀이, 미술, 음악, 공작, 만화 등) 개발도 이루어져야 한다.

그를 위해서는 우선 젓가락 자료를 집적하여 아카이브를 구축하고, 체계적인 조사 · 연구 · 개발이 지속적으로 이루어져야 한다. 정기적으로 젓가락 문화콘텐츠 공모전을 개최하여 우수한 문화콘텐츠를 발굴하고 창의적인 젓가락을 개발하여 산업화 · 대중화시킬 필요성이 있다.

특히 **청주가 젓가락도시로 자리매김하기 위해서는 무엇보다도 시민과 젓가락의 관계성을 높여야 한다. 젓가락에 대한 남다른 청주 시민의 사랑이 있어야 한다.** 시민 주도로 다양한 젓가락 콘텐츠가 만들어지고 향유될 수 있어야 한다.

생명문화도시 청주의 정체성 확립과 과제

청주는 오랜 역사 흐름 위에서 이미 생명문화도시로서의 생명력과 가능성을 보여 주고 있다. 청원생명축제가 매년 열리고, 한국 최초로 바이오 생명공학 클러스터인 오송생명과학단지가 2008년에 대규모로 조성되었다.

그러나 **청주가 국제적인 생명문화도시로 발전하기 위해서는 무엇보다도 '생명문화도시'라는 정체성을 확보**해야만 한다. 지금까지 청주가 교육도시, 역사문화도시, 공예도시, 직지의 고장 등 여러 브랜드로 불리어졌던 것은 한편으로 문화의 다양성을 보여 주는 긍정적인 측면이 있지만, 또 한편으로 시민이 공감하고 누구나 한 목소리를 낼 수 있는 정체성이 약했었다는 증거이다.

따라서 **생명문화도시로 도약하기 위해서는 생명문화의 관점에서 청주의 역사 경험과 유산을 재발견하고 함께 나눌 수 있는 이야기거리와 미래 글로벌 가치를 공유**할 수 있어야 한다. 그것은 시민 중심의 공감과 소통의 문제이다. 지역정체성은 상상의 공동체의식이다. 그런 만큼 지역민이 얼마나 공감하고 소통할 수 있느냐가 정체성 세우기의 중요 기준이 되어야 한다.

공감과 소통은 시간과 공간 · 사람을 삼위일체로 만든다. 종적으로는 과거-현재로 이어지는 지속적인 가치 실현이 이루어져야 하고, 횡적으로는 일정한 지역 공간으로 확산 내지 환류가 이루어져야 한다. 그리고 그 중심에는 기술이든 이야기든 전승하는 사람이 있어야 한다. 그것은 **생명문화를 핵심 가치로 한 문화생태환경을 선순환적으로 지역에서 재구조화**하는 것이다.

더 나아가 생명문화도시의 이름으로 이루어지는 모든 것들이 현재성과 미래 가치를 지속 가능하게 창출해야만 한다. 현재 추진되고 있는 청원생명축제와 공예비엔날레 등은 생명문화를 중심 키워드로 삼아 재설계되어야 하며, 그를 바탕으로 청주의 장소 마케팅 전략과 미래 가치를 구현할 수 있는 창조적 문화콘텐츠가 만들어져야 한다.

지역의 문화정체성과 브랜드는 과거에 이미 만들어져 있는 것이 아니다. 지역의 역사 경험과 문화유전자를 바탕으로 만들어 가는 것이다. 그리고 **시간과 공간과 시민이 융합된 청주 지역만의 아우라(aura)를 만들어 내야 한다.** 그를 위해서는 생명문화자원 외에 시민들이 청주의 자랑으로 꼽은 100개의 문화 요소들이 생명문화의 관점에서 재해석되고 스토리텔링을 통한 서사화가 이루어져야 한다. 그리고 시민이 주체가 되어 과거의 기억과 현재의 감성으로 융합된 창의적 콘텐츠가 구상되고 실천에 옮겨질 수 있어야 한다.

생명문화도시의 미래는 궁극적으로 지역문화의 무게 중심이 물질에서 가치 중심으로 옮겨 가야 한다. 생명 사랑이라는 가치 체계가 지역의 다양한 문화 요소와 지역 주체들과 결합하여, 시민을 행복하게 하는 생명문화로 승화되고 일상화되어야 한다. 이것이 오히려 생명문화를 코드로 한 축제의 성공적 개최보다 더욱 중요하고 궁극적으로 가야 할 길이며, 생명문화도시로 가는 목표 지점이기도 하다.

그를 위해서는 무엇보다도 청주학에 기반을 둔 청주 시민들의 집단지성이 동력을 제공하고 뒷받침되어야 한다. 더 나아가 위로부터 관 주도가 아니라, 밑으로부터 시민사회 주도로 이루어지는 지역 만들기와 청주학이 결합되었을 때, 모두가 꿈꾸는 행복한 지역공동체가 만들어질 것이다.

청주학은 전문가 일부의 전유물이 아니다. 시민사회를 위한, 시민사회가 주도하는, 시민사회에 의한 청주학이 되어야 한다. 청주학에 대한 문제 제기와 답 역시 시민들의 머릿속에 있다. 따라서 **청주가 생명문화도시가 되기 위한 궁극적인 길은 청주 시민사회가 공감하고 생명의 숨결을 공유하고 생명의 꽃을 함께 피워 나갈 수 있어야 한다.** '어떻게'에 대한 답은 시민들이 알고 있으니, 그 해답은 시민들에게 물어 보면 된다.